소재집

한국고전번역원 한국문집번역총서

소재집 6

蘇齋集

노수신 지음 임정기 옮김

盧守愼

일러두기

1. 이 책의 번역 대본은 한국고전번역원에서 간행한 한국문집총간 35집 소재 《소재집(穌齋集)》으로 하였다. 번역 대본의 원문 텍스트와 원문 이미지는 한국고전종합DB(http://db.itkc.or.kr)에서 확인할 수 있다.
2. 역주는 내용이 간단하면 간주(間註)로, 길면 각주(脚註)로 처리하였다.
3. 한자는 필요한 경우 이해를 돕기 위하여 넣었으며, 운문(韻文)은 원문을 병기하였다.
4. 맞춤법과 띄어쓰기는 '한글 맞춤법'을 따르고, 한글 어휘는 '표준어 규정'을 따르는 것을 원칙으로 하였다.
5. 문장 부호는 '한글 맞춤법'에 규정된 용법을 따라서 사용했으며, 그 밖에 새로 만들거나 용법을 달리하여 사용한 부호는 다음과 같다.

   「 」: ' ' 안의 재인용을 나타낼 때 사용한다.

   《 》: 책명 및 각주의 전거(典據)를 나타낼 때 사용한다.

   〈 〉: 편명, 작품명, 논문 제목을 나타낼 때 사용한다.

   …… : 번역문에서 원문의 '云云'을 처리할 때, 각주에서 긴 인용문을 처리할 때, 각주 표제어가 네 어절 이상일 경우 생략되는 말을 처리할 때 사용한다.

차례

소재집 제5권

시 詩

소재집 제6권

시 詩

소재집

제5권

詩시

서교의 도중에서 읊다 무인년(1578, 선조11)[1] 8월이다.

西郊道中 戊寅八月

살펴보건대 여기서부터 이하 14수는 제릉봉심록(齊陵奉審錄)에 속한다.

무인년 팔월 상순이 다한 때를 당하여	黃虎中商盡上旬
이른 아침에 수레 타고 서쪽 성문을 나가니	平明伊軋出西闉
산 가득 가을바람은 시인의 폐를 맑게 해 주고	滿山高籟淸詩肺
길에 내린 낱 구름은 벼슬할 생각을 덜어 주네	委道殘雲損宦神
신라와 백제가 수다히 싸웠던 벽제역이요	羅濟紛紛碧蹄驛
한단 객지를 쓸쓸히 가는 백발의 나그네로다[2]	邯鄲寂寂白頭賓
금년에도 또 계돈사[3]엘 참여하지 못하여	今年又負鷄豚社
깊은 숲 속 온 식탁의 옥로를 마시지 못하네	全卓林深玉露新

1 무인년 : 이때 소재의 나이는 64세였다.

2 한단(邯鄲)……나그네로다 : 한단은 전국 시대 조(趙)나라의 도읍지인데, 당(唐)나라 때 노생(盧生)이 한단의 한 여관(旅館)에서 도사(道士) 여옹(呂翁)의 베개를 베고 잠이 들었다가, 노란 메조밥을 한 번 짓는 동안에 부귀영화를 다 누린 꿈을 꾸었다는 데서 온 말이다. 여기서는 객지에 나간 자신의 처지를 노생에 빗대서 한 말이다.

3 계돈사(鷄豚社) : 옛날에 온 마을 사람들이 돈목(敦睦)을 목적으로 결성했던 단체이다. 한유(韓愈)의 〈남계시범(南溪始泛)〉 시에 의하면 "원컨대 계를 함께한 사람들은, 닭 돼지 잡아 봄가을로 잔치를 하세나.〔願爲同社人, 鷄豚燕春秋.〕"라고 하였다. 《韓昌黎集 卷7》

벽제관에서 당 학사[4]의 시에 차운하다

碧蹄館次唐學士韻

그 어떤 대방가던가 이 필치를 누가 따르랴　　何人大雅筆追歸
당자의 높은 풍도는 백봉이 나는 듯하구려[5]　　唐子高風白鳳飛
어느 날 마음 비우니 무릎은 절로 꿇어지고　　一日灰心仍膝屈
재차 읊노라니 흰 귀밑은 또 고희에 가깝네[6]　　再吟霜鬢更年稀
서산의 상쾌한 기운은 오궤를 스쳐 들오고[7]　　西山爽氣侵烏几

4 당 학사(唐學士) : 1521년(중종16) 명 세종(明世宗)의 등극반조사(登極頒詔使)로 조선에 온 정사(正使) 한림원 수찬(翰林院修撰) 당고(唐皐)를 가리킨다. 이때 부사(副使)는 병과급사중(兵科給事中) 사도(史道)였다.

5 당자(唐子)의……듯하구려 : 당자는 당고를 가리킨다. 백봉(白鳳)은 흰 봉황을 가리킨다. 한(漢)나라 양웅(揚雄)이 《태현경(太玄經)》을 저술할 적에 한번은, 흰 봉황을 토해 내자 봉황이 자신의 머리 위에 날아 앉은 꿈을 꾸었다는 전설에서 온 말로, 후세에는 특히 문재(文才)가 뛰어난 선비에 비유한다. 《西京雜記 卷2》 여기서는 당고의 문재를 양웅의 고사에 빗대서 예찬한 것이다.

6 어느……가깝네 : 이때 소재의 나이는 64세였다.

7 서산(西山)의……들오고 : 서산의 상쾌한 기운이란 본디 진(晉)나라 왕휘지(王徽之)의 고사에서 온 말이다. 왕휘지는 성품이 본디 잗단 세속 일에 얽매임이 없었다. 그가 환충(桓沖)의 기병 참군(騎兵參軍)으로 있을 적에 한번은 환충이 그에게 말하기를 "경이 부에 있은 지 오래되었으니, 요즘에는 의당 사무를 잘 알아서 처리하겠지.〔卿在府日久, 比當相料理.〕"라고 하자, 그는 아무런 대꾸도 하지 않은 채 고개를 쳐들고 홀(笏)로 턱을 괴고는 엉뚱하게 "서산이 이른 아침에 상쾌한 기운을 불러온다.〔西山朝來, 致有爽氣耳.〕"라고 하였다. 《晉書 王徽之列傳》 전하여 후세에는 흔히 세속 일에 얽매이지 않고 초연(超然)히 유유자적하는 인품에 비유하기도 한다. 오궤(烏几)는 검은 염소 가죽으로 장식한 안석, 즉 오피궤(烏皮几)를 말한다.

남맥[8]의 나는 먼지는 하얀 옷을 더럽히누나　　南陌流塵涴素衣
만년을 따라 정히 좋은 계책 쓰고자 하노니　　欲逐桑榆定有策
홀로 공안 가지고 자욱한 놀 속에 갇힘일세[9]　　獨將公案閉煙霏

8 남맥(南陌) : 남쪽으로 난 도로를 말하는데, 여기서는 번화한 도성 거리를 의미한다.

9 홀로……갇힘일세 : 공안(公案)은 본디 관부(官府)에서 시비(是非)를 판결하는 안례(案例)를 이르는데, 불교 선종(禪宗)에서는 이것을 전배 조사(前輩祖師)들의 언행 범례(言行範例)의 뜻으로 전용하여 이를 선가 공안(禪家公案)이라고 한다. 주희(朱熹)가 일찍이 하호(何鎬)에게 답한 글에 "그대가 '정씨의 여러 문인을 인하여 정씨를 찾고, 정씨를 인하여 성인을 찾는다.'라고 한 것은, 공안이 그 몇 겹이나 막혀 있는고? 어찌 마음속으로 묵묵히 이회하여 근본을 세워서 성현의 말의 득실이 저절로 나의 감식을 벗어나지 못하게 하는 것만 하겠는가.〔如所謂因諸公以求程氏, 因程氏以求聖人, 是隔幾重公案? 曷若默會諸心, 以立其本, 而其言之得失, 自不能逃吾之鑑邪?〕"라고 한 데서 온 말이다. 《心經附註 卷4 求放心齋銘章》 여기서는 성현의 도(道)에 들어가는 법칙을 공안에 빗대어, 만년에 산림 속에 은거하면서 성현의 도를 즐기리라는 뜻이다.

벽제관 노상에서 또 당 학사의 운을 사용하다
碧蹄路上又用唐學士韻

남여에 앉아서 고금의 일을 몽상하노라니	藍輿坐夢去今來
세상을 경영함엔 되레 개합[10]이 있어야 하리	策世還須有闔開
말년의 행장은 집에 거북을 둔 것과 같고[11]	末路行藏居蔡室
반평생의 공업은 뱀 그림자 비친 술잔 같네[12]	半生功業照蛇杯
가을 산 민둥한 건 누가 흔들어 그리됐던가	秋山濯濯終誰撼
도도히 흐르는 물은 되돌아오지 않고말고[13]	逝水滔滔本不回
동쪽 울타리 곳곳마다 좋은 흥취가 더하니	處處東籬佳興進
먼지 낀 술잔 텅 빈 술 그릇 부끄럽게 말아야지[14]	不教塵爵恥虛罍

10 개합(開闔) : 본디 열고 닫고 한다는 뜻으로, 전하여 세상을 경영하는 통치자의 상황에 따라 일을 처리하는 권술(權術)과 책략(策略)을 의미한다.

11 말년의……같고 : 거북을 둔다는 것은 춘추 시대 노(魯)나라 장문중(臧文仲)이 점칠 때 사용하는 거북 껍질을 보관한 고사를 말한다. 《論語 公冶長》 행장(行藏)은 출처와 같은 뜻으로, 출처에 대해서는 장문중처럼 지혜롭지 못하다는 뜻으로 한 말이다.

12 뱀……같네 : '술잔 속의 뱀 그림자〔杯中蛇影〕'라는 고사에서 온 말이다. 진(晉)나라 악광(樂廣)이 친구와 술을 마셨는데, 그때 그 친구가 술잔 속에 비친 뱀의 그림자를 보고는 그 길로 병이 났다가, 뒤에 그것이 청사(廳事) 벽에 걸린 각궁(角弓)의 그림자였음을 알고 나서는 병이 나았다고 한다. 《晉書 樂廣列傳》 이는 실상(實狀)이 아니라는 뜻에서, 반평생 동안의 공업(功業)은 아무것도 없다는 겸사이다.

13 가을……않고말고 : 일생을 잘못 살아 왔다는 후회의 의미를 부친 겸사이다.

14 먼지……말아야지 : 도잠의 〈구일한거(九日閒居)〉 시에 "먼지 낀 술잔 텅 빈 술 그릇 부끄러워라, 차가운 국화만 절로 피어 있구나.〔塵爵恥虛罍, 寒華徒自榮.〕"라고 하였다. 《陶淵明集 卷2》

파주에서 안 상사 중임[15]에게 주다. 판상의 금강운[16]을 사용하다

坡州贈安上舍仲任用板上錦江韻

제릉의 땅을 봉심하라고	奉審齊陵土
재상을 임시로 파견하였으니	公差政府臣
오늘 밤은 동파관에서 자고	今宵宿坡館
내일은 임진강을 건너가리라	明日渡臨津
나무 빛은 천년 이래 검푸르러 왔고	樹色千年黛
일기는 팔월인데도 봄날 같구려	天容八月春
그대 만나면 글자를 써야만 하니[17]	逢君須畫字
근진[18]을 대화하기는 어렵구려	難與話根塵

15 안 상사 중임(安上舍仲任) : 상사 안경윤(安景尹)으로, 자는 중임이다. 1543년(중종38) 생원시(生員試)에 합격하였다. 소년 시절부터 소재와 친구 사이였던 듯하다.

16 금강운(錦江韻) : 1572년(선조5) 정사(正使)인 한림학사(翰林學士) 한세능(韓世能)과 부사(副使)인 이과급사중(吏科給事中) 진삼모(陳三模)가 만력황제(萬曆皇帝)의 등극조(登極詔)를 가지고 조선에 와서 반포했는데, 소재가 조사(詔使)의 접반(接伴)이 되어 시문(詩文)을 서로 창수(唱酬)하였다. 여기 금강운은 진삼모의 시운(詩韻)인 듯하다.

17 그대……하니 : 안경윤이 이롱증(耳聾症)이 있어 정상적으로 대화할 수 없어서 필담할 수밖에 없었으므로 한 말이다.

18 근진(根塵) : 불가(佛家) 용어로, 육식(六識)을 일으키는 육근(六根)과 육근을 통하여 사람의 몸속에 들어가서 정심(淨心)을 더럽히고 진성(眞性)을 흐리게 하는 육진(六塵)을 가리킨다. 여기서는 이런저런 세속적인 일들을 의미한다.

다시 짓다

復題

소년 시절에 즐거이 노닐던 자취를 少小嬉遊迹
생각해 보니 이젠 주신이 뒤바뀌었네[19] 思之反主臣
그대의 한량없는 뜻을 살펴보노라니 看君意袞袞
내게 진진한 담론 해 주길 바라는구려 向我語津津
머리털 하얀빛은 사라질 날이 없고 莖雪消無日
마른 버들[20]은 누운 채 회춘이 안 되네 枯楊臥不春
새벽 내내 눈물이 자꾸 나오려는 건 窮晨欲添淚
덧없는 세상에 다시 헤어져야 함일세 浮世更分塵

안 상사(安上舍)가 이롱증(耳聾症)을 앓고 있기 때문에 위 2수의 시에서 다 언급하였다.

19 소년……뒤바뀌었네 : 주신(主臣)은 주종(主從) 관계를 말한 것이다. 이는 아마 소재가 소년 시절에는 안 상사와 서로 노닐 적에 안 상사가 조금 선배였기 때문에 그를 선배로 대접했었는데, 이때에 와서는 지위로 인하여 서로의 관계가 소년 시절과 정반대가 되었다는 뜻인 듯하다.

20 마른 버들 : 노쇠한 몸을 비유한다.

임진에서
臨津

파주의 서쪽으로 가서 관아의 나루가 있어	坡州西去有官津
배가 구름처럼 밀려들고 해는 또 진시인데	舸艦雲迷日又辰
큰 바다 조수와 통하여 강 수면은 불룩하고	大海潮通肥水腹
먼 산 바람 불어와 모랫가 물결은 출렁이네	遠山風合漾沙脣
모자 벗고 읊조릴 제 시야는 드넓게 탁 트이고	岸紗孤嘯平無礙
노에 기대 뱃노래 합창에 배 운전은 신기해라[21]	倚櫂齊謳捷有神
어찌 언덕 위의 경수에게 물어볼 것 있으랴[22]	岸上何須問耕叟
늙어 가매 스스로 갈래 길을 분별할 줄 아노라[23]	老來能自辨岐塵

21 노에……신기해라 : 두보(杜甫)의 〈발민(撥悶)〉 시에 "키를 틀어 배 방향 돌리매 빠르기가 신기하구나.〔椗柁開頭捷有神.〕"라고 하였다. 《杜少陵詩集 卷14》

22 어찌……있으랴 : 송(宋)나라의 정이(程頤)가 부릉(涪陵)으로 유배 가던 길에 염예퇴를 지나갈 적에 파도가 거세게 일자, 배 안에 있던 다른 사람들은 모두 놀라서 어찌할 줄을 몰랐으나, 유독 정이는 태연하여 조금도 동요하지 않았다. 강 언덕 위에서 나무하던 사람이 큰 소리로 정이에게 묻기를 "목숨을 버리려고 그러는가, 아니면 도리를 달관하여 그러는가?" 하므로, 정이가 대답하려 하였으나, 배가 이미 떠나서 대답하지 못했다는 데서 온 말이다. 《心經附註 卷2 正心章》 여기서는 어떤 위험이 있더라도 운명에 맡길 뿐이라는 의미로 한 말이다.

23 늙어……아노라 : 춘추 시대 제(齊)나라 관중(管仲)과 습붕(隰朋)이 일찍이 환공(桓公)을 수행하여 고죽국(孤竹國)을 정벌했는데, 봄에 갔다가 겨울에야 돌아오면서 옛길을 잃어버리고 헤매자, 관중이 말하기를 "늙은 말의 지혜를 쓸 만하다." 하고, 늙은 말을 풀어놓아 말 가는 대로 따라가다가 마침내 옛길을 찾게 되었다는 고사에서 온 말인 듯하다. 《韓非子 說林上》

동파관에서 느낌이 있어 왕 선생의 운을 사용하여 짓다[24]

東坡館有感用王先生韻

송나라 때에도 촉을 깊다 여겼거니와	在宋猶深蜀
고을 이름 따서 우연히 동파관이라 했네[25]	因州偶號坡
왕공에게는 참된 뜻이 있었겠지만[26]	王公眞意在
여러 노인들은 장난말이 많기도 하였네	諸老戲言多
경 자를 타파한단 건[27] 우롱한 말이 아니요	破敬非愚弄
현자 등용을 막는 게 바로 장애가 된다오	妨賢是障魔
그 당세의 일을 말하지 말지어다	莫談當世事
교란시킨 일들을 하도 많이 겪었으리니	交亂厭經過

24 동파관(東坡館)에서……짓다 : 동파관은 조선 시대에 중국 사신을 영접하던 곳으로, 경기 파주(坡州)에 있었다. 왕 선생(王先生)은 성종(成宗) 연간에 조서(詔書)를 가지고 조선에 온 왕창(王敞)을 가리키는데, 이때 정사(正使)는 동월(董越)이었고, 부사(副使)가 바로 왕창이었다.

25 송(宋)나라……했네 : 송나라 때 동파(東坡) 소식(蘇軾)이 촉(蜀) 지방 출신이었다. 그 당시에도 촉 지방은 매우 깊은 산중으로 알려졌으니, 파주라는 고을 이름을 따서 관명(館名)을 지은 것이지, 소식의 호를 가져다 여기에 관명으로 삼았을 리는 없으리라는 뜻으로 한 말인 듯하다.

26 왕공(王公)에게는……있었겠지만 : 왕창의 진의(眞意)가 어떤 것인지 헤아릴 수가 없다는 뜻이다.

27 경(敬)……건 : 북송(北宋) 시대 주광정(朱光庭)이 어사(御史)가 되어 홀(笏)을 단정히 잡고 바르게 서서 그 엄숙한 표정을 범할 수가 없는지라, 온 반열(班列)이 숙연해지자, 소식이 다른 사람들에게 말하기를 "어느 때에나 이 경 자를 타파하겠는가.〔何時打破這敬字?〕"라고 한 데서 온 말이다. 《心經附註 卷2 君子樂得其道章》

감사의 차운시에 차운하다 윤근수이다.

次監司次韻 尹根壽

수많은 선비들이 성대히 일어나니	藹藹興多士
하는 일 없는 늙은 신하가 부끄럽네	悠悠媿老臣
기북의 들이 텅 빈 것은 이미 알거니와[28]	已知空冀野
천진교서 점치던 이는 얻기 어렵구려[29]	難得占天津
예스러운 원에는 솔바람이 불어오고	院古松邊籟
깊은 술잔에 좌상엔 춘풍화기가 이네	杯深坐上春
혹 색깔 달리한 게 없음을 용납한다면	儻容無異色
응당 더러움과 동화하길 허락하리라[30]	應許有同塵

28 기북(冀北)의……알거니와 : 기북은 기주(冀州)의 북쪽 지방을 가리키는데, 한유(韓愈)의 〈송온조처사서(送溫造處士序)〉에 "백락이 말의 고장인 기주 북쪽 지방을 한번 거쳐 가자, 말의 떼가 마침내 텅 비게 되었다."라고 한 데서 온 말로, 전하여 기북에서 나는 준마(駿馬)는 곧 훌륭한 인재에 비유된다. 《東雅堂昌黎集註 卷21》 여기서는 윤근수(尹根壽) 같은 뛰어난 인재들이 이미 조정(朝廷)에 다 들어왔다는 찬사이다.

29 천진교(天津橋)서……어렵구려 : 천진교서 점치던 이는 송(宋)나라 소옹(邵雍)을 가리킨다. 소옹이 달밤에 낙양(洛陽)의 천진교를 산보하다가 두견새 우는 소리를 듣고 장차 천하가 혼란해 질 것을 예견하였던 데서 온 말이다. 《宋名臣言行錄 外集 卷5》 여기서는 당시 조정에서 소옹처럼 장래의 일을 훤히 내다보는 선견지명을 가진 이를 얻기가 어렵다는 뜻이다.

30 응당……허락하리라 : 더러움과 동화한다는 것은 《노자(老子)》 제4장에 "도는 만만물의 더러움에 동화한다.〔同其塵.〕"라고 한 데서 온 말로, 이는 재덕(才德)을 감추고 겸손함을 의미한다.

유수[31]에게 주다

贈留守

대부가 와서 옛 이름 개경을 다스리면서	大夫來判舊名京
위엄을 굽혀 욕되이 멀리 나와 영접해 주누나	爲屈威尊辱遠迎
산은 오관산이 빙 둘리어 창끝처럼 뾰족하고[32]	山繞五冠森劍戟
물은 세 가닥이 돌아 흘러 큰 물결 일으키네	水嬰三派起鵬鯨
수원[33]에선 술자리 멋고 바람 장막 의지하고	停杯壽院依風幔
탁타교로 수레 몰아 화성을 끼고 돌아왔네[34]	催蓋駝橋擁火城
사백여 년 흥망성쇠에 부서가 여유로우니[35]	四百興亡餘富庶
남은 풍속을 무마함은 인명함에 달려 있다오	撫摩遺俗在仁明

31 유수(留守) : 당시 개성 유수(開城留守)를 가리키는데, 그의 성명은 상고할 길이 없다.

32 산은……뾰족하고 : 오관산(五冠山)은 경기 장단부(長湍府) 서쪽에 위치한 산인데, 산꼭대기에 다섯 개의 작은 봉우리가 둥그렇게 관처럼 생겼으므로 이렇게 이름했다 한다.

33 수원(壽院) : 옛날 개성에 있었던 천수원(天壽院)의 약칭인 듯하다.

34 탁타교(槖駝橋)로……돌아왔네 : 탁타교는 옛날 개성에 있던 다리이고, 화성(火城)은 밤에 불을 밝힌 고관(高官)의 의장(儀仗) 행렬이다.

35 사백여……여유로우니 : 사백여 년은 고려조(高麗朝)를 대략적으로 말한 것이고, 부서(富庶)는 물산이 풍부하고 인구가 많음을 이르는 말이다. 여기서는 개성의 인민(人民)들이 모두 잘살고 있다는 뜻이다.

제릉을 배알하다

謁齊陵

삼가 생각건대 왕후께선 태평성대를 놓쳤지만[36]	恭惟仙駕失昌期
도리어 음공으로 태평을 협찬한 것이 있었네	還有陰功贊化爲
청룡등 백호등이 에워싼 것은 옹중[37]의 얼굴이요	龍虎抱來翁仲面
동남쪽으로 끝진 곳엔 외손의 비[38]가 서 있구려	東南盡處外孫碑
개국은 처음 천마산 밑에 정하길 마다했거니[39]	開基不允天磨始
능 자리는 북한산으로 옮겨질지도 어찌 알리오	卜宅焉知華嶽移
신은 병들었어도 네 번 절함을 감당할 만하니	臣病尙堪爲四拜
만세 태평의 기원을 시로 읊어 대신하노이다	大平萬世替吟詩

36 삼가……놓쳤지만 : 조선 태조(太祖)의 초비(初妃)인 신의왕후(神懿王后)가 미처 조선의 개국을 보지 못하고 별세했음을 의미한다.

37 옹중(翁仲) : 옛날 왕릉 앞에 세웠던 석조인상(石造人像)을 말한다. 진 시황(秦始皇) 때 임조현(臨洮縣)에 키가 5장(丈)에 발자국이 6자(尺)나 되는 거인(巨人)이 나타났는데, 이를 동인(銅人)을 주조(鑄造)하고 '옹중'이라 칭했다고 한다.

38 외손(外孫)의 비(碑) : 후한(後漢) 때 채옹(蔡邕)이 위(魏)의 한단순(邯鄲淳)이 지은 조아비문(曹娥碑文)을 보고 그 비석의 배면(背面)에다 은어(隱語)로 '황견유부외손제구(黃絹幼婦外孫虀臼)'라고 새겨 놓았는데, 양수(楊脩)가 '아주 절묘한 좋은 문장〔絶妙好辭〕'이라는 뜻이라고 해석한 데서 온 말이다.《世說新語 捷悟》 여기서는 신의왕후의 능 앞에 세운 신도비(神道碑)나 권근(權近)이 쓴 비명(碑銘)을 가리킨 것인 듯하다.

39 개국(開國)은……마다했거니 : 천마산(天磨山)은 개성 송악산(松嶽山) 북쪽에 있던 산인데, 개국과 동시에 수도를 천마산 아래로 정하려고 했다가 반대론에 부딪혀 정하지 못했던 것으로 추측된다.

만월대[40]에서

滿月臺

옛 유물이 전조의 도읍지에 있는데 故物前朝邑
높다란 계단이 일백 층이나 되누나 雲階一百層
정전에서 조회받던 임금은 간 곳 없고 殿亡乾德主
재 올리는 이는 팔관회의 중임을 알겠네 齋認八關僧
술을 마시는 건 일이 없기 때문인데[41] 罇酒緣無事
서남쪽에서 다행히 벗까지 얻었네그려[42] 西南幸得朋
석양 아래 시 지을 재료는 풍부하건만 斜陽富詩料
재주가 다했으니 끝내 지을 수 있으랴 才盡竟何能

40 만월대(滿月臺) : 개성(開城)의 연경궁(延慶宮)에 있던 대인데, 여기가 바로 정전(正殿)의 앞 계단이었다고 한다.

41 술을……때문인데 : 전국 시대 초(楚)나라의 변사(辯士)였던 진진(陳軫)이 일찍이 위(魏)나라에 들러 역시 위나라의 변사였던 서수(犀首)를 만나려고 했으나, 서수가 만나 주지 않았다. 진진이 말하기를 "내가 공의 일을 위해서 왔는데, 공이 나를 만나 주지 않으니, 내가 곧 떠나고 나면 후일은 기대할 수 없으리라.〔吾爲事來, 公不見軫, 軫將行, 不得待異日.〕"라고 하자, 서수가 그제야 그를 만나 주므로, 진진이 말하기를 "공은 어찌하여 술 마시기만 좋아하는가?〔公何好飮也?〕"라고 하자, 서수가 말하기를 "일이 없기 때문이다.〔無事也.〕"라고 하였다. 《史記 張儀列傳》 여기서는 소재 역시 서수와 마찬가지라는 뜻이다.

42 서남쪽에서……얻었네그려 : 《주역》 〈곤괘(坤卦)〉에 "서쪽과 남쪽은 벗을 얻고, 동쪽과 북쪽은 벗을 잃을 것이니, 안정하여 길하다.〔西南得朋, 東北喪朋, 安貞, 吉.〕"라고 한 데서 온 말이다. 여기서는 단지 도성 쪽에서 보면 서남쪽이 되는 곳에서 친구를 만났다는 뜻이다.

안 처사[43]에게 주다

贈安處士

상주는 노소재가 늙어 가는 곳이요	芝嶺穌齋老
송도는 안 처사가 편히 지내는 곳이로다	松都處士安
서로 만나자 기쁨과 슬픔은 교차하고	相逢動悲喜
이틀을 묵노라니 바쁨과 한가함은 각각일세	信宿辨忙閑
산수는 번뇌만 더해 줄 뿐이고[44]	山水增煩惱
문사는 한열이 교차하누나[45]	文詞更熱寒
삼 년 동안 한 방에 꼭 들앉아 보아야만	三年坐一室
비로소 본래의 내 안면을 알게 되리라[46]	始見本來顔

노(老)가 다른 본에는 노(盧)로 되어 있다.

43 안 처사(安處士) : 개성(開城) 사람 안경창(安慶昌)을 가리킨다. 자는 언성(彦盛), 호는 사내(四耐)이다. 《성호사설(星湖僿說)》 권9 〈인사문(人事門) 사내옹(四耐翁)〉에서 《송도지(松都志)》를 인용하여 안경창에 대해 설명하고 있다.

44 산수(山水)는……뿐이고 : 산수는 본디 은거하기 좋은 고장인데, 은거할 수 없는 처지라 억지로 관직에 종사하다 보니, 좋은 산수를 보면 오히려 번뇌를 일으키게 된다는 뜻인 듯하다.

45 문사(文詞)는 한열(寒熱)이 교차하누나 : 한열은 고어(古語)에 "문사가 고한(高寒)하다." 또는 "문사가 온아(溫雅)하다."라고 한 것을 전용한 말이 아닌가 싶으나 자세하지 않다.

46 삼……되리라 : 안경창이 본래 잠시도 가만히 앉아 있지 않고 항상 돌아다니기를 좋아했기 때문에 그에게 은근히 충고하는 뜻인 듯하나 자세하지 않다.

외왕부[47]의 묘소에서

外王父墓

작은 오솔길 따라 아동[48]을 찾아서	小逕尋衙洞
깊숙한 솔숲으로 묘궁을 배알하였네	深松謁墓宮
깊은 감회에 한 심지 향을 사르고	感來香一瓣
제전을 마치고는 석 잔 술을 마시네	奠罷酒三鍾
외삼촌의 사업은 부족함이 없거니와	舅業長無歉
어머니 수는 백 세에 그치지 않으시리	慈年百不窮
종신토록 성세의 은택을 입으니	終身荷聖世
어느 곳인들 성상 은택 아님이 있으랴	何處不恩隆

47 외왕부(外王父) : 소재의 외조부인 이자화(李自華, ?~1520)로, 본관은 성주(星州), 자는 실이(實而)이다.

48 아동(衙洞) : 경기 교하현(交河縣)에 있던 지명이다. 《퇴계집(退溪集)》 권40 〈종친부전첨최공묘갈명(宗親府典籤崔公墓碣銘)〉에 "교하현 아동 간좌 곤향의 언덕〔交河衙洞艮坐坤向之原〕"이라는 말이 보인다.

삼각산을 바라보다

望三角山

살펴보건대 봉심록(奉審錄)은 여기까지이다.

예전에는 송도가 좋다고 말들 하더니	昔道松都好
이제야 한성이 높다는 것을 알았도다	今知漢邑尊
한 줄기 한강 물은 앞으로 돌아 흐르고	一流前繚繞
삼각산은 뒤에 날아오를 듯 솟아 있네	三角後騰騫
동쪽으로 점거한 곳은 높다란 철령이요	東扼尙鐵嶺
오른쪽으로 통하는 곳은 또한 검문일세[49]	右通還劍門
풍운이 길이길이 제회한다면[50]	風雲長際會
만세토록 백성을 보호하리라	萬世保黎元

49 동쪽으로……검문(劍門)일세 : 철령(鐵嶺)은 강원도에 위치한 산이고, 검문은 본디 사천성(四川省) 검각현(劍閣縣) 북쪽의 몹시 험준하기로 유명한 대검산(大劍山), 소검산(小劍山) 사이에 있는 관명(關名)이다. 그러나 한성(漢城)으로부터 동쪽에 철령이 있는 것은 확실하지만, 서쪽에 검문관이 있다는 것은 어떤 의미로 한 말인지 자세하지 않다.

50 풍운(風雲)이 길이길이 제회(際會)한다면 : 《주역》 〈건괘(乾卦) 문언(文言)〉에 "구름은 용을 따르고, 바람은 범을 따른다.〔雲從龍, 風從虎.〕"라고 한 데서 온 말로, 명군(明君)과 현신(賢臣)이 서로 만나는 것을 의미한다.

효릉에 나아가려고 하직 인사 올리고 호피를 하사받다

辭詣孝陵受賜虎皮

연보(年譜)를 살펴보건대 앞서 을사년(1545, 명종 즉위년)의 간흉들이 인묘(仁廟)께서는 1년을 넘기지 못한 임금이라 하여 인산(因山)의 일을 대부분 신중히 거행하지 않았고, 심지어는 신자(臣子)로서 차마 말할 수 없는 행위까지 있었다. 그런데 이때에 이르러 개수를 명하여 선생이 그 일을 감동하였다. 이로부터 아래로 54수는 효릉수개록(孝陵修改錄)에 속한다.

무인년[51] 양월에 효릉을 수개하러 떠날 적에	攝提良月赴修陵
심한 추위 때문에 특별히 기모[52]를 하사하셨네	特賜奇毛爲沍凝
받들고 나오니 송구스러워 우선 깔기가 두렵고	擎出骨寒先畏寢
펼쳐 놓으니 교자가 무거워 들릴까 의아스럽네	張來轎重只疑升
눈에 선한 범의 발걸음엔 아직도 위엄이 넘치고	眼中步步威猶積
대롱 밖의 무늬들은 윤택하여 사랑스럽구려[53]	管外斑斑澤可矜

51 무인년 : 1578년(선조11)으로, 이때 소재의 나이는 64세였다.

52 기모(奇毛) : 호피(虎皮)를 지칭한다.

53 대롱……사랑스럽구려 : 진(晉)나라 왕희지(王羲之)의 아들 왕헌지(王獻之)가 어렸을 적에 한번은 부친의 문생(門生)들끼리 노름하는 것을 구경하다가 승부가 판가름 나는 것을 보고는 "남방의 노래는 활기가 없다.〔南風不競〕"라고 하자, 한 문생이 왕헌지를 보고 말하기를 "이 아이도 대롱 구멍으로 표범을 엿보아 때로 한 점의 무늬를 본다.〔此郞亦管中窺豹, 時見一斑.〕"라고 한 데서 온 말로, 대롱 밖의 무늬는 표범 전체의 무늬를 말한 것이다.《世說新語 方正》 윤택하다는 것은《열녀전(列女傳)》 권2 〈현명(賢明) 도답자처(陶答子妻)〉에 "첩은 들으니, 남산에는 검은 표범이 있는데, 안개비가 내리는 이레 동안 먹이를 먹으러 나오지 않는 것은 무슨 까닭인고 하면, 제 터럭을

전하께선 인을 좋아하사 천만수를 누리시어[54]　　殿下好仁千萬壽
길이 만백성들과 함께 춘대[55]를 오르시리라　　春臺長與兆民登

조민(兆民)이 다른 본에는 중인(衆人)으로 되어 있다.

윤택하게 하여 고운 문채를 이루고자 해서랍니다.〔妾聞南山有玄豹, 霧雨七日而不下食者, 何也? 欲以澤其毛而成文章也.〕"라고 한 데서 온 말이다. 여기서는 호피 전체가 아주 아름답고 윤택하다는 뜻이다.

54 전하(殿下)께선……누리시어 : 공자(孔子)가 "지혜로운 자는 물을 좋아하고, 인한 자는 산을 좋아하며, 지혜로운 자는 움직이고, 인한 자는 고요하며, 지혜로운 자는 즐겁고, 인한 자는 장수한다.〔知者樂水, 仁者樂山; 知者動, 仁者靜; 知者樂, 仁者壽.〕"라고 한 데서 온 말이다.《論語 雍也》

55 춘대(春臺) :《노자(老子)》 제20장에 "중인들은 화락하여, 푸짐한 잔칫상을 받은 듯, 다스운 봄날 높은 누대에 올라 사방을 전망하듯 즐거워한다.〔衆人熙熙, 如享太牢, 如春登臺.〕"라고 한 데서 온 말이다.

흐느끼어 곡하다

吞聲哭

능의 외면이 첨엔 크게 이지러진 곳 없었으련만	陵面初無大缺虧
인심은 끝내 대단한 슬픔과 의심을 갖게 되누나	人心終有極悲疑
하늘에 사무친 죄악을 쌓은 세 괴수는 도피했고[56]	通天罪積三魁逭
바다에 들어가 넋을 놀린 한 늙은이는 버려졌지[57]	入海魂游一老遺
경쾌한 손놀림의 자귀질엔 놀라 넘어질 것 같고	輕手運斤驚欲倒
발 포개 디디며 삼태기 옮길 땐 추락할 듯 두렵네	重跟傳簣怖如墜
묘를 다스림이 옛 습속 아님을 비로소 알겠어라[58]	始知易墓眞非古
길이 충신으로 하여금 눈물을 줄줄 흘리게 하누나	長使忠臣淚注頤

56 하늘에……도피했고 : 정순붕(鄭順朋), 임백령(林百齡), 정언각(鄭彦慤)이 을사사화를 일으켜 크나큰 죄악을 저질렀는데도 당시에는 처벌받지 않았음을 의미한다.

57 바다에……버려졌지 : 소재가 을사사화에 연루되어 겪었던 진도(珍島)의 유배 생활을 말한다.

58 묘(墓)를……알겠어라 : 《예기(禮記)》 〈단궁 상(檀弓上)〉에 "묘지의 초목을 제거하는 것은 예전의 습속이 아니다.〔易墓, 非古也.〕"라고 한 데서 온 말이다. 여기서는 인종(仁宗)의 능을 전혀 관리하지 않아서 봉분이 무너지고 잡초가 무성하므로, 소재가 이 광경을 보고 깊이 탄식하는 뜻이다.

감탄하여 시를 짓다

感歎成詩

삼십삼 년 동안의 자취가	三十三年迹
어찌하여 예전과 그리도 다른고[59]	如何異昔時
황량하게 초목들은 쓰러져 있고	荒涼草樹偃
분잡하게 사석들은 옮겨 와 있구려	雜沓石沙移
비 그치자 하늘은 맑게 개건만	雨罷天容變
회오리바람에 객의 눈물은 떨어지네	風回客淚墜
쓸쓸해져 가는 국가의 일에 대하여	蕭條國家事
몸은 늙었고 맘으로만 알 뿐이로다	身老只心知

59 삼십삼……다른고 : 삼십삼 년은 인종(仁宗)이 승하한 1545년(인종1)부터 1578년(선조11)까지가 만 33년이 된 것을 말하고, 자취가 달라졌다는 것은 33년 전까지는 인종이 생존했었는데, 33년이 지난 현재는 황폐해진 초라한 무덤으로 변해 있음을 탄식하여 이른 말이다.

회장의 기회를 놓치다[60] 2수

失會 二首

중화[61]의 장례에 참가하지 못하여	失會重華葬
항상 시월이 되면 깜짝깜짝 놀랐네	常驚十月來
어찌 알았으랴 실낱같은 목숨이 남아 있어	焉知如線在
당처럼 쌓은 게 헤쳐진 걸 차마 보게 될 줄을[62]	忍視若堂開
연석은 종횡으로 갈라져 있고	軟石縱橫坼
거친 모래는 위아래가 다 무너졌네	麤沙上下頹
당시에 대단히 불경스레 장례를 치러서	當時大不敬
후세에 단지 슬픔만 더하게 하누나	後世只增哀

60 회장(會葬)의 기회를 놓치다 : 인종(仁宗)이 1545년(인종1) 7월에 승하하였고 그해 10월 장례를 지냈는데, 소재는 그해 9월 이미 파직되어 충주(忠州)로 내려가 있었기 때문에 인종의 장례 때 참여하지 못하였다.

61 중화(重華) : 순(舜) 임금의 별칭으로, 여기서는 인종을 순 임금에 빗대서 한 말이다.

62 어찌……줄을 : 당(堂)처럼 쌓는다는 것이란 바로 봉분을 짓는 것을 말한다. 《예기》 〈단궁 상(檀弓上)〉에 자하(子夏)가 말하기를 "옛날에 공자가 말씀하시기를 '내가 보건대 봉분하는 것을 마치 당처럼 쌓아 올린 것이 있고……도끼날처럼 위가 좁게 쌓아 올린 것도 있었으니, 나는 도끼처럼 하는 것을 따르겠다.' 하셨으니, 도끼날처럼 하는 것은 세속에서 이른바 마렵봉이라는 것이다.〔昔者夫子言之曰: "吾見封之若堂者矣,……見若斧者矣, 從若斧者焉." 馬鬣封之謂也.〕"라고 한 데서 온 말로, 여기서는 인종의 능을 지칭한 것이다. 헤쳐졌다는 것은 왕릉의 관리가 몹시 허술하여 봉분의 여기저기가 허물어지곤 한 것을 가리켜 한 말이고, 차마 보게 되었다는 것은 차마 볼 수 없는 민망한 광경을 꾹 참고 보게 되었다는 뜻이다.

깊은 골짝엔 많은 사람이 움직이는데	深壑多人動
먼 하늘엔 새 한 마리가 날아오누나	長空獨鳥來
수시로 졸려 두 눈은 늘 감기건만	有時雙眼合
한마디 대화도 나눌 자리가 없구려	無地一言開
잎이 져서 편평한 등성이는 앙상하고	葉落平岡瘦
구름 걷히자 석양은 급히 저물어 가네	雲歸急景頹
또한 응당 구중궁궐 성상께서는	還須九重上
이때의 슬픔을 전부 간직하고 계시리	占斷此時哀

입으로 부르다 3수

口號 三首

나뭇잎들은 우수수 떨어지고　萬木蕭蕭下
석양은 뉘엿뉘엿 넘어가는데　殘暉冉冉流
이리저리 방황하며 석장[63]을 어루만지고　彷徨撫石藏
조심조심 삼가 주구[64]를 껴안아도 보네　踧踖拱珠丘
엄사[65]는 전교 받들어 주의하여 살피고　閹使承綸省
유관은 필연 갖추어 자세히 기록하네　儒官載筆周
높은 하늘은 탄식하는 객을 굽어보는데　天高照客嘆
구름[66]은 근심 어린 성상 가까이 들어가리　雲近入宸憂

총욕을 생각하면 심신이 어찌 안정되랴[67]　寵辱神奚定

63 석장(石藏) : 능묘를 쓸 적에 석실(石室), 석수(石獸), 비명(碑銘) 등을 조각하여 능묘 안에 매장했던 것을 가리킨다.

64 주구(珠丘) : 전설상 고적(古迹)의 하나로, 진(晉)나라 왕가(王嘉)의 《습유기(拾遺記)》 권1 우순(虞舜) 조에 "순 임금을 창오의 들에 장사 지낸 이후, 참새 같은 새들이 있어……때때로 창오의 들에 날아와 파란 사주를 물어 와서 쌓아 언덕을 이루었으므로, 이를 '주구'라 명명했다.〔舜葬蒼梧之野, 有鳥如雀,……時來蒼梧之野, 銜青砂珠, 積成壟阜, 名曰珠丘.〕"라고 한 데서 온 말이다. 여기서는 인종(仁宗)의 능을 순 임금의 능에 빗대서 한 말이다.

65 엄사(閹使) : 궁중에서 나온 환관(宦官) 사자(使者)를 가리킨다.

66 구름 : 상서로운 오색구름이 대궐 가까이에 늘 끼어 있다는 고어(古語)에서 온 말이다.

국가 안위 염려에 눈물은 절로 흐르네 安危淚自流
하찮은 정성은 대궐에 바치고 있지만 區區應象闕
늘 잊지 못하는 건 오직 여우 언덕일세[68] 耿耿只狐丘
흰 귀밑털은 아침마다 천 개나 떨어지고 鬢雪朝千墜
애간장 바퀴는 하루에 만 바퀴나 구르네[69] 腸輪日萬周
능히 주상의 명에 보답하지 못한다면 非能報主命
어떻게 어버이 근심을 풀 수 있으리오 何以解親憂

석양은 상심된 맘을 방아 찧듯 쳐 대고[70] 西日傷心擣
남녘 구름은 식은 땀을 줄줄 흐르게 하네[71] 南雲駭汗流

67 총욕(寵辱)을……안정되랴 : 《노자(老子)》 제13장에 "총영을 받거나 치욕을 받거나 똑같이 놀라고 경계하라. 큰 환난을 중시하기를 마치 내 몸의 탐욕 없애기를 중시하듯 하라.〔寵辱若驚, 貴大患若身.〕"라고 한 데서 온 말로, 여기서는 총영과 치욕이 모두 내 자신의 탐욕에서 나오는 것이라, 항상 삼가고 조심해야 하기 때문에 심신(心神)이 안정될 수 없다는 뜻이다.

68 늘……언덕일세 : 여우 언덕이란 《예기》 〈단궁 상(檀弓上)〉에 "옛사람의 말에 '여우가 죽을 때는 제가 살던 언덕으로 머리를 똑바로 향해 죽는 것은 인에서 온 것이다.'라고 했다.〔古之人有言曰: "狐死正丘首, 仁也."〕"라고 한 데서 온 말로, 전하여 사람이 태어난 근본, 고향을 차마 잊지 못하는 데에 비유한다.

69 애간장……구르네 : 한유(韓愈)의 〈원유연구(遠遊聯句)〉에 "이별의 애간장은 수레바퀴처럼 굴러서, 하루에도 일만 번이나 구른다네.〔別腸車輪轉, 一日一萬周.〕"라고 하였다. 《東雅堂昌黎集 卷8》

70 석양은……대고 : 《시경》 〈소아(小雅) 소변(小弁)〉에 "내 마음이 근심스럽고 상하여, 상심됨이 방아 찧듯 쳐 대노라.〔我心憂傷, 惄焉如擣.〕"라고 한 데서 온 말로, 여기서는 어버이가 세월 따라 자꾸 노쇠해지는 것을 걱정하는 뜻이다.

71 남녘……하네 : 남녘 구름은 고향과 어버이를 그리는 정을 기탁하는 뜻으로 쓰인

소나무 가래나무[72]는 황량한 오솔길에 섰고　松楸依亂逕
서리 이슬은 무너진 분묘를 적시겠지[73]　霜露濕頹丘
성상껜 보답하려 해도 못다 할 줄 알거니와　圖報知難究
돌아가려는 꾀는 주밀치 못함이 부끄럽네　謀歸愧不周
올가을도 보는 앞에서 또 지나가니[74]　今秋看又過
머리 돌리매 오만 가지가 근심이로다　回首萬端憂

것이다. 육기(陸機)의 〈사친부(思親賦)〉에 "남녘 구름을 가리키며 탄식을 부치고, 돌아가는 바람을 바라보며 정성을 바치노라.〔指南雲而寄歎, 望歸風而效誠.〕"라고 한 데서 온 말이다. 여기서는 어버이에 대한 그리움이 사무쳐 놀란 땀을 줄줄 흘린다는 뜻이다.

72 소나무 가래나무 : 옛날 묘지에 흔히 심었던 데서, 전하여 선영(先塋)을 가리킨다.

73 서리……적시겠지 : 《예기》 〈제의(祭義)〉에 "군자는 천도에 맞추어 봄에는 체제를 지내고, 가을에는 상제를 지내나니, 가을에 서리, 이슬이 내리거든 군자가 그것을 밟아 보고 반드시 슬픈 마음이 생기되, 이는 날이 추워져서 그런 것이 아니다. 또 봄에 비이슬이 내려 땅이 축축해지거든 군자가 그것을 밟아 보고 반드시 섬뜩하게 두려운 마음이 생기어 마치 죽은 부모를 곧 만날 것 같은 생각이 들게 된다.〔君子合諸天道, 春禘秋嘗. 霜露旣降, 君子履之, 必有悽愴之心, 非其寒之謂也. 春雨露旣濡, 君子履之, 必有怵惕之心, 如將見之.〕"라고 한 데서 온 말로, 여기서는 이미 돌아간 조상(祖上)을 사모한다는 뜻이다.

74 올가을도……지나가니 : 두보(杜甫)의 〈절구이수(絶句二首)〉 시의 두 번째 시에 "강이 푸르니 새는 더욱 하얗고, 산이 푸르니 꽃은 불이 타는 듯하네. 올봄도 보는 앞에서 또 지나가니, 어느 날이 고향에 돌아가는 해일런고.〔江碧鳥逾白, 山青花欲燃. 今春看又過, 何日是歸年?〕"라고 하였다. 《杜少陵詩集 卷13》

서리를 밟다

履霜

서리는 작은 눈보다 깊어 발자국이 처음 찍히고	霜勝微雪印初蹤
해는 막 땐 불처럼 따뜻해 늙은 몸을 쬐어 주네	日似新烘炙老躬
옹중[75]이야 어찌 인간 세상 달라진 걸 알랴마는	翁仲豈知人代異
연기 놀은 길이 조석으로 똑같이 주관하누나	煙霞長管暮朝同
거동하는 몸은 쌀쌀한 풍광에 인역[76]을 의지했고	動容蕭颯依仁域
고향 가고픈 꿈은 드날려 대궐을 감도는구나	歸夢悠揚遶福宮
진작부터 아무런 보필도 못한 걸 반성하면서도	久省行違盡寂寞
공연히 소융과 서로 계합한 것만 사모해 왔네[77]	空懷契合信昭融

75 옹중(翁仲) : 27쪽 주37 참조.

76 인역(仁域) : 인수지역(仁壽之域)의 약칭으로, 인덕(仁德)이 있어 장수한다는 뜻이다. 공자(孔子)의 말에 "지혜로운 자는 물을 좋아하고, 인한 자는 산을 좋아하며, 지혜로운 자는 움직이고, 인한 자는 고요하며, 지혜로운 자는 즐겁고, 인한 자는 장수한다.〔知者樂水, 仁者樂山; 知者動, 仁者靜; 知者樂, 仁者壽.〕"라고 한 데서 온 말이다. 《論語 雍也》 여기서는 사람마다 장수를 누리게 되는 태평성대를 뜻한다.

77 공연히……왔네 : 소융(昭融)은 《시경》 〈대아(大雅) 기취(旣醉)〉에 "소명함이 매우 밝으니, 고명하여 마침을 잘하리로다. 마침을 잘함이 시작이 있으니, 공시가 좋은 말을 고해 주도다.〔昭明有融, 高朗令終. 令終有俶, 公尸嘉告.〕"라고 한 데서 온 말로, 전하여 임금의 밝은 덕을 뜻한다. 계합(契合)은 바로 군신간에 의기투합함을 말한 것으로, 여기서는 소재가 당시 임금과 의기투합했음을 의미한다.

한탄스럽다

可嘆

열흘 동안에 돌 하나를 깎고	十日斲一石
이틀 동안에 돌 하나를 안치하누나	二日安一石
다그치면 감히 교묘한 의사를 내지 못하고	迫之不敢起巧思
여유로워야만 성공 자취를 남길 수 있는 법인데	優哉始能留成迹
한마디 소리에 백 명 천 명이 다 모여들었다	一聲百人千人集
소리가 끝나면 사람마다 앉았다 섰다 하는구나[78]	聲盡人人坐復立
어떻게 하면 가장 뛰어난 기술자를 선발하여	安得工師拔巨擘
대패 먹줄 그림쇠 곡척을 빈틈없이 사용해서	準繩規矩無不入
마침내 좌고우면하는 순식간에 마무리함으로써	遂令顧眄咄嗟辦
일은 반도 안 하고 공은 갑절이나 이루게 하여	功未倍之事已半
하늘에 밝으신 선왕께서 조속히 영안하셔서[79]	於昭在天亟永安
백성들이 각각 안도하는 걸 보게 될 수 있을까[80]	復見蒼生環堵按

78 한마디……하는구나 : 석공(石工)의 우두머리인 석장(石匠)이 수많은 석공들을 한꺼번에 일제히 지휘하여 질서가 없는 광경을 말한 듯하다.

79 하늘에……영안(永安)하셔서 : 하늘에 밝으신 선왕(先王)은 《시경》 〈대아(大雅) 문왕(文王)〉에 "가신 문왕이 위에 계시사, 아 하늘에 밝으시니,……가신 문왕이 오르내리심이, 늘 상제의 곁에 계시니라.〔文王在上, 於昭于天,……文王陟降, 在帝左右.〕"라고 한 데서 온 말로, 여기서는 인종(仁宗)을 문왕에 빗대서 한 말이다.

80 백성들이……있을까 : 두보(杜甫)의 〈기백학사임거(寄柏學士林居)〉 시에 "어느 때나 고상한 의론이 대궐에 들어가서, 창생들이 각각 안도함이 있게 할 수 있을꼬.〔幾時高議排金門, 各使蒼生有環堵?〕"라고 하였다. 《杜少陵詩集 卷18》

술을 내리다

宣醞

능을 연 지 칠 일에 아무 일도 한 게 없는 듯한데	開陵七日若無營
성상의 위로해 주신 은정 입음을 어찌 감당하랴	宣勞何堪荷聖情
소반의 수북한 진수성찬은 어육을 겸하였고	盤凸珍羞兼水陸
잔에 넘친 하사주에는 맑은 향기를 갖추었네[81]	杯崇法醞備香淸
제조들은 모두 배불러 급히 감동하러 돌아가고	提調共飽歸監急
군장[82]들도 같이 배불러 공사장으로 선뜻 가누나	軍匠均霑返役輕
외람히 재상 자리에 오른 지 육 년이 넘었는데	忝竊丞揆踰六載
지금에사 온종일 인종의 능을 모실 뿐이로다	只今終日侍仁塋

81 잔에……갖추었네 : 송대(宋代)의 시인 서기(徐璣)의 〈주(酒)〉 시에 "한 잔을 막 기울이니 하 짙푸르고도 맑아라, 이게 본디 내 아내의 솜씨로 빚은 것인데, 물을 많이 넣지 않아서 맛의 싱거움을 막고, 누룩을 적게 넣어 맑은 향을 내도록 했다오.〔才傾一盞碧澄澄, 自是山妻手法成. 不遣水多防味薄, 要令麴少得香淸.〕"라고 하였다.《御定佩文齋詠物詩選 卷243》

82 군장(軍匠) : 군적(軍籍)에 든 장인(匠人)들을 가리킨다.

일기가 차가워지다

向寒

산상에서 월건으로 해월을 만나니	山上建亥月
북풍이 불어 날이 점점 추워지네	北風天向寒
미처 덜 떨어진 잎새가 떨어지자마자	纔飛未落葉
다시 늦게 시드는 안색[83]을 드러내누나	更逞後凋顔
석양은 높은 데 임하여 빨리만 가고	斜日臨危疾
흐르는 구름은 머물게 하기 어려워라	流雲欲駐難
신의 맘에 가장 우려되고 두려운 건	臣心最憂恐
손이 터서 힘써 일하기 어려움이로다	龜手拮据艱

83 늦게 시드는 안색 : 공자(孔子)가 "해가 추워진 뒤에야 소나무와 잣나무가 뒤에 시드는 것을 알게 된다.〔歲寒 然後知松柏之後凋也.〕"라고 한 데서 온 말로, 전하여 소나무, 잣나무를 가리킨다. 《論語 子罕》

정회를 기록하다
書情

세상의 무슨 일인들 마음에 어긋나지 않으랴	世中何事不心違
살아선 나그네 죽어야 돌아감을 문득 깨달았네	便覺生覊死始歸
팔 년 동안은 고향 그리는 마음 한량없었고[84]	八載剩堪懷舊壟
열흘 동안은 어머니의 기다리심을 더하였네[85]	一旬添得望慈闈
애군 우국하는 것은 이게 충성이라 옳거니와	愛君憂國是誠是
병을 핑계로 사직함은 의리가 아니라 그르다오	引疾乞骸非義非
예로부터 적송자의 방술은 밝히기 어렵지만[86]	從古難明赤松術
그 어느 때나 한음의 기심을 알 수 있을런가[87]	幾時能識漢陰機

84 팔……한량없었고 : 소재가 1571년(선조4) 57세 때부터 1578년까지 8년 동안 계속 내직(內職)에만 있었으므로 한 말이다.

85 열흘……더하였네 : 이때 소재가 효릉(孝陵)을 개수하러 직접 현장에 나가 일을 감동(監董)하느라 집을 못 들어간 지 열흘이 되었으므로 한 말이다.

86 예로부터……어렵지만 : 적송자의 방술(方術)은 도가(道家)의 방술을 의미한다. 장량(張良)이 한 고조(漢高祖)를 도와 천하를 통일하고 유후(留侯)에 봉해지고 나서는 벼슬을 굳이 사양하고 적송자를 따라 노닌 까닭을 자신의 입장에서는 알 수 없다는 뜻이다.

87 그……있을런가 : 한음(漢陰)은 한수(漢水)의 남쪽을 가리킨다. 자공(子貢)이 한음을 지나다가 우물물을 길어다 밭이랑에 물을 주는 노인을 만났다. 그 일이 몹시 힘들어 보이므로 자공이 용두레를 사용하면 편하다고 일러 주자, 노인이 "기계가 있으면 반드시 꾀를 부리는 일이 있게 되고, 꾀를 부리는 일이 있으면 반드시 교사한 마음이 생기게 된다."라고 하였다.《莊子 天地》 여기서는 자신도 그런 꾀부리는 마음을 없앨 수 있을까 하는 자성(自省)의 뜻으로 한 말이다.

승려 지호에게 주다
贈僧智浩

십 년 동안 경사의 나그네로 분주히 지내면서	十年奔走客京師
노추한 몰골로 훌훌 못 떠남을 상심할 뿐이네	老醜徒傷未拂衣
세상일들은 잡다하여 눈썹 가로 모여들고[88]	世故紛紛眉上集
예전 친구들은 점차 눈앞에 드물어만 가누나	交期稍稍眼中稀
죽반승은 아무 쓸모없다는 걸 스스로 아는데[89]	自知粥飯僧何用
남들은 석가모니불에 의귀할 만하다고 하네	人謂牟尼佛可依
한가함과 바쁨을 알아서 두 밤만을 유숙하고	解道閑忙成信宿
시원스레 석장을 날려[90] 옛 산으로 돌아가누나	灑然飛錫舊山歸

88 세상일들은……모여들고 : 잡다한 세상일로 마냥 우수(憂愁)에 젖어 항상 눈썹을 찡그리게 되는 것을 형용한 말이다.

89 죽반승(粥飯僧)은……아는데 : 죽반승은 죽이나 밥만 먹고 지내면서 수행에 노력하지 않는 승려를 가리킨 것으로, 본래는 승려의 겸칭으로 쓰던 말인데, 뒤에는 흔히 시위소찬(尸位素餐)하는 관원을 조롱하는 뜻으로 사용되었다. 여기서는 자신에 대한 겸사이다.

90 석장(錫杖)을 날려 : 옛날 고승(高僧) 은봉(隱峰)이 오대산(五臺山)을 유람하고 회서(淮西)로 나가서는 석장을 던져 공중으로 날아서 갔다는 고사에서 온 말로, 전하여 승려들이 행각하는 것이다.

지호가 시축 첫머리의 시제를 사용하여 지어 달라고 몹시 간청하다

浩請用首題益懇

벼슬살이는 어찌 노병 때문에 그만둔 적 있던가만	宦味何曾老病休
읊는 소리는 정히 가을 철벌레 소리와 같다네[91]	吟聲正似候蟲秋
공중에 담담히 흘러가는 건 길이 둥근 달이요	流空澹澹長圓月
물결에 일렁이며 둥둥 떠간 건 매지 않은 배로다[92]	漾水悠悠不繫舟

그대는 참으로 예전 왕손에서 나온 게 슬프고[93]	哀渠眞出古王孫
나는 범용한 말의 떼를 못 비운 게 부끄럽구려[94]	愧我不空凡馬群
옛 왕릉 아래서 촛불 돋우고 침상 마주할 제	剪燭連牀舊陵下
뜰에는 찬비가 뚝뚝 듣고 산 가득 구름이로다	滴階寒雨滿山雲

91 가을……같다네 : 읊조리는 소리가 매우 처량함을 뜻한다.

92 공중에……배로다 : 둥근 달과 매지 않은 배는 정처 없이 행각하는 승려에 빗대서 한 말이다.

93 그대는……슬프고 : 예전 왕손(王孫)에서 나왔다는 것은 승려 지호(智浩)가 고려 왕실의 후손임을 이른 말이다. 정유길(鄭惟吉)의 《임당유고(林塘遺稿)》 하 〈방외록(方外錄)〉에 실린 〈산인지호축(山人智浩軸)〉 시에 "고려 왕실 천겁 뒤에 잔약한 후손이 있으니, 승려 사이에 떠돌아 세상과도 어울리지 않누나."라고 하였다. 슬프다는 것은 망국의 후손이기 때문에 한 말이다. 두보(杜甫)의 〈애왕손(哀王孫)〉 시에 "보배로운 패옥 청산호를 허리에 차고, 길가에서 울어 대는 왕손이 가련하구나.〔腰下寶玦青珊瑚, 可憐王孫泣路隅.〕"라고 하였다. 《杜少陵詩集 卷4》

94 나는……부끄럽구려 : 말의 떼를 못 비웠다는 것은 25쪽 주28 참조. 여기서는 자신은 뛰어난 시문을 짓지 못한다는 겸사이다.

권 영상[95] 철 에 대한 만사

權領相 轍 挽詞

양촌의 후손으로 운이[96]에 해당하는지라	陽村之後屬雲耳
복록이 거듭되어 오늘에 중흥을 이룬 거로다	積慶于今是中興
젊어서부터 고관으로 오랫동안 힘써 봉직하여	蚤歲達官宣力久
두 조정[97]의 원로로서 보필한 공이 넓고 컸네	兩朝元老輔功弘
마침 군국 사무[98]를 만나 위급함이 우려됐지만	時丁軍國虞方棘
주획은 변경까지 미쳐 방비 또한 능란하였지	籌及邊隅備亦能
만석군 가문이라 모든 복이 다 모여들었고[99]	萬石家中諸福集

95 권 영상(權領相) : 권철(權轍, 1503~1578)로, 본관은 안동(安東), 자는 경유(景由), 호는 쌍취헌(雙翠軒)이다. 양촌(陽村) 권근(權近)의 후손이다. 선조(宣祖) 초기에 영의정에 이르렀다.

96 운이(雲耳) : '운'은 구대손(九代孫)의 별칭이고, '이'는 현손(玄孫)의 아들, 현손의 증손(曾孫), 팔대손(八代孫)의 별칭으로도 쓰인다.

97 두 조정 : 명종(明宗), 선조 연간을 가리킨다.

98 군국 사무(軍國事務) : 군대를 통솔하고 나라를 다스린다는 의미로, 여기서는 명종, 선조 연간의 국내외적인 어려웠던 사정을 의미한다.

99 만석군(萬石君)……모여들었고 : 만석군은 한 문제(漢文帝) 때에 벼슬이 태중대부(太中大夫)가 되고 경제(景帝) 때에 구경(九卿)에 이른 석분(石奮)을 가리킨다. 석분은 공경하고 근신함으로써 임금의 총애를 받았다. 그의 아들 석건(石建), 석갑(石甲), 석을(石乙), 석경(石慶)도 모두 아버지를 닮아서 행실이 착하고 효도하고 근신함으로 인하여 각기 이천석(二千石)의 벼슬에 올랐으므로, 경제가 이르기를 "석군 및 네 아들이 모두 이천석이 되었으니, 신하에 대한 높은 대우가 그 가문에 다 모였다.〔石君及四子皆二千石, 人臣尊寵迺擧集其門.〕"라고 하였다. 《漢書 萬石君石奮傳》 여기서는

슬하의 삼주수[100]는 치국의 큰 계책 이어받았네　三珠膝下大猷承

시강원에 나란히 입시케 해 준은 늘 생각나고요[101]　長懷講院容齊侍

재상 자리에 함께 오르게 됨은 끝내 부끄럽구려　終愧公堂獲共升

마침 감수의 일로 상여 줄을 잡을 수 없어[102]　會被監修孤執紼

오경에 노쇠한 눈물 쓸쓸한 등잔 앞에 뿌리노라　五更衰淚灑寒燈

훌륭한 네 아들을 둔 권철을 만석군 석분에 빗대서 한 말이다. 권철(權轍)의 장자(長子) 권항(權恒)은 광흥창 수(廣興倉守), 둘째 권개(權愷)는 호조 좌랑(戶曹佐郞), 셋째 권순(權恂)은 동지중추부사(同知中樞府事), 넷째 권율(權慄)은 임진왜란(壬辰倭亂) 때 도원수(都元帥)로서 큰 전공(戰功)을 세워 선무 공신(宣武功臣) 1등에 책록되었다.

100 삼주수(三珠樹) : 초당(初唐) 시대 재명(才名)이 뛰어났던 왕면(王勔), 왕거(王勮), 왕발(王勃) 3형제를 지칭했던 말로, 후세에는 재명 높은 형제들을 비유하기도 한다. 여기서는 권철의 여러 아들을 왕씨(王氏)의 고사에 빗대서 한 말이다.

101 시강원(侍講院)에……생각나고요 : 인종(仁宗)의 세자 시절에 소재가 권철과 함께 세자시강원(世子侍講院)에 출사했던 일을 말한 것이다.

102 마침……없어 : 감수(監修)의 일은 이때 소재가 효릉(孝陵)을 개수하는 일을 감독하고 있던 중임을 이른 말로, 이런 중대사가 있어 권철의 장례에 참여할 수 없었음을 뜻한다.

근심하며 탄식하다

憂歎

왕실의 일은 정해진 기한이 있거니와 公家有期程
왕릉 개수의 일은 더욱 애경을 겸하기에 陵事復哀敬
이와 같이 수많은 관원으로서 以玆多官員
조석으로 명령에 분주하여 피곤도 해라 晨夕疲奔命
된서리에 공장들의 손길은 급해지고 霜嚴工匠急
해가 짧아서 감독관들은 병이 났네 景短董師病
아 누가 감히 수고롭단 말을 하리오 嗟誰敢告勞
걱정스러워 온갖 심려가 집중되누나 有憂百慮倂
찬 바람이 좌우에서 세차게 불어와 寒飈左右集
손발은 꽁꽁 얼어 펴지지를 않는데 手足凍不正
돌은 크냐 작냐 무거우냐를 물어보고 石問大小重
날짜는 갑일 을일 병일을 계산하누나 日計甲乙丙
이 늙은 신하는 가장 우매한 탓에 老臣最愚昧
지휘하는 데서 곧은 성정을 손상하고[103] 指揮傷直性
먹는 것은 적은데 일은 너무 번다하니 食少務已煩
다시는 거울을 보지 않으련다 不復攬青鏡

103 지휘하는……손상하고 : 소재는 이때 효릉(孝陵) 개수의 최고 책임자로서 여러 아랫사람을 지휘하다 보니, 절로 곧은 성정을 억지로 참고 일을 진행할 수밖에 없었으므로 이른 말이다.

만난 사물에 따라 회포를 풀다

遣遇

사랑스런 태양은 숲을 지나서 짧고[104]	愛日經林短
강한 바람은 모자를 스쳐 거세어라	驚風掠帽長
벼슬살이의 속박은 노병을 더해 주고	牽纆加老疾
세쇄한 일들은 생각을 더하게 하네	瑣細益商量
명리 위해 분주함은 현자 우자가 똑같고	馳騖賢愚等
일을 지연시키는 건 이례가 똑같구나	稽留吏隸相
돌아가는 발걸음 높고 낮게 거니노라니	低昂展歸步
밝은 달이 외로운 봉우리에 떠오르누나	有月動孤岡

104 사랑스런……짧고 : 사랑스런 태양이란 겨울날의 햇살을 말한 것으로, 춘추 시대 노국(潞國)의 대부(大夫) 풍서(酆舒)가 진(晉)나라 가계(賈季)에게 묻기를 "진(晉)의 대부 조순(趙盾), 조쇠(趙衰) 둘 중에 누가 더 어진가?"라고 하자, 가계가 말하기를 "조쇠는 겨울날의 태양이요, 조순은 여름날의 태양이다.〔趙衰冬日之日也, 趙盾夏日之日也.〕"라고 하였는데, 그 주(註)에 "겨울날의 태양은 사랑스럽고, 여름날의 태양은 두려운 것이다.〔冬日可愛, 夏日可畏.〕"라고 한 데서 온 말이다.《春秋左氏傳 文公7年》 여기서는 겨울철의 짧은 해가 숲 너머로 곧 넘어가는 광경을 아쉬워하는 뜻이다.

회포를 읊으면서 다시 앞의 시에 차운하다 2수
詠懷復次前韻 二首

공론은 지식시키기 어렵거니와	公論難爲息
편벽된 마음은 길러서는 안 되고말고	偏心不可長
시를 짓는 데는 적수가 있거나 말거나	儘教詩有敵
술은 한량없이 마심도 해롭지 않네	未害酒無量
사람과 금수의 서로 다름을 알려거든	欲識人禽異
반드시 선과 이의 분별을 밝혀야 하리[105]	須明善利相
예로부터 마음속에서 싸우는 곳에[106]	由來爭戰地
옥과 돌이 곤산의 화염에 모두 불타리라[107]	玉石混炎岡

근심과 즐거움을 둘 다 잊지 못하거니	不得忘憂樂

105 반드시……하리 : 맹자(孟子)가 이르기를 "닭이 울면 일어나서 부지런히 부지런히 선행을 하는 자는 순 임금의 무리요, 닭이 울면 일어나서 부지런히 부지런히 이끗을 도모하는 자는 도척의 무리이니, 순 임금과 도척의 분별을 알려거든 다른 것이 없다. 이끗과 선의 사이일 뿐이다."라고 한 데서 온 말이다. 《孟子 盡心上》

106 예로부터……곳에 : 자하(子夏)가 "밖에 나가서는 번화하고 화려한 것들을 보고 기뻐하고, 들어와서는 부자의 도를 듣고 즐거워하여, 이 두 가지가 마음속에서 서로 싸워서 스스로 결단할 수가 없다."라고 한 데서 온 말로, 마음속에서 싸운다는 것은 이욕(利欲)을 떨쳐 버리지 못한 상태를 가리켜 한 말이다. 《史記 禮書》

107 옥(玉)과……불타리라 : 《서경》 〈윤정(胤征)〉에 "불이 곤산을 태우면 옥과 돌이 모두 불탄다.〔火炎崑岡, 玉石俱焚.〕"라고 한 데서 온 말로, 전하여 옥과 돌이 모두 불탄다는 것은 선인(善人)이나 악인(惡人)이 다 함께 재액을 당하는 것을 비유한다.

어찌 길고 짧은 걸 비교할 수 있으랴	何能較短長
세상 인정은 연석을 보배로 여기거니와[108]	人情燕石寶
세속 행태는 송사를 헤아리는 격이로다[109]	俗態宋沙量
모험을 행하자면 장차 누구와 함께할까	行險將誰與
위태한 짓을 함도 제 스스로 할 뿐이네	乘危亦自相
크게 공정하여 만사에 순응하는 이치가	大公還順應
해가 동산에서 떠오르듯 떳떳한 거라오[110]	如日出東岡

108 세상……여기거니와 : 연석(燕石)은 옥(玉) 비슷한 돌이다. 옛날 송(宋)나라의 한 어리석은 사람이 이 연석을 오대(梧臺)의 동쪽에서 얻어 가지고 돌아와서는 매우 소중히 간직하여 큰 보배로 여겼는데, 주(周)나라 사람이 그 소문을 듣고 그것을 구경하러 가자, 그 주인이 깊이깊이 갈무리해 놓은 연석을 꺼내 보이므로, 주나라 사람이 보고는 입을 가리고 웃으면서 "이것은 연석이니, 기와 조각이나 다를 것이 없다.〔此燕石也, 與瓦甓不異.〕"라고 하자, 주인은 대단히 화를 내면서 그 연석을 더욱 깊이깊이 갈무리했다고 한다. 전하여 어리석은 사람이 진귀하지 않은 것을 잘못 진귀하게 여기는 것을 비유한다. 《太平御覽 卷51 地部16》

109 세속……격이로다 : 송사(宋沙)는 '남조(南朝)의 송나라 모래'라는 뜻으로, 남조 송나라의 장군 단도제(檀道濟)가 일찍이 위군(魏軍)과 전쟁하던 중에 군량이 고갈되어 사졸들이 모두 위군의 습격을 당할까 몹시 두려워하는지라, 그가 한밤중에 '큰 소리로 모래 자루를 세고〔唱籌量沙〕' 얼마 안 되는 남은 쌀을 그 위에 살살 뿌려 놓았더니, 다음 날 아침에 위군이 그것을 보고는 단도제 군대의 군량이 넉넉하다고 여겨 추격해 오지 않았다는 데서 온 말이다. 《南史 檀道濟列傳》 여기서는 세속(世俗)의 속임수 행태를 위의 고사에 빗대서 한 말이다.

110 크게……거라오 : '크게 공정하다'는 것은 정호(程顥)가 장재(張載)의 물음에 답한 말 가운데 "천지의 떳떳함은 그 마음이 만물에 두루 미치되 마음이 없기 때문이요, 성인의 떳떳함은 그 정이 만사에 순응하되 정이 없기 때문이다. 그러므로 군자의 학문은 확연히 크게 공정하여 사물이 오면 순응하는 것이 가장 좋은 것이다.〔夫天地之常, 以其心普萬物而無心; 聖人之常, 以其情順萬事而無情. 故君子之學, 莫若廓然而大公, 物來而順應.〕"라고 한 데서 온 말이다. 《近思錄 卷2 爲學》

느낌이 있어 짓다

有感

천 편의 글을 읽고 정밀하게 분석을 하고도	讀得千編辨得精
남과 아무 상관이 없다면 성취됨이 없고말고[111]	干人何事竟無成
심원의마는 응당 잡아 간직하기 어렵거니와	心猿意馬應難捉
곡식의 씨와 꽃 뿌리는 반드시 나지 못하리[112]	穀種花根必不生
공연히 허무적멸의 망녕됨만 헐뜯을 뿐이요[113]	浪詆虛無寂滅妄
진실의 맑은 본원에 대해선 스스로 헷갈리네	自迷眞實本源淸
어느 때나 쓸데없는 말들일랑 내버려 두고	幾時遺了閑言語
내 몸에 반성하여 성정 기를 줄을 알는지 원	解反吾身養性情

111 천……없고말고 : 남과 아무 상관이 없다는 것은 성경현전(聖經賢傳)을 깊이 연구했더라도 성현의 학문을 깊이 본받아 실천하지 못하는 것을 이른 말이다. 진재경(陳才卿)이 "정 선생은 이처럼 근엄하셨는데, 어찌하여 여러 문인은 모두 근엄하지 않았습니까?" 하고 묻자, 주희(朱熹)가 "정 선생은 스스로 근엄하셨고, 여러 문인은 스스로 근엄하지 않은 것이니, 정 선생과 무슨 상관이 있겠는가."라고 대답하였다. 《心經附註 卷2 禮樂不可斯須去身章》

112 곡식의……못하리 : 곡식의 씨란 정이(程頤)가 "마음은 비유하자면 곡식의 씨와 같으니, 낳는 성이 바로 인(仁)이요, 양기(陽氣)가 발하는 곳이 바로 정(情)이다."라고 한 데서 온 말이다. 《近思錄 卷1 道體》 꽃 뿌리란 본래부터 아름다운 성질을 지니고 있는 것을 이르는 말이다. 곡식의 씨와 꽃 뿌리는 모두 진실의 근원을 의미하는바, 여기서 그것들이 나지 못한다는 것은 마음을 잘 보존하지 않으면 진실의 근원을 밝힐 수 없다는 의미로 한 말이다.

113 공연히……뿐이요 : 고루한 유자(儒者)들이 진실한 공부도 없으면서 도가, 불가만을 헐뜯는다는 뜻이다.

또 짓다

又題

노년의 나그네 정서가 걸핏하면 분란스러운데	暮年羈緒動紛然
된서리 차가운 바람에 일기는 꽁꽁 얼어 가네	霜苦風悲欲凍天
마흔여덟 가지의 금석[114]은 한데 섞이어 있고	四十八條金石錯
아침저녁 밤중까지 감독은 오로지 하노라니	朝曛夜刻董敦專
온 골짝이 부르짖어라 군민들의 원성은 높고	呼號合谷軍民怨
헤쳐진 왕릉을 바라보자니 재상은 애가 타네	瞻望開陵宰相瘨
남죽 동파가 인간 세상에서 저지른 죄악이니[115]	南竹東波人世事
땅속의 간흉들이 세상 변천에 절로 놀라겠지	壤中兇魄自驚遷

114 금석(金石) : 왕릉의 석물 등을 가리키는 듯하다.

115 남죽(南竹)……죄악이니 : 남죽과 동파(東波)는 저지른 죄악이 셀 수 없을 정도로 많음을 형용한 말이다. 《구당서(舊唐書)》 〈이밀열전(李密列傳)〉에 "이밀이 글을 작성하여 모든 군현에 회람시키어 수 양제의 열 가지 죄목을 일일이 들어 책망하고, 또 말하기를 '남산의 대를 다 가져다 죽간으로 삼아도 그 죄를 다 기록할 수 없고, 동해의 물결을 터 내려도 그 악을 다 씻기는 어렵다.〔罄南山之竹, 書罪未窮, 決東海之波, 流惡難盡.〕' 하였다."라고 한 데서 온 말이다. 여기서는 을사사화(乙巳士禍)를 일으킨 간흉들이 저지른 죄악을 위의 고사에 빗대서 한 말이다.

두 그루 잣나무와 세 그루 해송을 읊어 감회를 부치다
賦雙柏三海松寓感

군왕의 능 아래에 벽옥 같은 숲이 있으니	君王陵下玉株林
오랜 세월 나란히 서서 가지가 서로 교착했네	離立交柯歲月侵
푸른 일산에 이슬 마르고 창오의 들은 하 멀고[116]	翠蓋露殘梧野遠
푸른 수염엔 바람 일고 정호는 깊기만 하여라[117]	蒼髥風起鼎湖深
화려한 꽃 시들기 전엔 서로 다름을 누가 구분하랴	芳華未歇誰分相
눈서리 처음 많이 올 때 스스로 속마음 드러내네	霜雪初多自見心
묻노니 세상의 영고성쇠를 얼마나 열력했느뇨	世上榮枯問幾閱
선왕의 영혼께선 응당 지음이 있다고 여기시리[118]	在天應擬有知音

116 푸른……멀고 : 푸른 일산은 취우(翠羽)로 장식한 제왕(帝王)의 거개(車蓋)를 말하고, 또는 잎이 무성한 소나무를 형용하기도 한다. 창오(蒼梧)의 들은 순(舜) 임금이 제위에 오른 지 39년 만에 남쪽으로 순수(巡狩)하다가 창오의 들에서 붕어하여 그곳에 장사 지냈던 데서 온 말이다.《史記 五帝本紀》 여기서는 소나무를 순 임금의 거개에 빗대고, 인종(仁宗)의 능(陵)을 순 임금의 능에 빗대서 말한 것이다.

117 푸른……하여라 : 푸른 수염은 소나무를 형용한 말이다. 정호(鼎湖)는 하남성(河南省) 형산(荊山) 아래에 있는 지명으로, 황제(黃帝)가 일찍이 형산 아래서 솥을 주조했던 데서 붙여진 이름이다. 황제가 솥을 다 주조하고 나서 용을 타고 승천할 적에 군신과 후궁으로 함께 따라 올라간 자는 70여 인이었고, 함께 따라가지 못한 소신(小臣)들은 모두 용의 수염을 잡고 있다가 용의 수염이 빠지는 바람에 모두 땅에 떨어져 버렸다는 고사가 전한다.《史記 封禪書》 여기서는 소나무의 무성한 잎을 황제가 탔던 용의 수염에 빗대고, 또 인종을 황제에 빗대서 말한 것이다.

118 선왕의……여기시리 : 인종의 능 주위에 서 있는 소나무와 잣나무를 인종의 영혼이 지기(知己)로 여겨 줄 것이라는 뜻이다.

다섯 재신을 애도하다

悼五宰

윤현(尹鉉),[119] 노진(盧禛),[120] 정대년(鄭大年),[121] 이후백(李後白),[122] 권철(權轍)[123]이다.

이때에 목가의 재앙이 너무 심하지 않았는가	玆辰木稼無已太
한 재상 네 판서가 서로 이어 세상을 떠났네[124]	一相四書相繼亡

119 윤현(尹鉉) : 1514~1578. 본관은 파평(坡平), 자는 자용(子用), 호는 국간(菊磵)이다. 1537년(중종32) 식년(式年) 문과(文科)에 장원한 이후, 중종(中宗) 말기에 사간원, 홍문관 등의 관직을 역임하였고, 명종(明宗) 연간에 경기 관찰사, 형조 참판, 우참찬, 호조 판서 등을 역임하고, 선조(宣祖) 초기에 지돈녕부사에 이르렀다. 청백리에 녹선되었다.

120 노진(盧禛) : 1518~1578. 본관은 풍천(豐川), 자는 자응(子膺), 호는 옥계(玉溪)이다. 1546년(명종1) 증광시 문과(增廣試文科)에 급제한 이후, 명종 연간에 여러 내외직을 거쳐 형조 참의, 도승지에 올랐고, 청백리에 녹선되었으며, 선조 연간에 충청도 관찰사, 전주 부윤(全州府尹) 등 여러 외직을 거쳐 예조 판서에 이르렀다.

121 정대년(鄭大年) : 1503~1578. 본관은 동래(東萊), 자는 경로(景老), 호는 사암(思菴)이다. 1532년 별시 문과(別試文科)에 장원한 이후, 중종, 명종 연간에 여러 내외직을 역임하고, 선조 연간에 한성부 판윤, 호조 판서, 이조 판서 등을 역임하였다.

122 이후백(李後白) : 1520~1578. 본관은 연안(延安), 자는 계진(季眞), 호는 청련(青蓮)이다. 1555년 식년 문과에 급제한 이후, 명종, 선조 연간에 여러 청요직을 거쳐 이조 판서, 양관(兩館)의 대제학, 호조 판서 등을 역임하고 청백리에 녹선되었다.

123 권철(權轍) : 1503~1578. 본관은 안동(安東), 자는 경유(景由), 호는 쌍취헌(雙翠軒)이다. 중종 말기 식년 문과에 급제한 이후 여러 내외직을 역임하고, 선조 초기에 영의정에 이르렀다.

124 이때에……떠났네 : 목가(木稼)는 수가(樹稼)와 같은 뜻으로, 비, 눈, 서리, 이

지난 행적은 혹 글러서 비난할 만도 하지만　前迹或非雖可議
후인들은 자신을 낮춰 그만 할 수 없다고 하네　後人每下不能當
위태론 때에 쌀쌀한 바람은 풀을 흔들어 대고　時危颯颯風搖草
몸은 늙어 쓸쓸한 귀밑털은 하얗게 떨어질 제　身老蕭蕭鬢落霜
천지간에 묘연한 존재로 홀로 우뚝 섰노라니　俛仰眇然成獨立
고금의 오만 가지 일들이 심중에 떠오르누나　萬端今古在中腸

슬이 내려서 수목 위에 꽁꽁 얼어붙는 현상으로, 이것이 생기면 흉년이 들거나 대신(大臣)이 죽는 재변(災變)이 생긴다고 한다. 당 현종(唐玄宗) 개원(開元) 29년(741) 겨울에 경성(京城)에 추위가 극심하여 서리가 나무에 붙어 꽁꽁 얼자, 당시 학자들이 "《춘추》에서 '나무에 비가 내려 결빙했다.'라고 한 것이 바로 이것이다.〔《春秋》"雨木氷"卽此是.〕"라고 하였다. 그때 양황제(讓皇帝) 이헌(李憲)이 그것을 보고 탄식하여 말하기를 "이것이 세속에서 이른바 수가라는 것이다. 속어에 '나무에 얼음이 얼면 달관이 두려워한다.'라고 하는데, 반드시 대신이 여기에 해당하는 것이니, 내가 곧 죽을 것이다.〔此俗謂樹稼者也. 諺曰: "樹稼, 達官怕." 必有大臣當之, 吾其死矣.〕"라고 하였는데, 과연 그의 말대로 되었다고 한다.《舊唐書 讓皇帝憲列傳》 여기서는 재상(宰相) 권철, 판서(判書) 윤현, 노진, 정대년, 이후백이 1578년(선조11) 이해에 모두 사망하였으므로 이른 말이다.

계사를 마치고 입으로 부르다

啓辭訖口占

석물의 일은 졸급하게 할 수 없기에	石事不可卒
반달 동안 부지런히 작업을 하노라니	半月恒兀兀
새벽엔 서리 내린 비탈길이 위험하고	曙行霜磴危
밤길엔 바람에 등불이 꺼지기도 하네	暝歸風燈沒
아 너희 여러 석수 목수들은	嗟爾衆匠人
눈엔 먼지가 들고 손은 이미 얼어 터져	目眯手已皴
시끄러이 떠들기에 겨를이 없는지라	喧闐日不給
천상의 신령을 놀래킬까 두렵긴 하나	恐驚天上神
못 하게 해도 될 수가 없는 일이라	禁之顧未可
허둥지둥하며 어찌할 바를 모르겠네	遑遑無可奈
하지만 어찌 작은 것을 참지 못하여	豈有小不忍
만세에 죄를 지는 일이 있을 수 있으랴	遂負萬世者
운근은 옛 위치를 더 깎아 축소시키고[125]	雲根斲舊朘
산골[126]은 새것으로 견고하게 안치하였네	山骨安新堅
본디 먹는 건 적고 공력은 많이 들여야	其功固少煩
그런 다음에 만전을 보장할 수 있고말고	然後保萬全

125 운근(雲根)은……축소시키고 : 운근은 산기슭의 암벽을 말한 것으로, 능 주위의 암벽들을 예전보다 더 깎아서 능과의 거리가 더 멀어지게 했다는 의미이다.

126 산골(山骨) : 돌을 가리킨 것으로, 여기서는 능 주위에 설치한 석물이다.

계사 봉하여 구중궁궐에 올리고 나서	緘辭達九重
눈물 억제하고 백공들을 살펴보노니	制淚視百工
누가 능히 저 하느님께 호소하여	誰能訴眞宰
사흉[127]의 묘를 파내서 처벌할 수 있을꼬	發窰誅四兇

127 사흉(四兇) : 《춘추좌씨전》 문공(文公) 18년에 "순 임금이 요 임금의 신하가 되어서는 사문을 활짝 열어 손님을 맞아들이고, 사흉의 무리인 혼돈, 궁기, 도올, 도철을 유배하여 사방 변두리로 내쳐서 도깨비들의 재해를 막게 하였다.〔舜臣堯, 賓于四門, 流四凶族渾敦、窮奇、檮杌、饕餮, 投諸四裔, 以禦魑魅.〕"라고 한 데서 온 말로, 여기서는 을사사화(乙巳士禍)를 일으켰던 간흉들을 사흉에 빗대서 한 말이다.

발병이 나다
足疾

맘이 수고로워 날로 졸렬해짐은 심상한 일이라[128]	心勞日拙尋常事
험한 길 오르내릴 땐 지팡이를 짚어야 하지만	上下崎嶇要杖扶
화편은 우선 나의 피 끓는 걸 걱정하지 마오[129]	和扁且休虞血熱
영령께서 응당 신공을 빌려 회복시켜 주시리라	英靈應急借神蘇

128 맘이……일이라 : 마음이 수고롭다는 것은 《서경》 〈주관(周官)〉에 "덕을 행하면 마음이 편안하여 날로 아름다워지고, 거짓을 행하면 마음이 수고로워 날로 졸렬해진다.〔作德, 心逸日休; 作僞, 心勞日拙.〕"라고 한 데서 온 말이다. 여기서는 실제로 거짓을 행한 것은 아니고, 항상 노심초사하며 동분서주하여 병이 생긴 데 대한 겸사이다.

129 화편(和扁)은……마오 : 화편은 고대(古代)의 명의였던 화(和)와 편작(扁鵲)의 병칭이다. 《한서(漢書)》 〈예문지(藝文志)〉에 "태고 시대에는 기백, 유부가 있었고, 중세에는 편작과 진나라의 화가 있었다.〔大古有岐伯、兪拊, 中世有扁鵲、秦和.〕"라고 하였다. 피가 끓는다는 것은 장부(丈夫)의 격앙된 의기(義氣)를 말한 것으로, 여기서는 왕사(王事)에 정성을 다하여 노심초사하며 동분서주한 결과 병을 얻긴 했지만 걱정할 것 없다는 뜻이다.

밤중에 앉아 울면서 쓰다

夜坐泣書

일찍 덕이 드러난 중화[130]께서 세자로 계실 적에 重華著德未龍飛
한가론 시강원 서연에는 아무 일도 없었는데 閑院淸筵一事稀
세 때를 말 타고 가서 권태로이 퇴청한 적 없었고 策振三時無倦退
심야까지 촛불 밝히고 거나하여 돌아오기도 했네 燭燒深夜有酣歸
단지 향주머니로 은택 입은 것만 알았을 뿐 只知香佩含恩澤
어찌 생강 소반에 재앙이 담긴 걸 헤아렸으랴 豈謂薑盤貯禍機
이젠 문득 무릉의 소나무 잣나무 속을 향하여 却向茂陵松柏裏
반 겨울 동안 외론 눈물이 소무의 옷을 적시누나[131] 半冬孤淚濕蘇衣

신(臣)에게 향낭(香囊)을 하사하시고 또 원강(院薑)을 하사하셨으므로, 마침내 구설을 많이 받았다.

130 중화(重華) : 순(舜) 임금의 별칭으로, 여기서는 인종(仁宗)을 순 임금에 빗대서 한 말이다.

131 이젠……적시누나 : 무릉(茂陵)은 한 무제(漢武帝)의 능으로, 여기서는 인종의 능을 한 무제의 능에 빗대서 한 말이다. 눈물이 소무(蘇武)의 옷을 적신다는 것은 자신을 한(漢)나라 소무에 빗대서 한 말이다. 무제 때에 소무가 흉노(匈奴)에게 사자(使者)로 갔다가 그대로 억류된 지 19년 만에 소제(昭帝)가 흉노와 화친하여 억류에서 풀려 돌아왔다. 소무는 흉노에서 풀려나기 직전에 무제의 붕어 소식을 전해 듣고 남향하여 통곡한 일이 있었고, 돌아온 뒤에는 소제의 명으로 무제의 원묘(園廟)를 특별히 알현하였다.

상설[132]

象設

당봉은 간좌에 쌍릉으로 봉하고[133]	艮坐堂封對
상설은 빙 둘러 시립시켜 안치하니	環陪象設聯
네 쌍의 양과 범은 서로 등져 있고	四雙羊虎背
여덟 말과 사람은 맨 가 쪽에 서 있네	八箇馬人邊
상석 기둥은 봉분 가까이에 나눠 세웠고	牀柱分居近
불 밝히는 석등만 유독 한가운데 세웠네	明燈獨不偏
늙은 신하는 와서 여럿 속에 끼어 서서	老臣來傀立
한 달 내내 그 얼마나 눈물을 흘렸던고	一月幾濟然

132 상설(象設) : 왕릉이나 원(園)에 만들어 비치한 여러 가지 석물의 시설을 말한다.

133 당봉(堂封)은……봉하고 : 당봉은 당처럼 쌓은 봉분을 말한 것으로, 공자(孔子)가 "나는 봉분하는 것을 마치 당처럼 사방에 기초를 두고 높게 쌓는 것을 보았노라.〔吾見封之若堂者矣.〕"라고 한 데서 온 말이다.《禮記 檀弓上》 여기서는 인종(仁宗)과 인성왕후(仁聖王后)의 쌍릉(雙陵)을 지칭한 것이다.

밤중에 탄식하다 2수

夜歎 二首

열각증[134]의 다리는 절룩거리다 넘어지고	熱脚蹣跚頓
피곤한 정신은 적막함 속에 혼몽해지네	疲神索莫昏
어찌하여 도성의 밖 경기의 지역에서	如何鄉遂地
제왕의 능분을 보호하지 못했단 말인가	莫保帝王墳
되레 따르는 게 없는 눈물만 있었으되[135]	却有無從涕
그런 게 하도 많아 다 말할 수도 없구려	而多不暇言
나는 삼 년 동안 길이 절만 올리면서[136]	三年長作拜
만고에 원통함 품은 한 신하로 있었네	萬古一銜冤

깊은 골짝에 쌀쌀한 바람은 불어오고	窮谷悲風動
텅 빈 집에 썰렁한 촛불은 어두한데	空齋冷燭昏

134 열각증(熱脚症) : 열을 동반한 일종의 각기병(脚氣病)이다.

135 되레……있었으되 : 사자(死者)를 애도하지도 않으면서 겉으로 눈물만 흘리는 것을 이르는 말로, 인종의 장례 때에 예법대로 정중히 장례를 모시지 않고 겉으로만 우는 척했던 간흉 무리를 책망하는 뜻으로 한 말이다. 공자(孔子)가 옛 주인의 상(喪)을 만나 곡하고 나와서 참마(驂馬)로 부의(賻儀)를 하려고 하자, 자공이 너무 과중하지 않겠느냐고 했다. 이때 공자가 "나는 따르는 것이 없이 눈물만 흘리는 것을 싫어하노라.〔予惡夫涕之無從也.〕"라고 한 데서 온 말이다.《禮記 檀弓上》

136 나는……올리면서 : 소재가 인종의 장례 때에는 조정에서 파출된 뒤라 장례에 참여하지 못했고, 진도(珍島)에 유배된 이후로는 인종의 삼년상 동안 유배지에서 멀리 대궐을 향하여 절만 올릴 뿐이었다는 뜻이다.

오언시는 짓지 않을 마음이 있거니와[137]	有心亡五字
도를 구하는 덴 삼분이 다 해졌다오[138]	求道敝三墳
문만 있고 질을 빠뜨릴까 두렵거니와[139]	且恐文遺質
끝내 행실이 말을 돌아봐야[140] 하고말고	終須行顧言
염신을 호사로 세울 수만 있다면	炎神能立戶
유온이 원통함을 호소하지 않으련만[141]	乳媼不稱冤

137 오언시는……있거니와 : 송대(宋代)의 시인 진여의(陳與義)의 〈적원(適遠)〉 시에 "평생에 오언 율시만을 지었으되, 머리가 희도록 이름을 탐하진 않았네.〔平生五字律, 頭白不貪名.〕"라고 한 데서 온 말이다. 《簡齋集 卷9》

138 도(道)를……해졌다오 : 삼분(三墳)은 삼황(三皇)의 서적이다. 삼분이 다 해졌다는 것은 도를 구하느라 수많은 서적을 다 해지도록 읽었다는 뜻이다.

139 문(文)만……두렵거니와 : 공자가 "바탕이 문채를 이기면 속되고, 문채가 바탕을 이기면 겉만 화려하나니, 문채와 바탕이 적당하게 갖춰진 다음에야 군자인 것이다.〔質勝文則野, 文勝質則史, 文質彬彬然後君子.〕"라고 한 데서 온 말이다. 《論語 雍也》

140 행실이 말을 돌아봐야 : 공자가 "떳떳한 덕을 행하며 떳떳한 말을 삼가서 하여, 행함에 부족함이 있으면 감히 안 힘쓰지 못하며, 말이 유여(有餘)하면 감히 다하지 못함으로써, 말은 행실을 돌아보고 행실은 말을 돌아보아야 하는 것이다."라고 한 데서 온 말이다. 《中庸章句 第13章》

141 염신(炎神)을……않으련만 : 염신은 남방(南方) 화신(火神)의 별칭이다. 호사(戶祀)는 호신(戶神)으로 받들어 제사 지내는 것을 말한다. 《禮記 祭法》 유온(乳媼)은 유모(乳母)를 달리 이르는 말인데, 여기서는 늙어서 벼슬하는 사람을 조롱하는 말로 쓰였다. 《송서(宋書)》 〈하승천열전(何承天列傳)〉에 "하승천이 저작좌랑에 제수되어 국사를 찬할 적에 그는 나이가 이미 늙었고, 다른 여러 좌랑은 모두 명가의 소년들이었으므로, 영주 순백자가 그를 조롱하여 항상 '내모'라고 불렀다.〔除著作佐郞, 撰國史, 承天年已老, 而諸佐幷名家年少, 潁州荀伯子嘲之, 常呼爲嬭母.〕"라고 한 데서 온 말이다. 여기서는 남보다 늙어서 벼슬하고 있는 자신을 자조(自嘲)하는 뜻에서 '유온'이라 칭하였고, 화신을 호신으로 삼아 제사한다는 것은 이때 날씨가 몹시 추워서 추위를 견딜 수가 없었기 때문에 희담(戲談)조로 한 말이다.

입으로 부르다 2수

口占 二首

빙상이 얼어붙은 높은 산은 바람에 찢길 듯한데	氷霜倚薄高岡裂
높은 숲 사이로 희미하게 오솔길이 트여 있네	雲樹微明小逕通
선왕의 영령이 하늘에서 감림하심을 힘입어	賴有威靈臨在上
병든 몸 부축해 절룩거리며 진궁[142]에 나아왔네	疾扶跛躄詣眞宮
진궁도 소란스럽기가 도리어 이와 같으니	眞宮擾擾還如此
덧없는 세속의 분란스러움은 또한 당연코말고	浮世紛紛亦固然
낮과 밤 춘하추동 사시가 만고를 이루는 뜻을	朝暮春秋成萬古
끝내 아무 말 없이 높은 하늘에 물어볼밖에	畢竟無語問高天

142 진궁(眞宮) : 흔히 도관(道觀)의 뜻으로 쓰이는데, 여기서는 왕릉, 왕릉 앞의 재실(齋室)을 가리킨 듯하다.

다시 짓다 2수
復題 二首

고요한 높은 하늘은 또한 무슨 말을 하리오	高天玄默亦何語
한 원기를 유행시키는 되레 이 마음뿐이리라	一氣流行還此心
오직 정공은 참으로 배우기를 좋아하였으되	惟有程公眞好學
안자의 즐거워한 것만 가지고 세밀히 찾았네[143]	只將顔樂細參尋

이 경지를 찾아야만 비로소 도를 알겠거니와	參尋此境方知道
도는 어느 때에 있냐 하면 정허에 있는 거로다[144]	道在何時在靜虛
조박[145]은 너무 많고 세월은 하 길기만 하니	糟粕已多光景遠
일생 백 년 세월을 저버려서는 안 되고말고	不容長負百年居

143 오직……찾았네 : 정공(程公)은 정호(程顥), 정이(程頤) 형제를 가리킨다. 《송사(宋史)》 〈도학열전(道學列傳) 주돈이(周敦頤)〉에 "주돈이는 매양 정호, 정이에게 공자, 안자가 즐거워했던 것을 찾아서 그 즐거워한 것이 무슨 일이었는가를 알도록 하였으니, 정호, 정이의 학문은 그에게서 비롯되었던 것이다."라고 한 데서 온 말이다.

144 도(道)는……거로다 : 정허(靜虛)는 청정무욕(淸淨無欲)을 의미한 것으로, 여기서는 정허함이 도의 요체가 된다는 뜻이다. 《근사록(近思錄)》 권4 〈존양(存養)〉에 "정할 때에 마음이 비면 밝아지고 밝으면 통하며, 동할 때에 곧으면 공정해지고 공정하면 넓어진다. 밝고 통하고 공정하고 넓어지면 성인이 거의 될 것이다."라고 하였다.

145 조박(糟粕) : 춘추 시대 제 환공(齊桓公)이 글을 읽고 있는데 수레바퀴를 깎는 편(扁)이란 장인(匠人)이 죽은 성인의 말씀을 읽는 것은 한낱 옛사람의 찌꺼기를 보는 것일 뿐이라고 일침을 가한 데서 온 말로 성현의 경전(經傳)을 가리킨다. 《莊子 天道》

밤중에 슬퍼하다

夜悲

사사로운 뜻이 되레 책상 위의 먼지처럼 쌓여	私意還如几上塵
잠깐만 쓸지 않아도 쌓이고 쌓일 뿐이로다	須臾不掃只陳陳
일찍이 여기에 작은 공이나마 거둬 보진 못하고	未嘗就此收功些
종일 유자의 담론으로 이걸 진리라고 하다니[146]	終日儒談曰是眞

146 사사로운……하다니 : 세상의 유자(儒者)라는 사람들이 물욕은 조금도 없애지 못한 채 공맹정주(孔孟程朱)의 학설이나 담론하면서 스스로 유자인 체하는 것은 가식일 뿐 진정한 유자가 아니라는 뜻이다.

성진에게 주다

贈性眞

이때 성진이 서 효자(徐孝子)[147]에 대한 발문(跋文)을 요구하는 일로 서울에 왔다가 인하여 나에게 봄에는 탐라(耽羅)에 들어가겠다고 고하였다.

중거는 예전에 고려의 재상이 되었더니　仲車昔作高麗相
효자 어린애는 지금 열다섯 살이 되었네　孺子今爲十五耳
무슨 일로 산승이 한 해에 두 번을 왔는고 하면　何事山僧歲再至
효심이 홍기하는 걸 느낄 수 있었기 때문이로다　緣能感得孝心興

만층의 파도 위에 한라산은 우뚝하니　萬層波上漢拏山
절집은 영롱하고 절정은 한적하겠지　蘭若玲瓏絶頂閑
단지 산수의 뛰어난 곳을 끝까지 탐색키 위해　只管窮探山水窟
뚫기 어려운 생사의 관문을 사양 않고 가누나[148]　不辭難透死生關

147 서 효자(徐孝子) : 시의 내용으로 보면, 고려 시대 재상(宰相)으로 자가 중거(仲車)인 서 아무의 후손인 듯하나 확인할 길이 없다. 송대(宋代)의 학자이며 효자였던 서적(徐積)의 자는 중거, 시호는 절효(節孝)였는데, 여기 고려 재상이란 사람 또한 자를 서적과 똑같이 썼던 것이 아닌가 싶기도 하나 자세하지 않다.

148 뚫기……가누나 : 제주(濟州)를 가려면 반드시 망망대해를 건너야 하므로, 항해하기가 대단히 위험함을 강조하는 뜻에서 한 말이다.

이 형조 판서[149]에게 주다

贈李刑書

이름은 희검(希儉)이고, 그 형제가 나와 동년이다.

백씨와 중씨는 참으로 나의 친구인데	伯仲眞吾友
그 형제들이 바로 청명한 시대의 전형일세	淸明是典刑
흉금을 열고는 서로 격조했던 때를 회상하고	披襟撫絶迹
술잔을 잡으면 형체를 잊는 지경에 이르네	把酒到忘形
강비가 도리어 앞 반열에 있긴 하지만[150]	糠粃還前列
온갖 풍상 또한 우리 함께 다 겪어 왔지	風霜亦共經
그 어느 때나 영녕전에 들어가서	何時永寧域
좋은 소식을 일일이 선왕께 아뢰어 볼꼬	一一報宸聽

149 이 형조 판서(李刑曹判書) : 이희검(李希儉, 1516～1579)으로, 본관은 전주(全州), 자는 경질(景質), 호는 동고(東皐)이다. 1546년(명종1) 증광시 문과(增廣試文科)에 급제하였고, 선조(宣祖) 때에 승지, 대사헌, 병조 판서와 지경연사(知經筵事) 등을 역임하였다. 그의 백형(伯兄) 이희온(李希溫), 중형(仲兄) 이희량(李希良)은 소재와 1534년(중종29) 진사시(進士試)의 동년이기도 하다.

150 강비(糠粃)가……하지만 : 강비는 곡식의 겨와 쭉정이를 말한 것으로 흔히 가치 없는 사물에 비유한다. 진대(晉代)의 문인(文人) 손작(孫綽)이 평소에 남을 조롱하기를 좋아했는데, 한번은 습착치(習鑿齒)와 함께 길을 가다가, 손작이 앞에 가면서 습착치를 돌아보고 말하기를 "곡식을 일어서 모래를 가리자면 자갈이 뒤에 쳐지게 된다.〔沙之汰之, 瓦石在後.〕"라고 조롱하자, 습착치가 바로 이어 응수하기를 "곡식을 키질하여 까부르면 겨와 쭉정이가 앞으로 나가게 된다.〔簸之颺之, 糠粃在前.〕"라고 했던 데서 온 말이다.《晉書 孫綽列傳》 여기서는 재능도 없는 자신이 남보다 높은 지위에 있다는 겸사이다.

앞의 운을 사용하여 송 공조 참판[151] 찬 에게 주다

用前韻贈宋工亞 贊

병조와 시강원에서 함께 벼슬했었다.

그 옛날 우리 나란히 병조에 뽑혔었고 騎省齊膺選
큰 바다 속에서 우연히 나는 형을 면했네 鯨波偶逭刑
나는 백발이 되어 부절 잡고 돌아와서[152] 白頭回握節
반가운 눈으로 형체 나뉜 이를 마주했네[153] 青眼對分形
인택에서는 새로 옥석을 다스리었고[154] 仁宅新攻玉
시강원에선 예전에 함께 경서를 보았지 春坊舊執經
우리 서로 마주하여 통곡하고는 싶으나 欲成相向哭
선왕의 영령께서 놀라실까 두렵구려 恐震在天聽

우(偶)가 다른 본에는 독(獨)으로 되어 있다.

151 송 공조 참판(宋工曹參判) : 송찬(宋贊, 1510~1601)으로, 본관은 진천(鎭川), 자는 치숙(治叔), 호는 서교(西郊)이다. 1540년(중종35) 식년(式年) 문과(文科)에 급제한 이후, 중종 때부터 선조 때까지 여러 내외 요직을 지냈다. 청백리에 녹선되었다.

152 나는……돌아와서 : 19년 동안의 유배 생활을 마치고 돌아온 것을 소무의 고사에 빗대서 한 말이다.

153 반가운……마주했네 : 형체가 나뉘었다는 것은 부자간 또는 특히 형제간은 한 몸이면서 두 형체로 나누어진 것이고, 한 기가 서로 연했으면서 호흡만 따로 할 뿐이라는 뜻이다. 《呂氏春秋 卷9 精通》 소재와 송찬과의 관계에 대해서는 자세하지 않다. 혹 너무나 반가워 형제처럼 느껴짐을 표현한 말인지도 모르겠다.

154 인택(仁宅)에서는……다스리었고 : 인종(仁宗)의 능인 효릉(孝陵)을 수개하면서 석물들을 새로 깎고 다듬어 안치한 일들을 말한 것이다.

앞의 운을 사용하여 황 통례[155] 정욱 에게 주다

用前韻贈黃通禮 廷彧

옥당의 동료였다. 또 그가 일찍이 상소하여 종묘 예의(宗廟禮儀)를 바로잡았다.

문학은 뭇 명사들 중에 뛰어나고 文學群公表
풍류는 한 시대의 전형이로다 風流一世刑
의론하고 사고함엔 극에 모임[156]이 있었고 論思會有極
일을 공경히 함엔 형체 없는 데서 보누나[157] 執敬視無形
종묘에 고하여 많은 예의를 바로잡았고 告廟多儀正
능을 수개할 땐 여러 가지 일을 경영했네 修陵庶務經
남에게 의지해 요행히 성사를 시켰으니 因人幸成事
그대 아니면 뉘에게서 이 말을 들을 건가[158] 非子復誰聽

155 황 통례(黃通禮) : 당시 통례로 재직 중이던 황정욱(黃廷彧, 1532～1607)이다. 본관은 장수(長水), 자는 경문(景文), 호는 지천(芝川)이다.

156 극(極)에 모임 : 극은 지극(至極), 표준(標準)의 뜻으로, 여기서는 가장 중정(中正)한 것을 의미한다. 《書經 洪範》

157 일을……보누나 : 자식이 된 자는 부모가 수족을 놀리기 전에 그 의향을 살펴 알아야 한다는 뜻이다. 《禮記 曲禮上》 황정욱이 일찍이 종묘 예의를 바로잡은 일과 효릉(孝陵)을 수개하는 등의 일에 모두 상(上)의 의중을 미리 알아서 민첩하게 잘 처리했다는 뜻이다.

158 남에게……건가 : '모수자천(毛遂自薦)'과 관련된 고사로, 모수가 종약(從約)을 맺은 뒤 나머지 문객(門客)에게 "공들은 녹록하여 이른바 남에게 의지해서 성사를 시킨 자들이다."라고 하였다. 《史記 平原君虞卿列傳》 재능 없는 자신이 재능 있는 황정욱의 힘을 빌려 효릉의 수개라는 큰일을 완성할 수 있었다는 겸사이다.

앞의 운을 사용하여 김 형조랑에게 주다

用前韻贈金刑郎

공의 선공(先公)이 천과(薦科)에 발탁되었고, 내가 공과는 인친(姻親) 사이가 되기 때문에 이렇게 말한 것이다.

도를 배워 남을 사랑함에 마음을 두었고[159] 學道存心愛
정성을 다해 형법을 도와 다스리누나 推誠贊理刑
천과에 발탁된 선고께선 좋은 명망 있었고 薦科先令望
인친인 나는 지금 바싹 마른 몰골이라네 葭附卽枯形
그대는 만 리 창창한 청운 길이 열렸는데 萬里青雲路
나는 백발토록 낡은 서책에서 글만 읽노라 殘編白首經
구준이나 우선 우리 함께 마셔 보세나[160] 衢樽且共飮
훈곡은 지금 다시 들을 수 없으니 말일세[161] 薰曲不重聽

159 도(道)를……두었고 : 공자(孔子)가 “군자가 도를 배우면 사람을 사랑하고, 소인이 도를 배우면 부리기가 쉽다.〔君子學道則愛人, 小人學道則易使.〕”라고 하였다. 《論語 陽貨》 또 정호(程顥)가 말하기를 “처음 말직에 임명된 선비라도 진실로 남을 사랑하는 데에 마음을 둔다면 사람에게 반드시 구제하는 바가 있을 것이다.〔一命之士, 苟存心於愛物, 於人必有所濟.〕”라고 하였다. 《近思錄 卷10 政事》

160 구준(衢樽)이나……보세나 : 구준은 큰 길거리에 설치한 술동이다. 《회남자(淮南子)》 〈무칭훈(繆稱訓)〉에 “성인의 도는 마치 큰 길거리 한가운데에 술동이를 두어 지나는 사람마다 크고 작은 양에 따라 각각 적당하게 떠 마시도록 하는 것과 같다.〔聖人之道, 猶中衢而致尊邪, 過者斟酌多小不同, 各得其所宜.〕”라고 한 데서 온 말로, 인정(仁政)을 베푸는 데에 비유한다. 여기서는 태평성대를 만났으니 우리 함께 태평성대를 잘 누리자는 의미이다.

앞의 운을 거듭 사용하여 대사구[162]에게 받들어 올리다
疊前韻奉大司寇

방금 왕릉 수개할 일을 검토하기 위하여	方期討陵事
나라의 형법을 바로잡을 겨를이 없었네	未暇正邦刑
성정은 비록 좋은 자질이 넉넉하지만	情性雖饒質
감정을 전혀 얼굴에 드러내지 않누나	幾微不見形
밤 침상엔 외로운 촛불 밑동만 남았고	夜牀孤燭跋
차가운 나무 위로 짧은 해는 넘어가네	寒木短景經
좋은 술을 마실 인연이 어찌 없으리오	竹葉寧無分
파리 소리도 또한 들을 만하다오[163]	蠅聲亦可聽

161 훈곡(薰曲)은……말일세 : 훈곡은 순(舜) 임금이 일찍이 오현금(五絃琴)을 처음 만들어 타면서 〈남풍시(南風詩)〉를 지어 노래한 악곡이다. 〈남풍시〉에 "남풍의 훈훈함이여, 우리 백성의 노염을 풀어 줄 만하도다. 남풍이 제때에 불어옴이여, 우리 백성의 재물을 풍부하게 하리로다.〔南風之薰兮, 可以解吾民之慍兮; 南風之時兮, 可以阜吾民之財兮.〕"라고 하였다.《孔子家語 卷8 辨樂解》훈곡을 다시 들을 수 없다는 것은 소재가 인종(仁宗)을 순 임금에게 빗대어 이미 승하한 선왕을 다시 뵐 수 없다는 뜻이다.

162 대사구(大司寇) : 형조 판서의 별칭으로, 여기서는 〈이 형조 판서에게 주다〔贈李刑書〕〉에 나오는 이희검(李希儉)을 가리킨다.

163 파리……만하다오 : 파리 소리는 졸렬한 시문(詩文)을 지칭하는 말로, 여기서는 자신의 시문에 대한 겸사로 한 말인 듯하나 자세하지 않다.

앞의 운을 거듭 사용하여 소사공[164]에게 받들어 올리다
疊韻奉小司空

백세토록 능명은 효릉이 되었거니와	百世陵名孝
당시엔 국가의 형률을 사용치 않았네[165]	當時國失刑
나무와 봉분을 행여 밟을까 두려울 뿐이요	樹封惟怕迹
풍수지리에 대해선 어찌 형국을 알겠는가	風水詎諳形
늙어만 가는 건 삼성이 변한 때문이요[166]	得老三星變
공력을 바치는 일은 한 달이 경과하였네	輸功一月經
황계 소리가 자못 나쁘지 않는 것이니	荒鷄殊未惡
누구를 발로 차서 함께 들을 수 있을꼬[167]	誰蹴與同聽

164 소사공(小司空) : 공조 참판의 별칭으로, 여기서는 〈앞의 운을 사용하여 송 공조 참판에게 주다〔用前韻贈宋工亞〕〉에 나오는 송찬(宋贊)을 가리킨다.

165 당시엔……않았네 : 일찍이 인종(仁宗)의 능(陵)을 쓰던 당시에 그토록 허술하게 일을 해 놓았는데도 그 당시의 산릉도감(山陵都監) 전원에게 전혀 책벌을 내리지 않았다는 뜻이다.

166 삼성(三星)이 변한 때문이요 : 삼성은 심성(心星)의 별칭이다. 삼성이 변한다고 한 것은 쉴 새 없이 흐르는 세월을 의미한다. 《詩經 唐風 綢繆》

167 황계(荒鷄)……있을꼬 : 황계는 삼경(三更) 전에 우는 닭을 가리키는데, 본디 그 닭 소리를 불길한 징조로 보았다. 진(晉)나라 때 강개(慷慨)한 지절(志節)로 명성이 높았던 조적(祖逖)이 친구 유곤(劉琨)과 함께 이불을 덮고 자다가 한밤중에 때 아닌 닭 우는 소리를 듣고는 유곤을 발로 차서 깨우며 말하기를 “이것은 나쁜 소리가 아니다.〔此非惡聲也.〕” 하고, 일어나서 춤을 덩실덩실 추었던 데서 온 말로, 큰 뜻을 품은 선비가 때를 당하여 세상을 맑게 하려는 호장(豪壯)한 기개(氣槪)를 분발하는 것을 의미한다. 《晉書 祖逖列傳》 여기서는 자신도 조적 같은 기개가 있다는 뜻이다.

앞의 운을 거듭 사용하여 추대랑[168]에게 바치다
疊韻呈秋臺郎

시율은 흡사 물 흐르듯이 줄줄 나오고	詩律如行水
회포는 형벌 안 쓰는 것보다 더 관대하네[169]	襟期勝措刑
친속을 돈독히 사랑함엔 정이 절로 깊고	篤親情自蘊
일을 당하면 정의가 얼굴에 먼저 드러나네	遇事義先形
자네는 건장하니 업을 닦을 줄 알겠거니와[170]	子健知修業
나는 쇠하여 상도에 위배됨이 부끄럽구려	吾衰愧反經
일이 끝나면 파계승처럼 계율을 파기하고	功完便破戒
다시 함께 취하여 읊는 소리 들어 보세나	更與醉吟聽

술을 좋아하기 때문에 언급한 것이다.

168 추대랑(秋臺郎) : 형조 낭관의 별칭으로, 여기서는 〈앞의 운을 사용하여 김 형조랑에게 주다〔用前韻贈金刑郎〕〉에 나오는 김 아무개를 가리킨다.

169 회포는……관대하네 : 법관으로서 형벌을 쓰지 않고 관대히 처리하는 것은 훌륭한 처사이지만, 김 아무개의 관대한 성품은 형벌 안 쓰는 정도를 넘어선다는 뜻이다.

170 업을……알겠거니와 : 공자(孔子)가 "군자가 덕을 증진시키고 업을 닦으니, 충과 신이 덕을 증진시키는 것이요, 말하는 데에 성실을 다하는 것이 업을 가지는 것이다.〔君子進德修業. 忠信, 所以進德也; 修辭立其誠, 所以居業也.〕"라고 한 데서 온 말이다. 《周易 乾卦 文言》

다시 앞의 운을 거듭 사용하여 통례[171]에게 바치다
復疊呈通禮

사랑스러워라 다른 산의 돌[172]은	可愛他山石
반드시 교장의 다스림을 받아야 하네	須遭巧匠刑
처음에는 여러 방면으로 재단했다가	初裁幾方面
끝내는 하나의 원형으로 만드는구려	竟作一圓形
신자의 맘에 어찌 만족하지 않겠는가	臣子寧無恔
국가에는 본디 떳떳한 법칙이 있다네	邦家固有經
이제 도감청의 큰일을 다 마쳤으니	都廳能事畢
보고 듣기에 만족함을 위하여 축하하네	爲賀足觀聽

171 통례(通禮) : 〈앞의 운을 사용하여 황 통례에게 주다〔用前韻贈黃通禮〕〉에 나오는 황정욱(黃廷彧)을 가리킨다.

172 다른 산의 돌 : 《시경》 〈소아(小雅) 학명(鶴鳴)〉에 "다른 산에 있는 돌이, 옥을 갈 수 있느니라.〔他山之石, 可以攻玉.〕"라고 한 데서 온 말이다. 본래는 다른 산에서 나는 나쁜 돌도 자기의 아름다운 옥을 다듬는 데에 쓸모가 있다는 뜻인데, 여기서는 단지 석물을 깎고 다듬는 것을 가리킨다.

두드러기가 나다

癮疹

과로의 열기 제거하려니 풍열이 이어지고	勞熱欲祛風熱繼
나라 걱정 끝없는데 내 몸 걱정까지 겸하였네	國憂難了已憂幷
백세를 삼분한 가운데 이분을 이미 지났으니	三分百歲二分過
관 뚜껑 덮길 안 기다리는 내 심정을 알겠구려[173]	不待蓋棺知我情

173 관(棺)……알겠구려 : 관 뚜껑을 덮는다는 것은 죽음을 의미한다. 진(晉)나라 유의(劉毅)가 "장부 종적은 군소배들과 한데 섞일 수 없는 것이니, 관 뚜껑이 덮인 다음에야 일생 사업의 시비가 정해진다.〔丈夫蹤迹, 不可尋常混群小中, 蓋棺事方定.〕" 라고 하였다.《錦繡萬花名 前集 卷26》 여기서 소재가 관 뚜껑 덮기를 기다리지 않는다고 한 것은 평생 동안 그렇다 할 만한 업적이 없이 이미 늙어 버렸기에 죽은 뒤에도 좋은 평판을 듣지 못하리라는 겸사이다.

궁중 사신이 능역의 상황을 살피다

中使察役狀

성주께서 능 일을 걱정하시는 날이요	聖主憂陵日
중관이 석물을 물어보는 때이로다	中官問石時
종통을 존경하는 효성은 전부터 알았고	從知敬宗孝
백성 중히 여기는 인자함을 다시 보았네	復見重民慈
뭇 장인들은 능묘로 급히 달려 나가고	群匠犇塋急
하찮은 이 신하는 비탈을 더디 내려가네	微臣下坂遲
응당 여기서 사흘 밤을 지내고 나면	應過三箇夕
복명하고 어버이 알현할 때이로다	復命省親期

재차 앞의 운을 거듭 사용하여 황[174]에게 받들어 올리다
再疊奉黃

모친 섬기다 초상 땐 효로써 쇠하였고[175] 事母終衰孝
시모를 공양함엔 평소 부족하게 여기었네[176] 供姑素欠刑
상장 도구는 물어서 준비할 수 있었건만 猶能問餘具
파리한 형상은 누가 위로할 수 있었던가 孰可撫羸形
나는 성상께 보답할 계책이 없는지라 報主知無策
충성을 옮기는 건 제대로 못할 듯하구려[177] 移忠恐不經
내일 아침에 왕사를 마치고 나서는 明朝王事訖
무릎 꿇고 사직 고하여 세상사 불관하려네 跪告任重聽

174 황(黃) : 〈앞의 운을 사용하여 황 통례에게 주다〔用前韻贈黃通禮〕〉에 나오는 황정욱(黃廷彧)을 가리킨다.

175 모친(母親)……쇠하였고 : 《예기》 〈문상(問喪)〉에 "죽은 지 사흘이 지난 뒤에야 염하는 것은 살아나는 것을 기다리기 위함이요, 사흘이 되어도 살아나지 않으면 역시 살아나지 못하는 것이라, 효자의 마음 또한 더욱 쇠해지는 것이다.〔三日而後斂者, 以俟其生也; 三日而不生, 亦不生矣. 孝子之心亦益衰矣.〕"라고 한 데서 온 말이다. 여기서는 황정욱이 모친상을 당했을 때의 일을 말한다.

176 시모(媤母)를……여기었네 : 황정욱의 부인이 시모를 지성으로 공양하면서도 항상 부족하게 여겼다는 뜻인 듯하나 자세하지 않다.

177 충성을……듯하구려 : 충성을 옮긴다는 것은 《효경(孝經)》 〈광양명(廣揚名)〉에 "군자가 어버이를 효도로 섬기는지라, 그러므로 충성을 임금에게 미루어 옮길 수 있다.〔君子之事親孝, 故忠可移於君.〕"라고 한 데서 온 말로, 자신은 임금을 보필할 재능이 없어서 벼슬하여도 보필의 효과를 얻지 못하리라는 겸사이다.

김[178]에게 답하면서 재차 앞의 운을 거듭 사용하다
答金再疊

군주를 못 섬기면 위문한다고만 했을 뿐[179] 只道無君弔
어찌 불효에 대한 형벌을 알겠는가[180] 何知不孝刑
마음을 논하는 덴 문자에만 의존하고 論心仗文字
문리를 탐색함엔 성형[181]의 이론만 집착하네 索理執聲形
나의 소준[182]함은 자질이 박한 때문이요 疏惷緣資薄
쇠퇴한 몰골은 환난을 겪은 때문이라네 摧頹爲患經
맑은 새벽 나그네 꿈 깨워 보답시 보내오니 淸晨報客夢
고상한 음조가 내 귀를 홍기시키는구려[183] 高調起予聽

178 김(金) : 〈앞의 운을 사용하여 김 형조랑에게 주다〔用前韻贈金刑郎〕〉에 나온 김 형조 낭관을 가리킨다.

179 군주(君主)를……뿐 : 춘추 시대 노(魯)나라 현인(賢人) 공명의(公明儀)가 "옛사람은 석 달 동안 군주를 섬기지 못하면 그를 위문하였다.〔古之人三月無君則弔.〕"라고 하였다. 《孟子集註 滕文公下》

180 어찌……알겠는가 : 불효(不孝)에 대한 형벌은 《주례(周禮)》 〈지관(地官) 대사도(大司徒)〉에 "향의 여덟 가지 형벌로써 모든 백성들을 단속하였으니, 첫째가 불효에 대한 형벌이다.〔以鄕八刑糾萬民. 一曰不孝之刑.〕"라고 한 데서 온 말이다. 여기서는 세상 사람들이 벼슬하여 임금을 섬기는 것만을 중시할 뿐, 부모에게 불효하는 것에 대해서는 별로 마음을 쓰지 않는다는 뜻이다.

181 성형(聲形) : 육서(六書) 중 형성과 상형을 합칭한 것이다.

182 소준(疏惷) : 성격이 데면데면하고 어리석음을 이른 말이다.

183 맑은……홍기시키는구려 : 아침 일찍 상대방이 보답해 온 시가 아주 좋았다는 찬사이다.

수개하는 일을 완성하다

修改事完

살펴보건대 수개록(修改錄)은 여기까지이다.

아침에 일 깨끗이 마치고 무릎 꿇고 바라보니	朝來淨訖跪而望
연꽃 같은 구름이 피어올라 옥광을 잘라 논 듯하네[184]	雲繞蓮開截玉光
봉분은 삼 층으로 쌓고 면은 열두 면으로 만들고	封累三層十二面
난간은 두 개를 연결해 서너 방면으로 만들었네[185]	欄聯二箇四三方
신의 마음은 천만년 견고하기만 바랄 뿐이지만	臣心只要千年錮
군왕의 덕은 본디 만세에 훌륭한 명성 남기고말고	君德元留萬世芳
앞으로는 하늘이 노련한 안목을 지니어서	從此皇天有老眼
간귀가 생기지 않고 밤중에도 무장하기를[186]	不生姦宄夜無將

184 연꽃……듯하네 : 효릉(孝陵)을 수개하는 일을 다 마치고 아래에서 바라보니, 연꽃 모양 같은 구름이 피어올라 효릉 주위에 빙 둘리어 그 고운 광채가 마치 고운 옥(玉)을 잘라 놓은 것처럼 보인다는 뜻인 듯하나 자세하지 않다.

185 난간은……만들었네 : 효릉과 인성왕후(仁聖王后)의 능 사이의 양쪽 난간을 서로 연결하여 서너 방면으로 만들었다는 뜻인 듯하나 자세하지 않다.

186 간귀(姦宄)가……무장(無將)하기를 : 간궤는 나라 안팎의 간흉과 도적 등을 통틀어 이른 말이다. 무장은 군친(君親)을 시해하려는 마음을 품어서는 안 된다는 뜻으로, 《춘추공양전(春秋公羊傳)》 장공(莊公) 32년에 "군친에 대해서는 시해하려는 마음을 품어서는 안 되는 것이니, 그런 마음을 품으면 죽임을 당할 뿐이다.〔君親無將, 將而誅焉.〕"라고 하였다.

기쁨을 기록하다 경진년(1580, 선조13)[187] 11월이다.

志喜 庚辰十一月

상의 건강이 미령하시어 이로부터 무릇 23일 동안 시약(侍藥)하면서 시(詩) 19수를 지었다.

상께서 즉위하신 지 십사 년이 거의 다 되었고	龍飛垂十四來年
해는 경진년이요 달은 창월이 돌아왔는데	歲次庚辰暢月旋
초사흘 이경 밤 알리는 초고 소리 다할 무렵	三日二更初鼓盡
수의와 도상을 급히 부르는 패초가 연달았네	首醫都相急牌連
먼저 맛봄[188]은 놀랍고 두려워 침착하지 못했지만	先嘗未免驚惶妄
누차 약 드실 땐 어찌 금기를 범하신 적 있던가	累御何曾諱忌愆
본래부터 태평성대의 기업을 간직해 오셨으니	本有太平基業在
온갖 신령들이 황천[189]을 옹위하여 보호하리라	百靈環衛保皇天

187 경진년 : 이때 소재의 나이는 66세였다.

188 먼저 맛봄 : 《예기》 〈곡례 상(曲禮上)〉에 "임금이 병이 들어 약을 마시게 되면 신하가 먼저 그 약을 맛보고, 아버지가 병이 들어 약을 마시게 되면 자식이 먼저 그 약을 맛본다.〔君有疾飮藥, 臣先嘗之; 親有疾飮藥, 子先嘗之.〕"라고 하였다.

189 황천(皇天) : 선조(宣祖)를 가리킨다.

상께서 물러가 쉬라고 명하시다
上命退休

이 시약청엘 해가 두 번 바뀐 뒤에 거듭 들어와　重忝玆廳歲再更
이제 다시 약 올리려니 두려움을 감당 못 하겠네　于今復進正怔營
사람 마음은 본디 원래의 성품을 지녔거니　人心自有元來性
하늘 밖에는 응당 이와 같은 정이 없고말고[190]　天外應無似此情
한번은 조서를 내려 먼 후일의 부탁을 밝히셨고　一發綸音明遠托
자주 옥조로써 꼭 쥐고 정성을 끼쳐도 주시었네[191]　頻侵玉爪致遺誠
성상 환후 회복키도 전에 신의 질병 근심하시니　聖和未復憂臣疾
신의 몸이 한 깃털보다 가벼움을 다시 깨달았네[192]　更覺臣身一羽輕

190 하늘……없고말고 : 하늘은 사람이 타고나는 천성(天性)을 지칭하고, 이와 같은 정은 사람마다 간직하고 있는 충효의 정신을 지칭한다.

191 옥조(玉爪)로써……주시었네 : 옥조는 선조(宣祖)의 손톱을 가리킨다. 《소재집》 〈연보〉에 "11월 3일 상후가 미령하여 급히 대궐에 나아갔다. 4일에는 시약청을 설치할 것을 계청하고 부름을 받고 대내에 들어갔다."라고 한 대문의 주(註)에 "상이 놀라고 가슴이 뛰는 증후가 있어 선생을 불러들였다.……이때 상이 선생의 손을 잡고 손톱이 선생의 피부에 묻히도록 꼭 쥐고서 이르기를 '경은 한 시대의 어진 재상이니, 내 아이를 잘 보호해 다오.' 하자, 선생이 대답하기를 '신은 의당 죽기로써 할 것입니다.' 했다."라고 하였다.

192 성상(聖上)……깨달았네 : 한 깃털보다 가볍다는 것은 사마천(司馬遷)의 〈보임소경서(報任少卿書)〉에 "사람은 언젠가는 한번 죽지만, 그 죽음을 태산보다 무겁게 여길 곳이 있고, 혹은 기러기 털보다 가볍게 여길 곳도 있으니, 이는 한번 죽는 데에 있어 그 취향을 달리한 것이다."라고 한 데서 온 말로, 자신을 알아주는 사람에 대해서는 목숨을 기러기 털처럼 가벼이 선뜻 바칠 수 있다는 의미이다. 《漢書 司馬遷傳》 여기서는 소재가 선조의 각별한 은총에 몹시 감격하여 이른 말이다.

밤에 앉아서 입으로 부르다
夜坐口號

동룡의 누수 소리 꼴꼴 한 점 한 점 밤늦어 갈 제[193]	咽咽銅龍點點闌
차가운 등 앞에 늙은 신하 우뚝 앉아 생각하니	老臣高坐伴燈寒
여태껏 앙화를 받은 게 그 얼마나 많았던가만	向來咎厄知多少
우리 임금님 하루 동안 편안하심도 보지 못했네	不見吾君一日安
홀로 근심에 젖어 있다가 밤늦음을 깨달았는데	獨抱憂端自覺闌
또 눈보라가 몰아와 차가운 창을 들이치누나	也從風雪打窓寒
하늘의 마음 기뻐하매 임금님 마음 편안하시니	天心已豫君心泰
기신[194]을 물러가 쉬도록 윤허하길 생각하셨으리	應念羈臣許退安

193 동룡(銅龍)의……제 : 동룡은 누수 그릇〔漏器〕의 물을 토해 내는 용두(龍頭)를 말한 것으로, 누호(漏壺)를 가리킨다. 점(點)은 옛날 야간의 시각을 세던 단위로, 일야(一夜)를 5경(更)으로 나누고, 5경을 5점(點)으로 나누어 헤아렸던 데서 온 말이다.

194 기신(羈臣) : 타국에 우거하는 신하라는 뜻으로, 여기서는 고향을 떠나와 객지에서 벼슬하고 있는 자신을 지칭한다.

털요를 하사받고 황공하여 땀을 흘리면서 두 영공[195]의 궤안 아래 써서 바치다 2수

受賜毛褥惶汗書呈兩令公几下 二首

중서부에서는 함께 밥이나 먹었고[196] 伴食中書府
시약청에서는 의술에 어두웠는데 迷方侍藥廳
숭산에서 신이 외친 만세 소리가 나더니[197] 神呼出嵩嶽
은총의 하사가 청명[198]으로부터 내려왔네 恩賚下青冥
근본에 보답함은 못으로 고기 모는 형상이요[199] 報本驅淵狀

195 두 영공(令公) : 영공은 본디 중서령(中書令)의 존칭으로, 여기서는 당시 영의정 박순(朴淳)과 우의정 강사상(姜士尙)을 지칭한다.

196 함께 밥이나 먹었고 : 당대(唐代)에 조회를 마치면 재상(宰相)이 백관(百官)을 거느리고 상서성(尙書省)의 도당(都堂)으로 가서 회식했던 데서 온 말이다. 당 현종(唐玄宗) 때의 재신(宰臣) 노회신(盧懷愼)이 동료 재신 요숭(姚崇)과 함께 추밀(樞密)을 관장하면서 자신의 재능이 요숭에게 미치지 못함을 스스로 인정하여 요숭에게 모든 일의 결단을 양보하였으므로, 당시 사람들이 그를 '함께 밥 먹는 재상〔伴食宰相〕'이라고 일컬었던 데서, 전하여 재상 지위에 있으면서 게으르고 무능하여 아무 일도 하지 못하는 사람을 가리킨다. 《舊唐書 盧懷愼列傳》 여기서는 자신을 노회신에 빗대어, 재상으로서 무능하다는 겸사이다. '반식중서(伴食中書)'라는 고사는 송대(宋代)의 재상으로 매우 무능했던 손근(孫近)에게서 연유한 것인데, 여기서는 노회신의 고사로 보아야겠다.

197 숭산(嵩山)에서……나더니 : 한 무제(漢武帝) 원봉(元封) 1년 1월 천자가 친히 숭산에 올라갔을 때, 어디선가 만세 세 번 외치는 소리를 이졸들이 모두 들었다는 고사에서 온 말로, 전하여 만세는 군주에 대한 송축의 의미로 쓰인다. 《漢書 武帝紀》

198 청명(青冥) : 푸른 하늘을 지칭하는데, 여기서는 군주가 거주하는 대궐을 가리킨다.

199 근본에……형상이요 : 못으로 고기를 몬다는 것은 맹자(孟子)가 "못을 위하여 고

표범 무늬 엿보려니 안개비에 숨은 형상일세[200]	窺斑隱霧形
만져 보고 점차 가까이 다가가서	摩來稍稍近
단정히 앉으니 두 눈물이 소리 없이 흐르네	危坐暗雙零

내가 무슨 일을 관여할 재능이 있으랴만	顧我關何事
공무를 좇아서 또한 이 시약청엘 왔는데	從公亦此廳
먼저 맛본 약은 효험이 신통치 않았지만	先嘗藥不達
묵묵히 기도하매 이치는 어둡지 않았네	默禱理非冥
네 까치[201]는 참으로 기쁨을 전해 주었고	四鵲傳眞喜
두 진주[202]는 이 누추한 몰골을 비추어 주네	雙珠照穢形
국가가 어려운 때 군주께 보답할 뜻으로	艱難報主意
도리어 소잔한 몰골을 위로코자 하노라	還欲慰凋零

기를 몰아주는 놈은 수달이다.〔爲淵驅魚者, 獺也.〕"라고 한 데서 온 말이다.《孟子 離婁上》 근본에 보답한다는 것은 자신을 낳아 준 조상께 정성들여 제사 지내는 것을 이르는 말인데,《중용혹문(中庸或問)》 권상(卷上)에 "승냥이와 수달은 조상에게 제사할 줄을 안다.〔豺獺之報本〕"라고 한 데서 온 말이다. 여기서는 단지 털요〔毛褥〕가 수달의 모피와 같다는 뜻이다.

200 표범……형상일세 : 표범 무늬를 엿본다는 것은 32쪽 주53 참조. 여기서는 털요가 표범의 모피와 같다는 뜻이다.

201 네 까치 : 고대 명의(名醫)였던 편작(扁鵲)의 이름에서 온 것으로, 당시의 허준(許浚), 이인상(李仁祥), 양예수(楊禮壽), 손사명(孫士銘) 등 네 의관(醫官)을 편작 같은 명의에 비유한 것이다.

202 두 진주 : 풍채나 재능이 뛰어난 형제 두 사람을 비유한 말로, 후한(後漢) 때 공융(孔融)이 위단(韋端)의 두 아들인 위강(韋康)과 위탄(韋誕)의 재능을 기특하게 여겨, 그의 아버지인 위단에게 보낸 글에 "뜻밖에 두 진주가 근래에 늙은 조개에서 나왔구려."라고 한 데서 온 말이다.《冊府元龜 卷826》 여기서는 박순, 강사상을 가리킨다.

운을 이어서 네 수를 지어 훌륭한 시로 보답해 줌에 대하여 사례하다

繼韻四首用謝瓊報

높은 누각 누수 소리는 드문드문 들리고	玉漏稀高閣
푸른 등불은 작은 시약청 반쯤 비출 제	青燈半小廳
이 한마음은 밝디밝음을 보존하거니와	一心存炯炯
오만 일들은 깜깜한 데에 부쳐 버렸다오	萬事入冥冥
간 곳마다 물 밖에 초탈하기 어려우니[203]	在處難遺物
어느 때나 이 형체를 벗어날 수 있으랴	何時得外形
해바라기의 기울임은 나의 본분이거니와[204]	葵傾固素分
버들처럼 허약해 먼저 시듦을 어찌하랴[205]	柳弱奈先零

황량한 선영은 토끼가 돌아갈 골짝이지만[206]	殘壟兎歸洞

203 간……어려우니 : 물(物)은 세상의 모든 사물을 통틀어 말한 것으로, 가의(賈誼)의 〈복조부(鵩鳥賦)〉에 "지덕이 있는 사람은 세상의 물을 초탈하여, 홀로 도와 함께하도다.〔至人遺物, 獨與道俱.〕"라고 한 데서 온 말이다.《漢書 賈誼傳》 여기서는 세상의 물을 초탈하기가 어렵다는 뜻이다.

204 해바라기의……본분이거니와 : 해바라기는 항상 태양을 향하여 기울어지므로, 군왕(君王)을 향한 신하의 충성심에 비유한다. 여기서는 임금께 충성하는 일은 자신의 본분이라는 뜻이다.

205 버들처럼……어찌하랴 : 《세설신어(世說新語)》〈언어(言語)〉에 "냇버들의 자질은 가을이 가까이만 와도 시들어 떨어지고, 소나무 잣나무의 자질은 서리를 맞을수록 무성해진다.〔蒲柳之姿, 望秋而落 ; 松柏之質, 經霜彌茂.〕"라고 한 데서 온 말이다.

사는 집 청사는 말을 겨우 돌릴 정도라네[207]	樊廬旋馬廳
넋은 하루 저녁도 머물 곳이 없지만	魂無一夕住
몸은 일생 동안 은거할 곳이 있다오	迹有百年冥
밤에 비단옷 입으려는 헛된 계획에 놀랐고[208]	夜錦驚虛計
새벽엔 채색옷 입고[209] 수척한 형상 만져 보네	晨斑撫脫形
병든 회포에 자책할 줄만 알 뿐이요	病懷知自咎
쇠한 눈물은 누구를 위해 뿌린단 말인가	衰涕爲誰零
이 속세는 참으로 공중변소 같거니와	塵界眞都廁
청관[210]은 절로 이 외딴 시약청이로구려	淸關自別廳

206 황량한……골짝이지만 : 소재의 선영(先塋)이 있는 골짜기 이름이 토귀동(菟歸洞)이기 때문에 이렇게 말한 것이다.

207 말을……정도라네 : 재상(宰相)이 매우 청빈함을 의미한다. 송(宋)나라 태종(太宗), 진종(眞宗) 때의 명상(名相)이었던 이항(李沆)은 봉구문(封丘門) 안에 집이 있었는데, 청사(廳事) 앞이 겨우 말을 돌릴 만한 정도였다는 고사에서 온 말이다. 《宋史 李沆列傳》

208 밤에……놀랐고 : 밤에 비단옷을 입는다는 것은 항우(項羽)가 진(秦)나라의 함양(咸陽)을 도륙한 뒤에 혹자가 그에게 함양에 그대로 머무르기를 권유하자, 항우가 진나라의 궁실이 모두 파괴되어 버린 것을 보고 고향인 강동(江東)으로 돌아가려 하면서 말하기를 "부귀하여 고향에 돌아가지 않는 것은 마치 비단옷을 입고 밤길을 걷는 것과 같으니, 알아줄 사람이 누가 있겠는가.〔富貴不歸故鄕, 如衣繡夜行, 誰知之者?〕" 라고 한 데서 온 말로, 이는 바로 부귀해도 알아줄 사람이 없는 경우를 말한다. 《史記 項羽本紀》 여기서 소재가 '헛된 계획에 놀랐다.'라고 한 것은 아마도 고향에 가지 못하는 것을 우회적으로 표현한 말인 듯하다.

209 새벽엔 채색옷 입고 : 소재가 이른 아침마다 채색옷을 입고 모친께 문안을 올리던 일을 말한다.

우리를 벗어난 학[211]과 같은 공은 부럽거니와 欽公籠出鶴
눈썹에 둥지 짓는 초명 같은 내가 부끄럽네[212] 媿我睫巢冥
시루는 형세를 견고히 할 것 없거니와[213] 詩壘休堅勢
수성은 형체를 잊어야만 풀 수 있으리[214] 愁城要忘形
흉금은 하늘의 도야해 줌을 힘입었는데 靈襟賴陶冶
덧없는 세상은 이 떠돌이를 받아들여 주네 浮世聽飄零

용호를 단정에 고는 방법은 알지 못하고[215] 龍虎迷和鼎

210 청관(淸關) : 잡객이 드나들지 않는 문을 이른 말로, 여기서는 조금 한적한 곳에 자리한 시약청을 지칭한다.

211 우리를 벗어난 학 : 조금도 구애됨이 없이 큰 포부를 마음껏 펴는 것을 비유한다.

212 눈썹에……부끄럽네 : 초명(焦冥)은 아주 작은 벌레의 이름으로, 제 경공(齊景公)이 안자(晏子)에게 묻기를 "천하에 지극히 미세한 것이 있는가?〔天下有極細乎?〕"라고 하자, 안자가 대답하기를 "있습니다. 동해에 한 벌레가 있어 모기 눈썹에 둥지를 짓고 매양 새끼를 부화하고 길러서 날고 하여도 모기가 전혀 놀라지 않는답니다. 신은 그 이름을 모르는데, 동해의 어부가 초명이라 명명했답니다.〔有. 東海有蟲, 巢於蚊睫, 再乳再飛, 而蚊不爲驚. 臣嬰不知其名, 而東海漁者命曰焦冥.〕"라고 한 데서 온 말이다. 《晏子春秋 外篇》 여기서는 자신이 초명처럼 아주 하찮은 사람이라는 겸사이다.

213 시루(詩壘)는……없거니와 : 시루는 시인(詩人)의 진영(陣營)이란 뜻으로, 전하여 시 짓는 재능을 의미한다. 여기서 형세를 견고히 할 것 없다는 것은 뛰어난 시문(詩文)을 지으려고 서로 경쟁하지 말자는 뜻이다.

214 수성(愁城)은……있으리 : 수성은 아주 풀기 어려운 고통스러운 시름을 성벽(城壁)에 비유한 것으로, 유신(庾信)의 〈수부(愁賦)〉에 "허다한 수성은 공략해도 끝내 부서지지 않고, 허다한 수문은 흔들어도 끝내 열리지를 않네.〔攻許愁城終不破, 蕩許愁門終不開.〕"라고 한 데서 온 말이다. 《庾開府集箋註 卷1》 형체를 잊는다는 것은 친구 사이에 언담(言談), 거지(擧止) 등의 형적에 조금도 구애됨이 없이 자유로이 즐기는 것을 의미한다.

동서분주하며 시약청에 문후하기 겁났었네	東西怯問廳
완둔함은 하나의 깜깜함으로 에워싸였고	頑圍一黑暗
천한 목숨은 여덟 겨울째[216] 보존해 왔는데	喘保八玄冥
충군애국의 성정은 바뀌기가 어렵거니와	忠愛難移性
근심 걱정으로 형체는 변하기가 쉽구려	憂虞易變形
강릉으로 오직 축원만 늘 드릴 뿐인데[217]	岡陵有餘祝
성상의 은택이 내리는 걸 감당치 못하겠네	雨露不勝零

215 용호(龍虎)를……못하고 : 용호는 도가(道家) 용어로 수화(水火)를 가리키고, 단정(丹鼎)은 도가에서 단약(丹藥)을 고는 솥으로, 자신은 불로장생의 단약을 만들 줄 모른다는 뜻이다. 주희(朱熹)의 《주역참동계고이(周易參同契考異)》에 "감, 이, 수, 화, 용, 호, 연, 홍 따위는 단지 그 명칭만 서로 바꾸어 놓은 것일 뿐, 그 실상은 정, 기 두 가지일 뿐이다. 즉 정은 곧 수이며 감이며 용이며 홍이요, 기는 곧 화이며 이이며 호이며 연이다.〔坎、離、水、火、龍、虎、鉛、汞之屬, 只是互換其名, 其實只是精氣二者而已. 精, 水也, 坎也, 龍也, 汞也; 氣, 火也, 離也, 虎也, 鉛也.〕"라고 하였다.

216 여덟 겨울째 : 8년을 의미한다. 소재가 선조(宣祖) 초년부터 기용되어 1580년(선조13) 당시까지는 무려 13년째가 되고, 1573년 처음 우의정에 제수된 이후 1580년 좌의정에 오른 당시까지는 딱 8년째가 되니, 아마도 재상(宰相)이 된 이후의 기간을 말한 듯하다.

217 강릉(岡陵)으로……뿐인데 : 강릉은 《시경》 〈소아(小雅) 천보(天保)〉에 "하늘이 당신을 편안하게 하사, 흥하지 않음이 없게 한지라, 마치 산인 양 언덕인 양, 높은 뫼나 큰 능인 양 홍성하고, 마치 냇물이 흐르고 흘러, 보태지 않음이 없는 것 같네.〔天保定爾, 以莫不興. 如山如阜, 如岡如陵, 如川之方至, 以莫不增.〕"라고 한 데서 온 말로, 여기서는 임금의 무궁무진한 수복(壽福)을 축원한 것이다.

회포가 있으면 반드시 토로하여 두 영공[218]에게 기록해 바쳐서 바로잡아 주기를 바라다

有懷必發錄呈兩令公斤正

거듭 은총의 명 받들고 어버이 뵙고 돌아와선	重承恩命省親廻
영추문 밖에 와서 문이 열리길 기다렸더니	趁赴迎秋待却開
문틈으로 보고하는 의관의 음성은 쾌활하고	隙報醫官音快活
대면하여 말 전한 내시의 기분은 펄펄 날 듯하네	面傳閹寺氣毰毸
하늘은 풍년의 조짐인 상서론 삼백[219]을 내려 주고	天輸瑞白豐年兆
신명은 좋은 선약에 크나큰 복을 바쳐 왔도다	神獻眞丹景福來
진중해라 삼인[220]이 둘러앉아 창화하고 술 마시며	珍重和賡鼎坐件
태평 만세를 외면서 이리저리 배회하네그려	太平萬歲誦徘徊

218 두 영공(令公) : 당시 영의정 박순(朴淳)과 우의정 강사상(姜士尙)을 가리킨다.

219 삼백(三白) : 동지(冬至) 이후 세 번째 술일(戌日)에 지내는 납제(臘祭) 이전까지 세 차례 눈이 내리는 것을 말한다. 농가어(農家語)에 의하면, 납제 전까지 세 차례 눈이 내리면 풍년이 든다고 한 데서, 이를 서설(瑞雪) 또는 납전삼백(臘前三白)이라고도 한다.

220 삼인 : 영의정 박순, 좌의정 소재, 우의정 강사상이다.

의관의 진찰 결과를 듣고 감격함과 기쁨을 또 드러내다
醫診感喜又形

밝게 떠오른 최일[221] 아래 강녕하신지 문후 올릴 제　　曈曈衰日上康寧
유편[222]이 앞서 나아가 진찰을 정밀히 하였네　　兪扁趨前診得精
조화옹이 어찌 이수를 도피하도록 두겠는가[223]　　造化豈容逃二竪
신명의 위엄은 백성이 은택 입도록 도와주었네　　明威自與賴群氓
언관 신하는 자주 탄핵 상소문을 들이려 하고　　言臣屢擬彈文入
의전 관리는 늘상 하례를 행하자고 재촉하누나　　儀吏長催賀禮行
모자가 함께 쇠한 사람[224]이 그 몇이나 되던가　　子母同衰幾人在
응당 해골 갖고 선영으로 돌아가게 해 주시리　　定應骸骨賜歸塋

221 최일(衰日) : 겨울철의 따스한 태양을 말한다. 51쪽 주104 참조.

222 유편(兪扁) : 고대의 명의(名醫)였던 유부(兪跗)와 편작(扁鵲)의 병칭으로, 여기서는 의관(醫官)을 유부, 편작에 빗대서 한 말이다.

223 이수(二竪)를 도피하도록 두겠는가 : 이수는 두 아이라는 뜻으로, 병마(病魔)를 지칭한다. 춘추 시대 진후(晉侯)가 병들었을 때 진(秦)나라에서 완(緩)이라는 명의를 시켜 진후를 치료하게 했는데, 그 명의가 도착하기 전에 두 아이가 진후의 꿈에 나타나서 말하기를 "저 완이란 사람은 명의이니, 우리를 괴롭힐 것이 두렵다. 어디로 도망을 가야 할까?" 하자, 또 한 아이가 말하기를 "흉부 횡격막의 위와 심장의 아래로 가 있으면 우리를 어찌하겠느냐."라고 하였다. 이윽고 명의가 도착하여 진후를 보고는 말하기를 "이 병은 어찌할 수가 없습니다. 병의 근원이 흉부 횡격막의 위와 심장의 아래에 있어 손을 쓸 수가 없습니다."라고 한 데서 온 말이다. 《春秋左氏傳 成公10年》 여기서는 병마가 깊이 숨을 수 없었다는 뜻이다.

224 모자(母子)가……사람 : 모자는 소재와 자신의 모친을 가리킨다. 이때 소재의 모친은 대략 80세가 훨씬 넘었고, 자신은 늘 잔병치레로 일찍 노쇠하였다.

주찬을 하사하다

賜酒饌

맑은 아침에 어주에서 연달아 주찬을 내려	淸朝絡繹御廚降
시험 삼아 황봉[225]을 뜯으니 좋은 술이 넘실대네	試撥黃封漲淥江
전복과 문어는 조각조각 무더기로 담기었고	九孔八梢堆片片
감귤과 알밤은 쌍쌍이 이리저리 구르는구나	木奴皮狄走雙雙
남겨 주신 성찬에 배불러 응당 맘에 새기려니와	坐前飫餕應心鏤
집에까지 성찬 나눠 주시매 다시 눈물이 흐르네	家裏分珍更涕淙
하지만 이 늙은 신하는 죽을 날이 가까우니	正是老臣垂死日
조금이나마 다시는 치국으로 보답할 길이 없네	涓埃無復報經邦

225 황봉(黃封) : 송대(宋代)에 관(官)에서 빚은 술을 말하는데, 황라(黃羅), 황지(黃紙)로 봉했기 때문에 붙여진 이름이다. 여기서는 어사주(御賜酒)를 가리킨다.

눈을 읊다

詠雪

동파(東坡)의 운(韻)[226]을 사용하였다.

온 세상 크고 작은 흠과 때를 다 묻어 감추니	盡藏疵垢沒洪纖
산과 강하의 겉과 속에 계엄령이 내린 듯하네	表裏山河正戒嚴
천상 조화의 정교함은 참으로 영악[227] 같거니와	天上化工眞郢堊
인간의 힘은 무염에게 화장이나 시킨 격일세[228]	人間刻畫是無鹽
놀란 거위는 날아가 바람 부는 물가에 의지하고	驚鵝飜去依風渚
달리던 개는 돌아와 달 비친 처마 곁에 와 있네	走犬還來傍月簷

226 동파(東坡)의 운(韻) : 소식(蘇軾)의 〈설후서북당벽이수(雪後書北堂壁二首)〉의 시운(詩韻)인데, 여기서는 두 수(首) 중 첫 번째 시운을 사용하였다.

227 영악(郢堊) : 영 땅 사람의 코에 바른 흰 흙을 말한다. 《장자(莊子)》〈서무귀(徐無鬼)〉에 "영 땅 사람이 자기의 코끝에 흰 흙을 파리의 날개만큼 얇게 발라 놓고 석수장이를 시켜 그 흙을 깎아 내게 하자, 그 석수장이는 바람이 일어날 정도로 도끼를 휘둘러 그 소리를 들으면서 깎았으되, 흙을 완전히 다 깎도록 코를 상하지 않았고, 영 땅 사람은 그런 소리를 들으면서도 흙을 다 깎도록 조금도 놀라는 기색 없이 꼼짝 않고 서 있었다.〔郢人堊漫其鼻端若蠅翼, 使匠石斲之. 匠石運斤成風, 聽而斲之, 盡堊而鼻不傷, 郢人立不失容.〕"라고 한 데서 온 말로, 뛰어난 기교(技巧)에 비유한다.

228 인간(人間)의……격일세 : 무염(無鹽)은 전국 시대 제(齊)나라 추녀(醜女)로, 동진(東晉)의 재상(宰相) 유량(庾亮)이 역시 대신(大臣)인 주의(周顗)에게 말하기를 "모든 사람들이 그대를 악광에 비유하더라.〔諸人咸以君方樂廣〕"라고 하자, 주의가 말하기를 "어찌 감히 무염을 화장시켜 서시와 맞서게 하려는가?〔何乃刻畫無鹽, 唐突西施也?〕"라고 한 데서 온 말이다. 《晉書 周顗列傳》 여기서는 인간의 힘으로는 천지자연의 조화에 맞설 수 없다는 뜻이다.

다시 알겠네 경비하는 군영은 삼면이 탁 트인 채 更識警營三面敞
사람 소리는 전혀 없고 활고자 끝만 드러난 걸 闃無人語露弸尖

멀리 보이는 치미엔 주린 까마귀가 울어 대고 搖搖鴟尾噪飢鴉
미끄러운 양장 길 달리다 수레 굴대 부러져라 滑滑羊腸走折車
꺾어 눌러라 이미 목 강한 나무임이 분명하고[229] 挫抑已明强項樹
천지가 온통 하얀데도 암향의 꽃은 분별하겠네 汗漫猶辨暗香花
오경 밤에 살별 혜발은 새 자리로 옮겨 가고[230] 五更彗孛移新舍
천 리 멀리 간 정위는 옛집으로 돌아왔구려[231] 千里丁威返故家
마음은 청신하여 또한 충성을 굳게 간직하고 心膽淸新還有赤
새벽 창 외론 촛불 아래 길이 공수하고 있노라 曉窓孤燭手長叉

229 꺾어……분명하고 : 꺾어 누른다는 것은 눈이 나뭇가지에 많이 쌓인 광경을 형용한 말이다. 목이 강한 나무는 회(檜)나무를 가리킨 것으로, 소식(蘇軾)의 〈차운진이상설중(次韻陳履常雪中)〉 시에 "늙은 회나무는 꽃을 피워라 참으로 목이 강하고, 추위에 떠는 솔개는 고기를 쌓아라 교묘히 제 몸을 생각하네.〔老檜作花眞强項, 凍鳶儲肉巧謀身.〕"라고 한 데서 온 말이다. 《蘇東坡詩集 卷34》

230 살별……가고 : 혜발(彗孛)은 살별인 혜성(彗星)과 발성(孛星)의 병칭으로, 옛날에는 이 두 별이 나타나는 것을 재화(災禍), 전쟁의 조짐으로 여겼다. 여기서는 상서로운 눈이 내려 자연히 재앙의 조짐이 자취를 감추게 되었다는 뜻이다.

231 천……돌아왔구려 : 정위(丁威)는 한(漢)나라 때 요동 사람 정령위(丁令威)의 약칭이다. 그가 일찍이 영허산(靈虛山)에 들어가 선술(仙術)을 배우고 뒤에 백학(白鶴)으로 변화하여 고향에 돌아가서 성문(城門)의 화표주(華表柱)에 앉았는데, 한 소년이 활을 가지고 그를 쏘려 하자, 그 학이 날아올라 공중을 배회하면서 말하기를 "새여 새여 정령위가, 집 떠난 지 천년 만에 이제야 돌아왔네. 성곽은 예전 같은데 사람은 그때 사람 아니어라, 어이해 신선 안 배우고 무덤만 즐비한고."라고 하였다. 《搜神後記 卷1》 여기서는 하얀 눈을 백학에 빗대서 한 말이다.

다시 앞의 운을 따라 짓다
復步前韻

희화가 태양 내보내며 겁냈단 말은 못 믿겠고[232]　不信羲和送日怯
종고를 쳐서 시각 엄격히 알리기가 수고롭겠네　只勞鍾鼓報籌嚴
의관은 방금 술을 얼릴까 실로 두려워하는데　醫方實怕成氷酒
내시는 헛되이 물에 소금을 넣으라 재촉하누나　寺令虛催着水鹽
숙직 방 이불 모서리 진 폭[233]은 항상 털어 말리고　鎭拂直衾稜了幅
퇴청 때 기울어진 모자 차양은 자주 붙드노라[234]　頻扶歸帽仄來簷
응당 알겠네 납전삼백이 참다운 상서가 되어　應知三白爲眞瑞
보리 싹[235]을 얼마쯤 뾰족이 자라게 할 수 있음을　能長句牟幾許尖

앙상해진 오만 나무들은 창 가지를 진동하여　萬木森森動戟牙
율관에서 재 날고 실켜는 물레 소리 울린 듯하네[236]　與灰吹管繅繇車

232 희화(羲和)가……믿겠고 : 희화는 태양신을 가리킨다. 희화가 겁을 냈다는 것은 한유(韓愈)의 〈고한(苦寒)〉 시에 “희화는 태양을 내보내 놓고도, 잔뜩 겁을 내어 자주자주 엿보곤 하네.〔羲和送日出, 恇怯頻窺覘.〕”라고 한 데서 온 말이다. 《東雅堂昌黎集 卷4》 여기서는 ‘태양도 두려워한다.’라는 한유의 시어는 못 믿겠다는 뜻이다.

233 이불……폭 : 이불 폭이 꽁꽁 얼어서 뻣뻣하게 각진 상태를 말한다.

234 퇴청(退廳)……붙드노라 : 거센 바람에 모자 차양이 자주 벗겨지려 하기 때문에 한 말이다.

235 보리 싹 : 구모(句牟)의 모(牟)는 모(麰)와 통용하는 글자로 보리를 지칭한 말임에는 분명한데, 구(句) 자의 의미는 자세하지 않다.

236 앙상해진……듯하네 : 창 가지는 앙상해진 나뭇가지를 창날에 빗대서 말한 것이

예전엔 꿈속에서 삼삼경[237]을 밟고 다녔는데　向來夢踏三三徑
오늘은 참으로 칠칠화를 직접 만났네그려[238]　今日眞逢七七花
도령택의 두건 배반한 것 같음은 가소롭거니와[239]　笑似負巾陶令宅
위왕가에서 간찰 줄 처지 아님은 부끄럽구려[240]　慙非授簡魏王家
천지조화의 성덕을 기필코 물어봐야겠으니　鬼神盛德還須問
천제의 문을 막고 있는 야차를 물리쳐야겠네[241]　正是天閽屛夜叉

다. 율관(律管)에서 재가 난다는 것은 절기(節氣)에 따라 동지(冬至)가 되면 황종관(黃鐘管)의 갈대 재〔葭灰〕가 나는 것 등을 말한다. 여기서는 앙상한 나뭇가지에 거센 바람이 윙윙 불어오는 모습을 형용하였다.

237 삼삼경(三三徑) : 송대(宋代)의 시인(詩人) 양만리(楊萬里)가 동원(東園)에다 아홉 갈래의 오솔길을 낸 다음, 서로 다른 아홉 종류의 꽃나무들을 나누어 심어 놓고 이를 삼삼경이라 이름한 데서 온 말이다. 경삼삼(徑三三)이라고도 한다. 《誠齋集 卷36》

238 오늘은……만났네그려 : 칠칠화(七七花)는 당대(唐代)의 도사(道士) 호가 칠칠(七七)인 은천상(殷天祥)이 피운 꽃을 말한다. 은천상은 환술(幻術)을 잘하기로 이름났는데, 수많은 환술 가운데 제철 아닌 꽃을 피우는 환술이 유명하였다. 《蘇東坡詩集 卷8 後十餘日復至》 여기서는 엄동설한에 펄펄 내리는 눈송이가 마치 제철 아닌 꽃을 피우는 듯한 광경이라는 것을 말한다.

239 도령택(陶令宅)의……가소롭거니와 : 도령택은 팽택 영(彭澤令)을 지낸 도잠(陶潛)의 집이라는 뜻으로, 전하여 도잠을 가리킨다. 그는 술을 매우 즐긴 나머지, 항상 갈건(葛巾)을 쓰고 다니다가 집에 빚은 술이 익으면 그 즉시 갈건을 벗어서 술을 걸러 마시곤 하였다. 《宋書 隱逸列傳 陶潛》

240 위왕가(魏王家)에서……부끄럽구려 : 한(漢)나라 때 양 효왕(梁孝王)이 사마상여(司馬相如)에게 간찰을 주어 눈〔雪〕에 대하여 부(賦)를 짓게 했던 데서 온 말이다. 《文選註 卷13 雪賦》 여기서는 자신은 시문을 짓는 재능이 부족하여 그런 문사(文士)의 자리에 참여하여 술을 실컷 마실 수도 없다는 겸사이다.

241 천제(天帝)의……물리쳐야겠네 : 천제에게 천지조화의 성덕을 물어보려 해도 야차가 문을 지키고 있어 천제를 알현할 수 없다는 뜻이다.

스무이튿날 한밤중에 쓰다

廿二夜半書

성상의 분부 정녕스레 두세 번이나 내리시니	聖旨丁寧至再三
금직을 감당키 어려울까 근심하신 때문일세[242]	緣憂禁直到難堪
연일 밤을 거듭 어머니는 가 뵙게 되었는데	連昏重得親顏省
지난 새벽에야 성상 안부는 탐문할 수 있었네	間曉才能御候探
단지 의리로 합하는 군신 사이만 말하지 말라	莫謂君臣只人合
유독 부모 자식 간의 지극한 천륜을 저버렸네[243]	不成慈孝獨天參
못난 자식이 마냥 먼 곳에서만 지내다 보니	區區血肉藐然處
육십육 년 세월을 돌아보매 부끄럽기만 하여라	六十六年回首慙

도(到)가 다른 본에는 병(病)으로 되어 있다.

242 성상(聖上)의……때문일세 : 선조(宣祖)가 소재를 나이 많은 재상(宰相)이라 하여 숙직하지 말도록 여러 차례 분부하였다.

243 단지……저버렸네 : 군신 사이는 오직 의리(義理)로써 맺어진 것이고, 부모와 자식 사이는 바로 천연(天然)의 친속(親屬)이다. 여기서는 소재가 오랜 유배 생활 끝에 다시 벼슬만 하다 보니, 어버이는 자식에게 인자함을 다 베풀 수 없고, 자식은 어버이께 효도를 다할 수 없었다는 뜻이다.

앞의 운을 이어서 근심을 풀다

繼前韻遣憂

밤 이 경 이 점이요 날짜로는 초사흘인데	二更二點日初三
생각하건대 지금은 더 이상 감당 못 하겠네	憶起如今更不堪
의관은 약 처방 살피며 늘 막힐까 두려워하고[244]	醫手按方常恐泥
성상께선 사리로써 스스로 탐문할 줄 아시네	聖心因理自知探
요즈음 등잔 밑에서 이런저런 생각들을 모아	此時燈下絲毫慮
그 며칠이나 경연의 지척에서 아뢰었던고	幾日筵中咫尺參
사직소 올려 윤허 얻고 고향으로 내려가거든	乞得殘骸首丘去
숙수나마 봉양하며 근심과 부끄럼을 떠나련만[245]	聊將菽水謝憂慙

244 늘 막힐까 두려워하고 : 약을 처방하는 데 융통성이 없이 어느 한 가지 방법에만 얽매임을 이른 말인 듯하나 자세하지 않다.

245 숙수(菽水)나마……떠나련만 : 숙수는 콩과 물을 말한 것으로, 콩을 먹고 물을 마시는 아주 가난한 생활을 뜻한다. 공자(孔子)의 제자 자로(子路)가 일찍이 "마음 아파라 가난이여, 어버이가 생존했을 때는 봉양할 것이 없었고, 돌아가셔서는 예를 행할 수가 없도다.〔傷哉貧也! 生無以爲養也, 死無以爲禮也.〕"라고 하므로, 공자가 이르기를 "콩을 먹고 물을 마실지라도 어버이의 마음을 즐겁게만 하면 그것을 효도라 하는 것이다.〔啜菽飮水, 盡其歡, 斯之謂孝.〕"라고 한 데서 온 말이다.《禮記 檀弓下》 여기서는 이제는 사직하고 고향에 가면 가난한 생활이나마 어버이 봉양하면서 벼슬할 때의 근심과 부끄러움은 다 잊을 수 있으리라는 뜻이다.

외삼촌의 시에 차운하다
次舅氏韻

평생에 내가 재주라곤 무슨 장한 게 있던가	生平才藝有何長
단지 맘속으로 비통해할 줄만 알 뿐이라네	只有心肝解怛傷
하늘이 성상의 약을 잘 듣게 해 주지 않았다면	不荷天教行得藥
백성이 큰 상서를 힘입는 걸[246] 어찌 볼 수 있었으랴	那看民賴降來祥
창지의 빈틈으론 삼경의 달빛을 보내오는데	紙窓送漏三更月
털방석엔 양을 따라 한 가닥 시름만 더하누나[247]	毛薦添愁一線陽
나는 꿈마다 대궐의 반열에서 물러 나온 뒤로는	夢趁紫宸班退後
문득 음곡을 찾아가서 선영에 성묘를 한다오	便尋陰谷掃先岡

주야로 수고로이 장단점을 비교하지 마소서	晝夜休勞較短長
요즈음 어느 시각인들 상심하지 않으리오	此間何刻不神傷
군왕께 질병 없음은 즐거움 함께할 일이요	君無疾病爲同樂
백성이 기한을 면하는 게 제일의 상서라네	民免飢寒是上祥
어머니께 세월이 하 빠름은 항상 두렵거니와	鎭懼慈堂飛夕照
음양 섭리할 현로는 오랫동안 막고 있었지[248]	久防賢路理陰陽

246 백성이……걸 : 임금의 병환이 나아서 백성이 태평성대를 누린다는 뜻이다.

247 양을……더하누나 : 당대(唐代) 궁중(宮中)에서는 여자의 일을 해의 길고 짧음에 따라서 행하였다. 즉 동지(冬至) 이후로는 해가 점차 길어짐에 따라 평상시에 비하여 날로 '한 가닥 실〔一線〕'쯤의 일을 더하게 했던 데서 온 말이다. 여기서는 날이 갈수록 시름만 더해 간다는 뜻이다.

조물주가 곤액을 내림[249]이 많음을 또한 아노니　　也知造物多相厄
단지 술동이 앞에 체려강하기만을 바란다오[250]　　只要尊前替戾岡

248 음양(陰陽)……있었지 : 음양을 섭리(燮理)한다는 것은 《서경》〈주관(周官)〉에 "태사, 태부, 태보를 세우노니, 이가 바로 삼공이다. 도를 논하고 나라를 다스리며, 음양을 조화시켜 다스리나니, 관원을 반드시 구비할 것이 아니라, 오직 적임자를 등용할 뿐이다.〔立太師、太傅、太保, 玆惟三公. 論道經邦, 燮理陰陽, 官不必備, 惟其人.〕"라고 한 데서 온 말로, 전하여 재상(宰相)의 직무를 말한다. 현로(賢路)는 현자(賢者)의 등용길을 말한 것으로, 현로를 막았다는 것은 무능한 사람이 좋은 자리를 차지하여 현자의 등용길을 막고 있다는 뜻이다. 여기서는 자신이 무능한 사람으로 재상의 자리를 오래도록 차지하여 현자의 등용길을 막고 있다는 겸사이다.

249 조물주가 곤액을 내림 : 상대방의 빈곤이나 질병을 가리킨 듯하나 자세하지 않다.

250 단지……바란다오 : 체려강(替戾岡)은 나간다〔出〕는 뜻으로, 《진서(晉書)》〈예술열전(藝術列傳) 불도징(佛圖澄)〉에 "유요가 스스로 낙양을 공략하자, 석륵이 낙양을 구하려고 하므로,……불도징이 말하기를 '《상륜영음》에 「수지를 체려강하여 복곡을 구독당해야 한다고 했다.」 하였으니. 이것은 갈족의 말이다.……이는 군을 출동시켜 유요를 포착한다는 말이다.'〔及曜自攻洛陽, 勒將救之,……澄曰: "相輪鈴音云: '秀支替戾岡, 僕谷劬禿當.' 此羯語也.……此言軍出捉得曜也."〕"라고 한 데서 온 말이다. 여기서는 상대방에게 술자리에 나오라는 뜻이다.

옥산[251] 14영

玉山十四詠

남쪽 지방에 명산이 있었는데　　南國有名山
공이 왔다가 간 뒤로 더욱 중해졌네　　公來去愈重
연기며 구름이며 물이며 기암괴석이　　煙雲水石奇
모두 유가의 용도로 다 들어왔구려　　盡入儒家用

이상은 자옥산(紫玉山)을 읊은 것이다.

옛 성인들이 무슨 일을 좋아했던가　　古聖樂何事
선생이 능히 홀로 그것을 찾았었네　　先生能獨尋
모를레라 선생이 오고 가고 하면서　　不知來與往
그 몇 번이나 이 산을 등림하였는지　　幾箇此登臨

이상은 독락당(獨樂堂)[252]을 읊은 것이다.

일생 백 년 동안 정자 아래의 물이　　百年亭下水
일찍이 암자의 주인을 비추었으리　　曾照菴中人
놓아 버린 마음을 스스로 안 구하면　　不自求其放

251 옥산(玉山) : 경주(慶州) 자옥산(紫玉山)의 약칭이다. 회재(晦齋) 이언적(李彦迪)이 1530년(중종25) 사간(司諫)으로 재직 중 김안로(金安老)의 등용을 반대했다가 그 일당의 배척을 받고 물러난 뒤 이 산에 들어가서 학문 연구에 전념했다고 한다.

252 독락당(獨樂堂) : 이언적의 서재(書齋)였던 지금의 옥산서원(玉山書院) 경내에 있는 당명(堂名)이다.

무슨 방도로 진을 기를 수 있으랴　何由養得眞

이상은 계정(溪亭)을 읊은 것이다. 이 정자의 첫째 칸을 양진암(養眞菴)이라 한다.

만물이 각각 제자리를 얻어서　萬物各得所
자연스레 떼를 이루어 다니는구나[253]　自然成隊行
그 즐거워함을 즐길 줄 만 알 뿐이요[254]　惟知樂其樂
나를 잊는 걸[255] 잊음은 필요치 않고말고　不要忘我忘

이상은 관어대(觀魚臺)를 읊은 것이다.

번뇌가 이미 다 사라진 때엔　煩惱旣盡時
천연스러운 좋은 기상이로다　天然好氣像

253 만물(萬物)이……다니는구나 : 춘추 시대 정(鄭)나라 대부(大夫) 자산(子産)이 교인(校人)에게 물고기를 못에 놓아주라고 했는데, 교인이 삶아 먹고는 복명하기를 "처음에 고기를 놓아주자 지친 모습을 보이더니, 조금 뒤에는 지친 기운이 조금 풀려서 멀리 쑥 들어가더이다."라고 하자, 자산이 말하기를 "제 살 곳을 얻었구나, 제 살 곳을 얻었구나."라고 했다는 데서 온 말이다. 《孟子 萬章上》

254 그……뿐이요 : 장자(莊子)와 혜자(惠子)가 호수(濠水)의 다리 위에서 노닐 때, 장자가 말하기를 "피라미가 나와서 조용히 노니, 이것이 물고기의 즐거움일세."라고 하자, 혜자가 말하기를 "자네는 물고기가 아닌데 물고기의 즐거움을 어떻게 알겠는가."라고 하며 서로 이야기를 나누었던 데서 온 말이다. 《莊子 秋水》

255 나를 잊는 걸 : 《주역》 〈간괘(艮卦) 괘사(卦辭)〉의 "등에 그치면 그 몸을 보지 못하며, 뜰에 다니면서도 사람을 보지 못하여 허물이 없으리라."라고 한 데 대해 정전(程傳)에 이르기를 "그 몸을 보지 못한다는 것은 자기 몸을 보지 못한다는 것이니, 나 자신을 잊음을 이른 말이다. 나 자신이 없으면 그치게 되는 것이다."라고 한 데서 온 말로, 물욕(物欲)을 잊는 것을 의미한다.

애오라지 회포를 읊는 데 흥을 부쳤을 뿐　聊興寓詠懷
반드시 돌아가리라는 생각은 안 했으리[256]　不作必歸想

이상은 영귀대(詠歸臺)를 읊은 것이다.

이 물은 원래 스스로 맑은 것이요　此水元自淸
이 마음은 원래 스스로 밝은 것이라　此心元自明
물과 마음은 날로 서로 환히 비치건만　淸明日相映
외물이란 게 바로 때 묻은 갓끈이로다[257]　外物是塵纓

이상은 탁영대(濯纓臺)를 읊은 것이다.

맘속의 찌꺼기를 소멸키 어려운 곳에　沈滓難消處
외물이 밝음을 깨뜨리려는 처음이로다　飛陰欲破初
언뜻 보니 맑고 차가운 달이 떠오르자　乍看寒月上
깊은 못 수면이 십분 허명해지는구나　潭面十分虛

256 번뇌(煩惱)가……했으리 : 공자의 제자 증점(曾點)이 자신의 뜻에 대해 말하기를 "저문 봄에 봄옷이 이루어지거든 관자 5, 6인, 동자 6, 7인과 함께 기수에서 목욕하고 무우에서 바람을 쐬고 읊조리며 돌아오겠습니다."라고 하자, 공자가 감탄하면서 "나는 점을 허여하노라."라고 한 데서 온 말이다.《論語 先進》 여기서는 영귀대를 두고 지은 시이기 때문에 증점의 고사를 말한 것이다. '반드시 돌아가리란 생각은 안 했으리.'라고 한 것은 증점의 '읊조리며 돌아오겠다.〔詠而歸〕'라는 말이 꼭 귀가하는 데에 주안점이 있었던 것은 아니라는 뜻이다.

257 외물(外物)이란……갓끈이로다 : "창랑의 물이 맑거든 나의 갓끈을 씻고, 창랑의 물이 흐리거든 나의 발을 씻으리라."라고 한 데서 온 말로, 이는 처신을 정직하게 하면 모든 사람들에게 존경을 받고, 그렇지 못하면 천시(賤視)를 당할 수밖에 없다는 의미이다.《孟子 離婁上》

이상은 징심대(澄心臺)를 읊은 것이다.

마음이란 물건은 본디 형체가 없기에	有物本無形
때와 먼지를 털고 씻을 물체가 없거니	垢埃靡所撲
장차 그 어떻게 씻어야만	將何以洗之
진면목을 볼 수 있을 거나	得見眞面目

이상은 세심대(洗心臺)를 읊은 것이다.

은은한 향기는 멀수록 더욱 맑고	冉冉淸宜遠
우뚝 선 줄기는 가까울수록 존경스럽네	亭亭近益尊
천년 전 염계의 일을 생각하노라면	濂溪千載事
하도 분명해 절로 할 말이 없어지누나[258]	了了到無言

이상은 연당(蓮塘)을 읊은 것이다.

푸른 돌이 맑은 시내에 우뚝 튀어나와	蒼石凸淸溪
겨우 한 사람이나 앉을 만한 정도인데	劣容人獨坐
뭇 고기들이 미끼를 실컷 먹고 와서는	群魚飫餌來
입을 벌름거리며 이끼 가를 지나가누나	噞噞苔邊過

258 은은한……없어지누나 : 주돈이(周敦頤)의 〈애련설(愛蓮說)〉에 "나는 유독 연꽃이 진흙 속에서 나왔지만 진흙에 물들지 않고, 맑은 잔물결에 씻기어도 요염하지 않으며, 줄기 속은 텅 비어 통하고 겉은 곧으며, 덩굴도 가지도 뻗지 않고, 향기는 멀수록 더욱 맑고, 우뚝이 깨끗하게 서 있어, 멀리서 바라볼 수만 있고 가까이 가서 가지고 놀 수 없음을 사랑하노라."라고 한 데서 온 말이다. 《周子抄釋 卷2》 여기서 '할 말이 없어진다.'라고 한 것은 주돈이가 연을 예찬한 것이 매우 분명하여 더 이상 연에 대해서 할 말이 없다는 뜻이다.

이상은 조기(釣磯)를 읊은 것이다.

비바람 몰아쳐 사계절 가을 기후요　風雨四時秋
벼랑과 못은 한가할 때가 없구려　崖潭不得閑
여기에 더하지 말라 늙은 이무기 울어　休添老蛟泣
숲 사이에 슬픈 바람까지 일어나는 걸　瑟瑟惹林間

이상은 폭포(瀑布)를 읊은 것이다.

찬 물굽이가 깊은 웅덩이를 이뤘는데　寒灣泓以渟
그 밑에는 무후의 영혼이 담겨 있네[259]　下有武侯靈
그 누가 알리오 우리 주자께서　誰識吾朱子
깊은 뜻이 정자를 세우는 데 있었음을[260]　深情在起亭

이상은 용추(龍湫)를 읊은 것이다.

서원은 천은으로 내린 편액이요[261]　院以天恩扁

259 그……있네 : 충무후(忠武侯) 제갈량(諸葛亮)의 별호가 와룡(臥龍)인데 이곳이 용추이기 때문에 이렇게 말한 것이다.

260 그 누가……있었음을 : 주희(朱熹)가 양시(楊時)가 쓴 도인(道人) 유모(劉某)의 와룡암(臥龍庵)에 대한 기문(記文)을 보았는데, 나중에 가 보니 와룡암은 이미 없어지고 와룡담(臥龍潭)은 그대로였다. 후일 자신이 거주할 목적으로 암자 터에 두어 칸의 집을 짓게 하고, '와룡담'이라는 명칭을 인연하여 당(堂) 안에 제갈량의 화상을 안치하게 하였다. 와룡암 조금 아래 가장 경치가 뛰어난 곳에 기정(起亭)을 짓고 '깊은 못에 누워 있는 용을 일으키어 하늘을 날아다니게 할 수 있게 한다.'는 의미를 붙였다. 《晦庵集 卷79 臥龍菴記》

261 서원은……편액이요 : 옥산서원이 사액서원(賜額書院)이기 때문에 한 말이다.

당은 손수 기록한 이름이로다[262] 堂因手錄名
학문 좋아하는 이들에게 간절히 당부하노니 丁寧媚學子
자기를 위하는 공부가 바로 처음 길이라네 爲己是初程

이상은 서원(書院)을 읊은 것이다. 옥산(玉山)이란 편액(扁額)을 내렸고, 당(堂)은 구인(求仁)이라 명명하였다.

한 가득 이천의 물이요 一派伊川水
겹겹이 얽힌 무학산이로다 重紆舞鶴山
복사꽃이야 흘러가게 내버려 두어도 桃花任流出
어부가 절로 돌아가는 길을 잊겠네[263] 漁子自迷還

이상은 자계곡구(紫溪谷口)를 읊은 것이다. 무학(舞鶴)은 산 이름이고, 이천(伊川)은 물 이름인데, 곡구에 있다.

262 당(堂)은……이름이로다 : 이언적이 손수 기록해 놓은 구인당(求仁堂)을 지칭한 말이다.

263 복사꽃이야……잊겠네 : 동진(東晉)의 태원(太元) 연간에 무릉(武陵)의 한 어부가 시내를 따라 한없이 올라가다가 갑자기 도화림(桃花林)이 찬란한 선경을 만나 들어가서, 선대(先代)에 진(秦)나라 때의 난리를 피해 처자(妻子)를 거느리고 그곳에 들어와 대대로 살고 있다는 사람들을 만나서 그들로부터 극진한 대접을 받고, 수일 후에 그곳을 떠나서 배를 얻어 타고 다시 수일 전에 갔던 길을 되돌아왔는데, 그 후로는 다시 그 도화림을 찾을 수가 없었다고 한다.《陶淵明集 卷5 桃花源記》 여기서는 흘러내려 온 복사꽃을 보더라도 무릉도원을 찾지 못할 것이라는 뜻으로, 자계곡구를 무릉도원에 빗대서 한 말이다.

십청정[264] 3수
十青亭 三首

삼라만상을 나눠 포치한 건 하늘의 조화이거늘　分張物色是天工
사람이 스스로 달리 보아 조화를 따르지 못하네　人自殊觀莫適從
하늘은 사사롭이 없기에 두루 사랑할 수 있건만　只爲無私能普愛
사람은 정이 가는 곳에만 문득 편애를 한다오　才因有向却偏容
늦게 시듦은 기림을 입어 원로에게로 돌아갔고[265]　後凋嘉賞歸元老
홀로 빼어남은 존칭을 받아 대종에 붙여졌지[266]　孤秀尊稱屬大宗
서릿바람 오래오래 받아 누추한 구석 씻어 주고　鎭受霜風灑僻陋

264 십청정(十青亭) : 《소재집》〈연보(年譜)〉 주(註)에 의하면, 소재가 72세 되던 1586년(선조19) 당(堂) 앞에 소나무, 잣나무, 회나무, 삼나무, 진송(眞松), 적목(赤木), 비자(榧子), 두충(杜冲), 해송(海松), 황양(黃楊) 등 10종류의 상록수를 심고 십청정이라고 편액을 걸었는데, 세한(歲寒)의 절조에 뜻을 둔 것이라고 하였다.

265 늦게……돌아갔고 : 늦게 시든다는 것은 44쪽 주83 참조. 원로에게로 돌아갔다는 것은 소옹(邵雍)의 〈사부상공견시신시일축(謝富相公見示新詩一軸)〉 시에 "사통팔달의 땅을 골라 솔과 대를 절반쯤 심고, 원로가 영화를 사양하고 태평성대 맞이했네.〔通衢選地半松筠, 元老辭榮向盛辰.〕"라고 한 데서 온 말이다. 《擊壤集 卷9》

266 홀로……붙여졌지 : 홀로 빼어났다는 것은 당대(唐代)의 시인 이상은(李商隱)의 〈제소송(題小松)〉 시에 "사랑스러워라 그대 홀로 빼어나 뜨락에 곧게 서서, 섬세한 잎 엷은 그늘이 온 좌석에 바람 일으킴이.〔憐君孤秀植庭中, 細葉輕陰滿座風.〕"라고 한 데서 온 말이다. 《李義山詩集 卷下》 대종(大宗)에 붙여졌다는 것은 《근사록(近思錄)》 권9 〈치법(治法)〉의 입종자법조(立宗子法條)에 주(註)에 "곧게 올라간 줄기와 바른 근원은 대종과 같은 것이요, 곁가지와 갈라진 물줄기는 소종(小宗)과 같은 것이다."라고 한 데서 온 말이다.

다시 청량한 소리로 나태한 노인 일으켜 주네　更拚瓊韻起衰慵

능히 홀로 정직하여 인이 된 것이 아니면　非能獨也正爲仁
어찌 전연 왕성하여 봄이 될 수 있으리오[267]　那得全然旺作春
암학의 정신에다 미우는 높이 빼어나고[268]　巖壑精神眉宇迴
묘당의 의범에다 발자도 하 쌕쌕하여라[269]　廟堂儀範髮髭新
우뚝 선 특별한 자태는 원래 당적할 자 없거니와　異姿特立元無敵
같은 기가 서로 구하면[270] 끝내 이웃이 있게 된다오[271]　同氣相求竟有隣
물러나 반성하며 십 년 동안 문 꼭 닫고 앉아서　十載退思剛閉戶
손이 와서 성을 내건 말건 그대와 함께하리라[272]　與君從被客來嗔

267 능히……있으리오 : 《장자》〈덕충부(德充符)〉에서 공자의 말을 인용하여 "땅으로부터 생명을 받은 것 중에는 소나무, 잣나무만이 홀로 겨울에도 여름에도 항상 푸르고, 하늘로부터 생명을 받은 사람 중에는 순 임금만이 홀로 정직하여 자신의 생명을 바르게 하고 나아가 모든 생명까지 바르게 할 수 있었다."라고 한 데서 온 말이다.

268 암학(巖壑)의……빼어나고 : 암학은 깊은 골짜기이다. 암학의 정신은 소나무, 잣나무가 깊은 골짝에서 눈서리를 견디고 늠름하게 서 있는 것을 의미한다. 미우(眉宇)는 소나무, 잣나무의 무성한 모습을 사람의 안면에 빗대서 한 말이다.

269 묘당(廟堂)의……쌕쌕하여라 : 묘당은 의범(儀範)은 소나무, 잣나무를 조정의 위풍당당한 대신(大臣)에 빗대서 한 말이다. 발자(髮髭)는 본디 머리털과 수염을 말한 것으로, 여기서는 소나무, 잣나무의 푸르고 무성한 잎을 지칭한다.

270 같은……구하면 : 《주역》〈건괘(乾卦) 문언(文言)〉에 "같은 소리가 서로 응하며, 같은 기가 서로 구한다."라고 한 데서 온 말로, 명군(明君)과 현신(賢臣)이 서로 만난 것이나, 모든 인류가 성인(聖人)을 우러러 높이는 것을 말할 때 쓴다.

271 이웃이 있게 된다오 : 소나무, 잣나무의 꿋꿋하고 늠름한 절조(節操)는 끝내 그와 같은 절조를 지닌 군자, 즉 사람과도 이웃을 하게 된다는 뜻이다.

272 손이……함께하리라 : 두보(杜甫)의 〈삼절구(三絶句)〉 시에 "반드시 첫 번째 죽

쌍쌍이 쌍으로 마주하고 또 쌍쌍으로 마주하여[273] 雙雙雙對復雙雙
모두 나와 동맹했으니 누가 우리를 굴복시키랴 凡我同盟孰可降
조화의 신공을 입고서[274] 난세를 당하였고 造化神功當亂世
풍진 속에 만년엔 위태론 나라에 있다오[275] 風塵晩節在危邦
가지 사이를 산보하노라면 얼음이 섬돌 가득코 枝間杖屨氷漫砌
잎 가까이서 책을 보노라면 눈발이 창을 때리네 葉際圖書雪打窓
사곡과 건천[276]은 안개 숲 너머로 멀리 떨어져 있어 沙谷乾川隔煙樹
나그네 꿈에 그 얼마나 눈물이 등잔을 적셨던가 幾回羈夢淚沾釭

이상 세 수의 시는 여지노인(茹芝老人)이 여러 노선생께 사례하는 바이다.

순이 대 이루는 걸 보려고, 손이 와서 성내건 말건 나가 맞이하지 않네.〔無數春笋滿林生, 柴門密掩斷人行. 會須上番看成竹, 客至從嗔不出迎.〕"라고 한 데서 온 말이다. 《杜少陵詩集 卷11》

273 쌍쌍이……마주하여 : 10종류의 상록수를 지칭한다.

274 조화(造化)의 신공(神功)을 입고서 : 두보의 〈고백행(古柏行)〉에 측백(側柏)을 노래하여 "스스로 지탱하는 건 본디 신명의 힘이려니와, 정직함은 원래 조화의 공을 입은 때문일세.〔扶持自是神明力, 正直元因造化功.〕"라고 한 데서 온 말이다. 《杜少陵詩集 卷15》 여기서는 십청정의 잣나무 등을 가리켜 한 말이다.

275 풍진(風塵)……있다오 : 두보의 〈기상징군(寄常徵君)〉 시에 "징군은 만년에 분잡한 풍진 속으로 들어갔네.〔徵君晩節傍風塵.〕"라고 한 데서 온 말이다. '상 징군'이란 사람이 오랫동안 산중에 은거하다가 만년에야 벼슬길에 나간 것을 말한다. 《杜少陵詩集 卷14》 여기서는 만년에 벼슬하고 있는 처지를 상 징군에 빗대서 한 말이다.

276 사곡(沙谷)과 건천(乾川) : 사곡은 소재의 고향인 상주(尙州) 화령현(化寧縣)에 있던 지명으로, 조모 묘소가 있는 곳이다. 건천은 소재가 태어나고 자란 경제(京第)가 있는 건천동(乾川洞)의 낙선방(樂善坊)을 가리키는데, 이 당시에도 소재는 여기에서 거주하였다.

소재집

제6권

詩시

한훤당 점필재[1] 두 선생의 시를 읽고 느낌이 있어 읊다

讀堂齋兩先生詩有感

한훤당(寒暄堂)과 점필재(佔畢齋)이다.

입 열고 말할 땐 봄 얼음 녹듯 환연히 풀리는데	說時開口釋春氷
행하는 곳엔 자세 낮추어 지능을 굽혀 버렸네	行處低眉枉智能
자못 생각나누나 당나라 때의 한 이부는	頗憶唐家韓吏部
일생을 소인과 함께 수레 타는 걸 익히었던 게[2]	一生貫與小人乘

1 한훤당(寒暄堂) 점필재(佔畢齋) : 한훤당은 김굉필(金宏弼), 점필재는 김종직(金宗直)을 가리킨다.

2 자못……게 : 한 이부(韓吏部)는 이부 시랑(吏部侍郞)을 지낸 한유(韓愈)를 가리킨다. 소인(小人)과 함께 수레 타는 걸 익히었다는 것은 맹자(孟子)의 말에서 유래하였다. 《맹자》 〈등문공 하(滕文公下)〉에 의하면 조 간자(趙簡子)가 왕량(王良)으로 하여금 폐해(嬖奚)와 함께 수레를 타고 사냥하게 했는데, 온종일 한 마리 짐승도 잡지 못하고, 폐해가 복명하기를 "천하에 천한 마부였습니다.〔天下之賤工也.〕"라고 하였다. 혹자가 이 말을 왕량에게 고하자, 왕량이 다시 말 몰기를 청하여 하루아침에 짐승 열 마리를 잡게 해 주므로, 폐해가 다시 복명하기를 "천하에 훌륭한 마부였습니다.〔天下之良工也.〕"라고 하였다. 이에 조 간자가 왕량에게 폐해와 함께 수레를 타라고 이르자, 왕량이 허락하지 않으며 말하기를 "내가 그를 위하여 말 모는 것을 법대로 하였더니, 종일토록 한 마리 짐승도 잡지 못했고, 그를 위하여 부정한 방법으로 짐승을 만나게 했더니, 이번에는 하루아침에 열 마리 짐승을 잡았습니다. 《시경》에 이르기를 '말 모는 법을 잃지 않거늘, 화살을 쏘매 깨뜨리는 듯이 명중한다.' 하였습니다. 나는 그런 소인과 함께 수레 타는 것을 익히지 않았으니, 사양하겠습니다.〔吾爲之範我馳驅, 終日不獲一; 爲之詭遇, 一朝而獲十. 詩云: "不失其馳, 舍矢如破." 我不貫與小人乘, 請辭.〕"라고 한 데서 온 말이다. 여기서는 한유는 김종직, 김굉필과 달리 일생을 적당히 세상에 맞추어 살았다는 뜻이다.

강복성[3]에게 주다

贈康復誠

만고에 금오산의 빼어난 정기 받았고[4]	萬古金烏秀
높은 풍도 지닌 점필재의 친척이었네[5]	高風佔畢親
죽고 삶은 참으로 천명에 달렸거니와	死生眞有命
하늘땅의 신명이야 어찌 없으리오	天地豈無神
늠름하던 위엄은 당시의 의표였고	凜凜當時表
당당하던 풍채는 팔 척의 몸이었네[6]	堂堂八尺身
온 나라를 두고 눈물 끝없이 흘린 때가	靑丘不盡淚
바로 백발 나이의 병인년(1566) 봄이었네	白首丙寅春

3 강복성(康復誠) : 1550~1634. 본관은 신천(信川), 자는 명지(明之), 호는 죽간(竹磵)이다. 소재와 동문(同門)이며 동서(同壻)인 강유선(康惟善)의 유복자이다.

4 만고(萬古)에……받았고 : 금오산(金烏山)은 경북 선산군(善山郡)에 있는 산이다. 빼어난 정기(精氣)를 받았다는 것은 선산이 고향인 김종직(金宗直)은 물론, 강복성의 선대(先代)도 이 고장에서 살아온 지 오래이기 때문에 한 말이다.

5 점필재의 친척이었네 : 강복성의 증조(曾祖)로 김종직의 생질이었던 강중진(康仲珍)을 가리킨다. 강중진은 일찍이 외삼촌인 김종직에게서 수학하여 학문을 이루었다. 강중진의 아들인 강의(康顗)는 무과에 급제하여 창원 군수(昌原郡守)를 지냈고, 강의의 아들인 강유선도 가학과 스승으로부터 김종직의 학문을 이어받았다.

6 죽고……몸이었네 : 강유선을 가리켜 한 말이다. 본관은 신천, 자는 원숙(元叔), 호는 주천(舟川)이다. 1549년(명종4) 이홍윤(李洪胤)의 옥사에 연루되어 억울하게 장살되었다.

용탄의 물색은 지금 아닌 예전 그대로이거니	龍灘物色古非今
백발에 사모하는 정성을 감당할 수 있겠는가[7]	白首丹心尙可堪
봄 물가엔 바람이 일어 발수[8]를 흔들어 대고	春渚風生搖拔樹
차가운 하늘 태양은 탄금대[9]를 내리비추네	寒天日下照彈琴
중유는 좋게 못 죽을 걸 선사가 탄식하였고[10]	仲由不死先師歎
혜소는 외롭게 됐으니 늙은 벗이 부끄럽구나[11]	嵇紹爲孤老友慙
광대한 하늘땅은 만대를 다 포함하거니	納納乾坤含萬代
몇 사람이나 눈물로 옷깃 적실 줄 알게 했던고	解敎沾灑幾人襟

7 용탄(龍灘)의……있겠는가 : 용탄은 소재의 장인인 이연경(李延慶)을 가리킨다. 본관은 광주(廣州), 자는 장길(長吉), 호는 탄수(灘叟), 용탄자(龍灘子)이다. 이연경이 살던 곳은 변함이 없건만, 그는 이미 돌아간 지 오래라, 그를 몹시 추모하는 뜻이다.

8 발수(拔樹) : 아래 구절의 탄금대(彈琴臺)와 같은 고유명사가 되어야 할 텐데, 고유명사로는 충주 지역에서 상고할 길이 없다. 혹 바람이 '뽑힌 나무를 흔들다.' 또는 '나무를 흔들어 뽑다.' 등으로 쓰인 말인지 자세하지 않다.

9 탄금대(彈琴臺) : 충주에 있는 명소로 이연경이 생전에 자주 찾았던 곳이다.

10 중유(仲由)는……탄식하였고 : 중유, 즉 자로(子路)의 성격은 너무 강강(剛強)하였으므로, 공자가 그것을 염려하여 "중유 같은 사람은 좋게 죽지 못할 듯하다."라고 한 데서 온 말이다.《論語 先進》 여기서는 강유선의 성격이 너무 강강하였기 때문에 억울하게 장살당한 것을 위첩(衛輒)의 난(亂)에 억울하게 죽은 자로에 빗대서 한 말이다. 선사(先師)는 공자를 지칭한다. 강유선이 스승인 이연경보다 먼저 죽었기 때문에 이 일을 공자의 입장에 빗대서 한 말이다.

11 혜소(嵇紹)는……부끄럽구나 : 혜소는 진(晉)나라 때 죽림칠현(竹林七賢)의 한 사람인 혜강(嵇康)의 아들이다. 혜강은 죽림칠현의 한 사람인 산도(山濤)와 가장 지기지우의 사이였다. 혜강이 소인의 참소를 입어 억울하게 죽음을 당하게 되었을 때, 혜소에게 이르기를 "거원(巨源)이 있으니 외롭지 않을 것이다."라고 하였는데, 그 후 혜소는 과연 산도의 천거를 입어 벼슬길에 승승장구하였다.《晉書 山濤列傳》 자신은 강유선의 늙은 벗으로서 그의 아들 강복성을 돌보아 주지 못한 것이 부끄럽다는 뜻이다.

성진의 시축의 시에 차운하다

次性眞軸韻

내가 큰 바다 서쪽 가의 작은 자라 머리에	大瀛西畔小鰲顚
앉아서 부절 잡고 평생을 늙어 가던 때였지[12]	坐老平生握節年
달현의 바람 연기 속엔 객의 눈물 거두었고[13]	達峴風煙收客淚
원천의 송백은 사람과의 인연이 끊어졌었네[14]	遠川松柏斷人緣
다만 지금 밝은 정성만은 사라지지 않아서	祇今未泯丹心炯
가는 곳마다 고운 벽안[15]과 서로 만나는구려	在處相逢碧眼姸

12 내가……때였지 : 자라 머리는 《열자(列子)》 〈탕문(湯問)〉에 의하면, 발해(渤海)의 동쪽에는 대여(岱輿), 원교(員嶠), 방호(方壺), 영주(瀛洲), 봉래(蓬萊)의 다섯 신산(神山)이 조수(潮水)에 밀려 표류하여 정착하지 못하므로, 천제(天帝)가 금색 자라 15마리로 하여금 이 산들을 머리에 이고 있게 하여 비로소 정착하게 되었다고 한다. 부절(符節)을 잡았다는 것은 한 무제(漢武帝) 때 소무(蘇武)가 흉노(匈奴)에 사신 갔다가 19년 동안 억류되어 있을 적에 부절을 잠시도 놓지 않고 항상 몸에 지니고 있었던 데에 자신을 비유한 것이다. 소재가 19년 동안 진도(珍島)에서 유배 생활을 하고 있을 때 승려 성진(性眞)이 알현한 일이 있었다.

13 달현(達峴)의……거두었고 : 달현은 충북 괴산(槐山)에 있는 고개로, 소재가 괴산으로 이배(移配)된 이후 달현을 넘어 다니면서 선영(先塋)을 배알했던 일을 말한다. 승려 성진이 이때에도 괴산의 배소(配所)로 소재를 알현한 적이 있었다.

14 원천(遠川)의……끊어졌었네 : 원천은 경북 상주군(尙州郡) 화령현(化寧縣)에 위치한 지명으로, 이곳에 소재의 조부 묘소가 있었다. 사람과의 인연이 끊어졌다는 것은 성묘하러 찾아간 자손이 없었다는 뜻이다.

15 벽안(碧眼) : 푸른 눈을 가진 호승(胡僧)을 가리키는데, 여기서는 승려 성진을 지칭한다.

서글퍼라 하서는 그가 세상을 떠난 뒤에도　　惆悵河西人去後
다시 나에게 여러 시편을 누워서 보게 하네[16]　　更教人臥看諸篇

여러 분의 좋은 시가 넘어진 나를 일으키어라　　諸子淸詩起我顚
내 시는 여러 분 시와 동등으로 말하기 어렵네　　我詞難可語同年
어찌하여 많이 취해 한업을 일삼으려 하는가[17]　　云何多取爲閑業
여기에 머물러 주어 승연이나 짓기를 바라노라[18]　　只要相留作勝緣
늙어 갈수록 내 정신은 온통 어두워지는데　　老去精神渾瞢瞢
봄이 오매 만물은 절로 아름답기만 하구려　　春來品物自姸姸
다소의 경영[19]하는 게 있는지는 모르겠지만　　不知多少經營在
주고 답하는 인정에 따라서 두 편을 짓노라　　與答人情賦二篇

16 서글퍼라……하네 : 하서(河西)는 김인후(金麟厚)의 호로, 이때 소재가 성진의 시축(詩軸)에 기록된 김인후의 시 등 여러 편의 시를 보고 거기에 차운한 것이다. 누워서 보게 했다는 것은 이때 소재가 약간의 병중에 있었음을 의미한 듯하다.

17 어찌하여……하는가 : 많이 취한다는 것은 시를 많이 짓거나 남의 시들을 많이 받아들이는 것이고, 한업(閑業)은 경전(經典) 이외의 과업, 즉 시문(詩文) 같은 것을 말한다. 이는 승려 성진이 시를 너무 좋아하는 데 대한 충고의 뜻이다.

18 여기에……바라노라 : 오래 같이 지내면서 경전이나 담론하는 기회가 되었으면 좋겠다는 뜻이다.

19 다소(多少)의 경영(經營) : 시문을 스스로 많이 짓고 남에게도 많이 받아 모으는 것을 말한 것이다. 《모재집(慕齋集)》 권6의 〈여정집의언호……(與鄭集義彥浩……)〉 시에 "사면은 산뜻하게 활화도로 에워쌌는데, 편평하게 다듬어진 수옥은 반우에 올려졌네. 귀신이 아낀 곳은 본디 시인이 오게 함이지만, 다소의 경영을 하는 건 괴벽함 즐기는 사람이라네.〔四面新圍活畫圖, 平磨水玉薦盤盂. 神慳本爲騷人至, 多少經營逐臭夫.〕" 라고 하였다.

퇴계에 대한 만사

挽退溪

우리의 도가 요좌에 응하였는데[20] 吾道應遼左
이 사람은 다시 영남에서 났으니 斯人復嶺南
도학 연원은 네 송현[21]으로 거슬러 올라가고 淵源宋賢四
도학 계통은 동국의 세 유자[22]를 이었도다 統緒國儒三
퇴곡에선 제때의 비가 촉촉이 내리었고[23] 退谷饒時雨
도산엔 저녁 남기가 자욱이 잠겨 있었네[24] 陶丘鎖暮嵐

20 우리의……응하였는데 : 우리의 도는 공맹(孔孟)의 도를 가리키고, 요좌(遼左)는 본디 요동(遼東)을 달리 이르는 말인데, 여기서는 요하(遼河)의 왼쪽이라는 뜻으로, 우리나라를 지칭한다. 여기서는 공맹의 도가 우리나라에 전해졌다는 뜻이다.

21 네 송현(宋賢) : 주돈이(周敦頤), 정호(程顥)·정이(程頤), 장재(張載), 주희(朱熹)를 가리킨다.

22 동국(東國)의 세 유자(儒者) : 정여창(鄭汝昌), 김굉필(金宏弼), 조광조(趙光祖)를 가리킨다. 《大東野乘 混定編錄8》

23 퇴곡(退谷)에선……내리었고 : 퇴곡은 경북 비안현(比安縣)에 있는 지명인데, 이황(李滉)이 호로 사용하였다. 제때의 비를 내렸다는 것은 맹자가 공자의 교육법을 다섯 가지로 분류하면서 그 첫 번째로 "단비가 만물을 화육시키듯 하는 경우가 있다.〔有如時雨化之者.〕"라고 한 데서 온 말이다. 《孟子 盡心上》

24 도산(陶山)엔……있었네 : 주희(朱熹)의 〈가산당만조효망천체작이수(家山堂晚照效輞川體作二首)〉 시의 두 번째 시에 "산 밖에는 저녁 남기가 환히 밝고, 산 앞에는 푸른 안개가 뚝뚝 듣네.〔山外夕嵐明, 山前空翠滴〕"라고 한 데서 온 말인 듯하다. 《晦庵集 卷2》 이황의 도산서당(陶山書堂)을 주희의 처소에 빗대서 한 말인 듯하나, 실상 가산당(家山堂)은 주희와 동시대의 문인이었던 유온(劉韞)의 당명(堂名)인데, 소재가

거문고만 공연히 스스로 울릴 뿐이니[25] 瑤琴空自響
도학의 진리엔 정히 누가 참여할꼬 妙訣定誰參

세상의 인망은 이정으로 돌아갔고[26] 輿望歸伊鼎
성상의 마음은 부염으로 촉망했었네[27] 宸衷屬傅鹽
있거나 떠남엔 국가의 경중이 달렸었고 行違國輕重
뜻을 펴거나 굽힘은 염량세태에 따랐지 舒卷世涼炎
목가를 보곤 일찍이 놀라 두려워했더니[28] 木稼曾驚恐
산퇴[29]로써 다시 경계를 엄중히 하였네 山頹更戒嚴
하늘의 시운이 진실로 이러하거니 天時苟如此

이 시에 근거했는지는 자세하지 않다.

25 거문고만……뿐이니 : 거문고를 타던 주인이 돌아갔기 때문에 한 말이다.

26 세상의……돌아갔고 : 이정(伊鼎)은 이윤(伊尹)의 솥이란 뜻으로, 여기서는 재상(宰相)을 의미한다. 이윤이 탕 임금에게 나아갈 길이 없자 탕 임금의 처가인 유신씨(有莘氏)의 잉신(媵臣)이 되어 요리 기구를 지고 따라가서 맛있는 음식으로 탕 임금을 설득하여 왕도에 이르게 하였다고 한 데서 온 말이다. 《孟子集註 萬章上》

27 성상의……촉망했었네 : 부염(傅鹽)은 은 고종(殷高宗)의 현상(賢相) 부열(傅說)의 소금이라는 뜻이다. 은 고종이 부열에게 이르기를 "내가 만일 국을 조리하려 하거든 그대가 소금과 매실이 되어 달라."라고 한 데서 온 말로, 전하여 어진 재상을 의미한다. 《書經 說命下》

28 목가(木稼)를……두려워했더니 : 목가(木稼)는 수가(樹稼)와 같은 뜻으로, 비, 눈, 서리, 이슬이 내려서 수목 위에 꽁꽁 얼어붙는 현상으로, 이것이 생기면 흉년이 들거나 대신(大臣)이 죽는 재변(災變)이 생긴다고 한다. 《舊唐書 讓皇帝憲列傳》

29 산퇴(山頹) : 공자가 "태산(泰山)이 무너지겠구나. 대들보가 쓰러지겠구나. 철인(哲人)이 시들겠구나."라고 하였는데, 그로부터 병이 나서 7일 만에 작고했던 데서 온 말로, 선사(先師)의 죽음에 대한 비유로 흔히 쓰인다. 《禮記 檀弓上》

인간의 일이야 점쳐 볼 것도 없고말고	人事不容占
옥당에서는 높은 의리를 흠모하였고	玉署欽高義
호당에서는 지극한 정성에 감격했었네	湖堂感至誠
단아한 모습은 꿈속에 자주 들어오고	儀形費入夢
학문 토론은 서신 왕래에 힘입었었지	討論賴開緘
갑자기 연평의 유거를 신칙하였는데[30]	遽飭延平柳
사수 가의 삼나무는 심기가 어렵구려[31]	難栽泗上杉
평생의 말씀 아직도 귀에 쟁쟁하여라	百年言在耳
세 번 통곡하니 눈물이 적삼 그득쿠려	三慟淚盈衫

30 갑자기……신칙하였는데 : 연평(延平)은 바로 주희의 스승인 이동(李侗)의 호칭이다. 주희의 〈우제연평이선생문(又祭延平李先生文)〉에 "태산이 무너지고 들보가 무너져라, 세월이 더 머물러 주지를 않았네. 장사 지낼 기일이 정해져서, 친척과 빈객이 모두 모이어, 유거 출발을 이미 신칙하고, 해로가를 부르며 슬퍼하네.〔山頹梁壞, 歲月不留. 卽遠有期, 親賓畢會. 柳車旣飭, 薤露悲懷.〕"라고 한 데서 온 말이다. 《晦庵集 卷87》 여기서는 이황의 장사(葬事)를 치른 일을 이동의 장사에 빗대서 한 말이다.

31 사수(泗水)……어렵구려 : 사수 가는 공자를 장사 지낸 곳이다. 《황람(皇覽)》의 〈총묘기(冢墓記)〉에 "공자의 묘역 안에는 백 그루에 이르는 나무를 심었는데, 모두 다른 종류였기 때문에 노나라 사람들은 대대로 그 나무들을 이름하는 자가 없었다. 그 민간에 전하는 말에 의하면 '공자의 제자들은 모두 노나라가 아닌 다른 나라 사람들인데, 그들이 각각 그 지방의 나무를 가져다 심었는바, 그 나무 종류는 작(柞), 분(枌), 낙리(雒離), 여정(女貞), 오미(五味), 참단(毚檀) 등의 나무였다. 공자의 묘역 안에는 가시나무 및 사람을 찌르는 풀도 나지 않는다.'라고 한다."라고 하였다. 공자의 〈총묘기〉에서는 '삼(杉)' 자를 상고할 길이 없으니, 그렇다면 이 시에서는 '삼나무'로 전용한 듯하다. 여기서는 이황의 묘소에는 제자가 찾아가서 나무를 심기도 어렵다는 뜻이다.

퇴계의 시에 차운하여 성진에게 주다

次退溪韻贈性眞

늙은 제자의 홀로 드리운 천 줄기의 눈물을	獨垂老弟千行淚
선생의 네 구절의 시[32]에 몽땅 다 뿌리노라	盡灑先生四句詩
위아래로 갑진년과 경오년의 일을 가지고[33]	上下甲辰庚午歲
그 몇 사람이나 후인들이 생각하게 했던고	幾人能使後人思

32 선생(先生)의……시(詩) : 이황이 승려 성진(性眞)에게 지어 준 것인데, 이 시는 지금 상고할 길이 없다.

33 위아래로……가지고 : 갑진년은 인종(仁宗)이 즉위한 1544년(중종39)이고, 경오년은 이황이 별세한 1570년(선조3)이다. 인종의 승하와 이황의 별세 이후로 후인들이 인종과 이황에 대하여 더욱 사모하는 마음을 갖게 되었다는 뜻으로 한 말인 듯하나 자세하지 않다.

효릉의 단오제

孝陵端午祭

묘호엔 심덕을 온전히 함을 표하였고[34]	廟表全心德
능호엔 백행의 근원[35]을 더하였도다	陵加百行源
의상은 나타나지 않은 데서 도모하시니[36]	衣裳圖不見
사직은 말을 하지 않고자 하였네[37]	社稷欲無言

34 묘호(廟號)엔……표하였고 : 심덕(心德)은 인종(仁宗)의 '인(仁)' 자를 가리킨 것이다. 《논어》 〈학이(學而)〉에서 공자(孔子)의 제자 유자(有子)가 말하기를 "군자는 근본을 힘쓰나니, 근본이 서면 도가 나오는 것이다. 효와 제는 인을 하는 근본일 것이다.〔君子務本, 本立而道生. 孝弟也者, 其爲仁之本與.〕"라고 한 말에 대해 주(註)에서 "인이란 사랑의 이치요, 마음의 덕이다.〔仁者, 愛之理, 心之德也.〕"라고 하였다. 《論語集註 學而》

35 백행(百行)의 근원(根源) : 효릉(孝陵)의 '효(孝)' 자를 가리킨 것으로, 〈효경 서(孝經序)〉에서 효를 가리켜 '백행의 근원〔百行之源〕'이라고 한 데서 온 말이다.

36 의상(衣裳)은……도모하시니 : 의상은 《주역》 〈계사전 하(繫辭傳下)〉에 "황제와 요순은 의상을 드리우고 있으매 천하가 다스려졌으니, 건괘, 곤괘에서 취하였다.〔黃帝、堯、舜垂衣裳而天下治, 蓋取諸乾坤.〕"라고 한 데서 온 말로, 전하여 성현군주(聖賢君主)를 의미한다. 나타나지 않은 데서 도모한다는 것은 《서경》 〈오자지가(五子之歌)〉에 "내가 천하를 보건대 어리석은 지아비, 지어미도 한 사람이 능히 우리를 이긴다고 하는데, 한 사람이 세 가지 잘못을 저질렀으니, 원망이 어찌 밝은 데에 있겠는가. 나타나지 않았을 때에 도모하여야 한다.〔予視天下, 愚夫愚婦, 一能勝予, 一人三失, 怨豈在明? 不見是圖.〕"라고 한 데서 온 말로, 여기서는 인종이 생전에 어진 정사를 폈다는 뜻이다.

37 사직(社稷)은……하였네 : 공자가 "나는 말을 하지 않고자 하노라.〔予欲無言〕"라고 하자, 자공(子貢)이 말하기를 "선생님께서 말씀을 하지 않으신다면 저희들이 어떻게

하늘은 일 년 넘기는 수조차 아끼었기에[38] 天靳逾年壽
사람들은 만고의 원통함을 품었다오 人含萬古冤
세자시강원의 옛 요속 중에는 春坊舊僚屬
오직 우사만이 살아 있을 뿐이로다[39] 唯有右司存

효릉의 나무 하 푸르러 청룡 백호등이 희미한데 丘木蒼蒼龍虎微
초목 사이 석물들을 보니 비감을 감당 못 하겠네 草間翁仲不勝悲
우연히 세 사람이 와서 나와 함께 제사 올리니 偶然三子來同事
모두가 선왕께서 승하하신 뒤의 유민들일세[40] 盡是賓天後孑遺

전하겠습니까.〔子如不言, 則小子何述焉?〕"라고 하므로, 공자가 이르기를 "하늘이 무슨 말을 하리오, 사시가 운행되고 만물이 생장하나니, 하늘이 무슨 말을 하리오.〔天何言哉? 四時行焉, 百物生焉, 天何言哉?〕"라고 한 데서 온 말이다.《論語 陽貨》 여기서는 인종이 어진 정사를 펴는 동안에는 나라의 사직 또한 무언중에 태평성대의 행운을 누렸다는 뜻이다.

38 하늘은……아끼었기에 : 인종이 1544년 11월 즉위했다가 1545년 7월에 승하하여 재위 기간이 1년도 되지 않았으므로 한 말이다.

39 세자시강원의……뿐이로다 : 인종이 세자로 있던 1544년(중종39) 봄에 소재가 세자시강원 사서(司書)가 되어 세자를 교도(敎導)하였다. 그때 소재와 함께 시강원의 요속(僚屬)으로 있었던 이들 중에 현재는 오직 자신만 생존하였으므로 이른 말이다. 여기서 우사(右司)는 '사서'를 지칭한 말인데, 혹 시강원에 좌사서(左司書)와 우사서(右司書)가 있어 소재가 우사서였다는 말인지 자세하지 않다.

40 우연히……유민(遺民)들일세 : 이때 효릉의 단오제에 참여한 소재 이외의 세 사람에 대해서는 상고할 길이 없다.

용탄[41]에 배를 정박하다

泊龍灘

비 온 뒤의 강산에 선생의 고택은 서늘한데	雨後江山故宅涼
동풍이 들에 핀 꽃향기를 다 불어 가 버렸네	東風吹盡野花香
용탄 선생의 늙은 제자인 상주의 나그네가	龍灘老弟商顔客
앞 포구에 배 대노라니 두 귀밑이 하얗구려	前浦維舟兩鬢霜

41 용탄(龍灘) : 소재의 장인이며 스승인 이연경(李延慶)이 만년에 충주(忠州)의 용탄동(龍灘洞)에 거주했던 데서 그의 별호가 되었다.

이습지[42]의 아내에 대한 만사

李習之妻氏挽

갑자기 마음 같았던 친구가 생각나네 忽念同心友
그가 바로 이미 죽은 이습지로다 云亡李習之
어찌하여 늙어 돌아온 오늘날이 如何老歸日
예전에 함께 노닐 적 같지 않단 말인가 不似舊遊時
나는 모친을 봉양하기 어려운 처지인데 吾毋難爲養
그대 집은 억지로나마 남겨 두지 않았네[43] 君家不憖遺
무덤에는 절로 서리 이슬이 내리련만[44] 丘原自霜露
인간 세상은 부질없이 슬퍼만 할 뿐이네 人世謾傷悲

42 이습지(李習之) : 이중열(李中悅, 1518~1547)로, 본관은 광주(廣州), 자는 습지, 호는 과재(果齋)이다.

43 그대……않았네 : 《시경》〈소아(小雅) 시월지교(十月之交)〉에 "억지로나마 한 원로를 남겨 두어, 우리 임금을 지키게 하지 않고, 수레와 말 가진 자만을 가려서, 향땅에 가서 살게 하는도다.〔不憖遺一老, 俾守我王. 擇有車馬, 以居徂向.〕"라고 한 데서 온 말로, 여기서는 이중열의 부인마저도 오래 살지 못하게 했다는 뜻이다.

44 서리 이슬이 내리련만 : 《예기》〈제의(祭義)〉에 "군자는 천도에 맞추어 봄에는 체제를 지내고, 가을에는 상제를 지내나니, 가을에 서리, 이슬이 내리거든 군자가 그것을 밟아 보고 반드시 슬픈 마음이 생기되, 이는 날이 추워져서 그런 것이 아니다. 또 봄에 비이슬이 내려 땅이 축축해지거든 군자가 그것을 밟아 보고 반드시 섬뜩하게 두려운 마음이 생기어 마치 죽은 부모를 곧 만날 것 같은 생각이 들게 된다.〔君子合諸天道, 春禘秋嘗. 霜露既降, 君子履之, 必有悽愴之心, 非其寒之謂也. 春雨露既濡, 君子履之, 必有怵惕之心, 如將見之.〕"라고 한 데서 온 말로, 여기서는 이미 죽은 사람을 가리켜 한 말이다.

가업의 남긴 덕은 먼 후대에 미치려니와 緖業流光遠
공후는 반드시 처음 지위를 회복하리라[45] 公侯復始期
눈앞에는 무한한 변화가 있거니와 目中無限變
말 밖에는 하늘만이 알고 있으리로다 言外有天知

45 공후(公侯)는……회복하리라 : 《춘추좌씨전》 민공(閔公) 1년에 "공후의 자손은 반드시 그 처음을 회복하느니라.〔公侯之子孫, 必復其始.〕"라고 한 데서 온 말로, 이중열 집안도 공경(公卿)의 가문을 다시 회복하게 될 것이라는 뜻이다.

연경에 가는 박희정[46]을 보내다 2수

送朴希正赴燕 二首

예전에는 서로 즐기기를 다했더니 伊昔交歡罄
지금은 세상일로 마음을 졸이누나 如今世故煎
바라보매 우리는 모두 늙었거니와 眼中俱老矣
마음속은 나 홀로 망연자실하노라 心下獨茫然
영교 밖으론 나그네 넋이 늘 가는데[47] 嶺嶠覊魂逝
연경으론 이별의 한이 이어지겠구려 幽燕別恨綿
예로부터 만나고 헤어지는 곳에 由來聚散地
죽고 삶은 하늘에 묻지 않았다네 不問死生天

나는 늙어 천추의 나그네가 되었는데 老作千秋客
그대는 참으로 만 리 유람을 하는구려 眞成萬里遊
위의는 보자 한들 어찌 한을 회복했으랴만[48] 覩儀那復漢

46 박희정(朴希正) : 박민헌(朴民獻, 1516~1586)으로, 본관은 함양(咸陽), 자는 희정, 호는 슬한단(瑟僩堂)・정암(正庵)이다. 선조(宣祖) 초기에 사은사(謝恩使)로 한 번 명(明)나라에 다녀온 적이 있다.

47 영교(嶺嶠)……가는데 : 영교는 본디 오령(五嶺) 밖의 지역을 말하는데, 여기서는 소재의 선영(先塋)이 있는 상주(尙州)를 가리킨다. 나그네는 자신을 지칭한 것이다.

48 위의(威儀)는……회복했으랴만 : 왕망(王莽) 말기에 광무제(光武帝)가 왕망을 토격하던 중, 광무의 족형(族兄)인 경시장군(更始將軍) 유현(劉玄)을 천자로 옹립하려고 삼보(三輔)의 이사(吏士)들을 시켜 그를 맞아 왔다. 이때 이사들이 경시장군의

음악을 관찰함엔 혹 주의 여운이 있을는지[49] 觀樂儻餘周
장부는 응태 같은 이를 만날 터이고[50] 臧否逢膺泰
시서는 하유 같은 이를 방문하겠지[51] 詩書訪夏游
그동안 응당 백발은 더할 테지만 應添白髮在
호장한 뜻은 그칠 줄을 모르리로다 未覺壯心休

휘하의 장수들이 모두 관(冠)이 아닌 머리 싸개를 쓰고 부인(婦人)의 옷을 입고 있는 것을 보고 비웃다가, 광무의 휘하에 있는 사례(司隸)의 요속(僚屬)들을 보고는 기쁨의 눈물을 흘리면서 "뜻밖에 오늘 다시 한나라 관리의 위의를 보게 되었다."라고 한 데서 온 말이다. 《後漢書 光武帝紀》 여기서는 명나라가 예의제도(禮儀制度)에 있어서는 송대(宋代)의 것을 아직 회복하지 못했다는 뜻이다.

49 음악을……있을는지 : 음악을 관찰한다는 것은 춘추 시대 오(吳)나라의 어진 공자(公子) 계찰(季札)이 일찍이 사신으로 상국(上國)을 두루 유람하면서 당세(當世)의 어진 사대부들과 사귀었고, 특히 노(魯)나라에 사신으로 가서는 옛 주(周)나라의 음악들을 차례로 관찰하고 탄복하여 마지않았던 데서 온 말이다. 《史記 吳太伯世家》 여기서는 박민헌이 명나라에 사신으로 가서 주나라의 음악을 관찰할지도 모른다는 뜻이다.

50 장부(臧否)는……터이고 : 장부는 상벌과 포폄을 의미한 말로, 엄명(嚴明)한 정사(政事)를 뜻하고, 응태(膺泰)는 후한(後漢) 시대의 고사(高士)였던 이응(李膺)과 곽태(郭泰)의 병칭이다. 이응은 일찍이 효렴(孝廉)으로 천거된 이후, 청주 자사(青州刺史), 어양 태수(漁陽太守) 등 여러 관직을 역임하면서 간 곳마다 상벌과 포폄을 엄격히 하여 비리를 척결하였다. 곽태는 벼슬한 적도 없고 집안도 빈천했는데, 낙양(洛陽)에서 이응과 깊이 사귀면서 명성을 얻어 그가 고향으로 돌아갈 적에는 수많은 선비들이 강가로 배웅을 나갔고 이응과 곽태가 함께 배를 타고 강을 건너는 것을 보고 사람들이 신선같이 여겼다는 고사에서 온 말이다. 《後漢書 黨錮列傳 李膺, 郭太列傳》

51 시서(詩書)는……방문하겠지 : 하유(夏游)는 공자(孔子)의 제자인 자유(子游), 자하(子夏)의 병칭으로, 공자가 "문학(文學)에는 자유와 자하였느니라."라고 한 데서 온 말이다. 《論語 先進》

승려에게 주다

贈僧

깊은 산골에서 도를 구하는 사람은　峽裏尋眞者
남산으로 시구를 구하러 온 승려일세　終南覓句僧
한 해의 봄이 아직 절반도 가기 전에　一年春未半
세 번을 만났는데 얼굴은 여전하구려　三見面如曾
연기 낀 버들은 전혀 힘없이 늘어졌고　煙柳渾無力
꿋꿋한 솔은 멀어서 의탁할 길 없더니　霜松迥莫憑
마침 이때에 최와 이[52]가　此時崔與李
능히 병든 사람을 흥기시켜 주누나　能使病夫興

사대는 본래 공허한 것이거니[53]　四大本來空
한 몸뚱이가 어디에 용납된단 말인가　一身何所容
모름지기 참으로 깨는 데 돌아가야만　要須返眞覺

52 최(崔)와 이(李) : 최집(崔戢)과 이봉(李封)을 가리킨 것으로, 두보(杜甫)의 〈회일심최집이봉(晦日尋崔戢李封)〉 시에 "만년에 최이와의 사귐을 정하니, 마음 알아줌이 참으로 짝이 드물도다.〔晩定崔李交, 會心眞罕儔.〕"라고 한 데서 온 말이다. 《杜少陵詩集 卷4》 여기서는 소재를 자주 찾아오는 승려를 두보가 만년에 사귄 친구 최집, 이봉에 빗대서 한 말이다.

53 사대(四大)는……것이거니 : 사대는 불교 용어로 지(地), 수(水), 화(火), 풍(風)을 가리킨다. 인체의 구성에 있어 네 가지 원소가 되는 것을 비롯하여 온 세상의 물질이 다 이것으로 이루어졌다가 이것이 분리되면 모든 물질이 끝내 공허함으로 돌아가게 된다는 데서 온 말이다.

비로소 하늘의 마음을 갖게 되리라	方始有天衷
비바람 속에 물가 나무 곁에 오르니[54]	風雨登汀樹
안개구름 저쪽서 절 종소리 들리었네	煙雲隔寺鐘
가장 연소한 그대에게는 부끄럽고	慙渠最年少
나는 저문 길 궁박한 게 가련하다네[55]	憐我暮途窮

54 비바람……오르니 : 두보의 〈상부인사(湘夫人祠)〉 시에 "석양에 배 대 놓고 물가 나무 곁에 올라, 은미한 향기를 물가 마름에서 빌리노라.〔晩泊登汀樹, 微馨借渚蘋.〕"라고 하였다. 《杜少陵詩集 卷22》

55 나는……가련하다네 : 두보의 〈투증가서개부한이십운(投贈哥舒開府翰二十韻)〉 시에 "날은 저물고 갈 길은 다했다.〔日暮途窮〕"라는 말에서 온 것으로, 만년이 되었음을 의미한다. 《杜少陵詩集 卷3》

감회를 읊다

感懷

반평생 동안의 공은 육 일의 두꺼비와 같고[56]	半世蟾功猶六日
남은 생은 세 잠 잔 누에[57]처럼 이미 늙었네	殘生蠶老已三眠
모친 은혜 군왕 은총에 오래도록 못 떠나고	母恩君寵徘徊久
무단히 한월이 열네 번이나 둥글게 했구려[58]	漢月無端十四圓

56 반평생……같고 : 세상에 무용지물이 되었다는 겸사로 한 말이다. 《세시기(歲時記)》에 의하면, 만 년 묵은 두꺼비를 육지(肉芝)라고 하는데, 이것을 5월 5일에 취하여 말려서 몸에 지니고 다니면 병기(兵器)를 물리치는 효험이 있으나, 6일에 취한 것은 쓸모가 없다고 한 데서 온 말이다. 이를 흔히 육일섬(六日蟾)이라고도 한다.

57 세……누에 : 알에서 막 깨어난 누에 새끼는 검은 털을 입고 있으므로, 이것을 털누에, 개미누에, 의자(蟻子)라고도 칭하는데, 누에는 1개월 정도의 기간에 세 잠〔三眠〕을 자고 다 성장하여 섶에 올라가 고치를 짓는다.

58 무단히……했구려 : 한월(漢月)은 조국, 고향을 가리키는데, 여기서 열네 번 둥글게 했다는 것은 겨우 14개월에 불과하니, 언제부터 언제까지를 말한 것인지는 자세하지 않다.

남명[59]에 대한 만사

挽南冥

한번 보고 그분이 대장부인 줄을 알았고말고	一見知爲大丈夫
능히 비린한 생각이 맘에 싹트지 않게 하였네[60]	能令鄙吝不萌于
풍채는 워낙 깨끗해 녹록한 자들 안중에 없었고	風神灑灑空餘子
논의는 당당하여 노숙한 유자들을 굴복시켰지	論議堂堂伏老儒
몸은 단표와 더불어 산수 속에 부쳐 살았고[61]	身與簞瓢着丘壑
뜻은 온 천지를 요순시대로 돌리고자 하였네	志回天地入唐虞
사문을 재차 없앴으니 어디에 호소한단 말인가[62]	斯文再喪堪誰愬
봄 다한 서울에서 병든 노수신은 곡하노라	春盡皇都哭病盧

59 남명(南冥) : 조식(曺植, 1501～1572)으로, 본관은 창녕(昌寧), 자는 건중(健中), 호는 남명이다.

60 능히……하였네 : 후한(後漢) 때 황헌(黃憲)은 자품(資稟)이 청수하고 총명하여 당시 사람들로부터 안자(顔子)에 비유되기까지 했는데, 당시의 명사(名士)였던 진번(陳蕃)과 주거(周擧)는 항상 서로 말하기를 "두어 달만 황생을 보지 못하면 비린한 생각이 마음속에 다시 싹터 버린다.〔時月之間, 不見黃生, 則鄙吝之萌, 復存乎心.〕"라고 했다는 데서 온 말이다. 《後漢書 黃憲傳》 여기서는 조식의 인품을 황헌에 빗대서 한 말이다.

61 몸은……살았고 : 조식이 청빈하고 소박한 생활을 하면서 안회처럼 도를 즐겼다는 뜻이다.

62 사문(斯文)을……말인가 : 조식의 죽음을 매우 애석히 여겨 이른 말로, 재차 없앴다고 한 것은 조식보다 2년 전에 죽은 이황(李滉)을 포함하여 말한 듯하다.

안경창[63]에게 주다

贈安慶昌

그대는 귀 어두워 때로 놀라 돌아보고　重耳時驚顧
나는 눈 어두워 해가 멀리 기울어 간 듯　昏眸日遠斜
소와 양은 초목의 싹을 먹을 줄 알거니와　牛羊知牧蘖
닭과 개도 제집에 돌아갈 줄을 안다네[64]　鷄犬解歸家
서울 객지 생활은 진정 욕을 먹을 뿐이니　客洛眞從罵
고향에 돌아갈 날은 멀기를 원치 않노라　還鄕不願賒
옛 도읍 개성의 은자와 서로 만나서　相逢舊都隱
편안히 앉아 정원의 꽃만 말할 뿐이네　端坐說園花

약사가 바람을 맞아 춤을 추면서　若士迎風舞
훌쩍 날아 바다 북쪽에 들렀는데[65]　翩然過海陽
말하길 금강산으로부터 내려왔는데　來云楓岳自

63 안경창(安慶昌) : 개성(開城) 사람으로 자는 언성(彦盛), 호는 사내(四耐)이다. 《성호사설(星湖僿說)》 권9 〈인사문(人事門) 사내옹(四耐翁)〉에 자세하다.

64 소와……안다네 : 짐승들도 제 먹을 것을 찾아 먹고, 해가 저물면 제집으로 돌아갈 줄을 안다는 뜻으로, 자신이 아직껏 고향에 가지 못하고 있는 것을 한탄하는 뜻이다.

65 약사(若士)가……들렀는데 : 도인(道人) 노오(盧敖)가 북해(北海)에서 노닐다가 몽곡(蒙穀) 위에 이르러 약사(仙人)라는 선인을 만나서 친구가 되자고 하니, 약사가 한만(汗漫)과 구해(九垓)의 밖에서 노닐기로 기약했노라며 바로 떠나 버렸다는 고사에서 온 말이다. 《淮南子 道應訓》 자신을 노오, 안경창을 약사에 빗대서 한 말이다.

다시 열반산으로 들어갈 작정일세	去復涅槃將
천지 사방이 모두가 내 소유이거니	六合皆吾有
어느 산이 그대의 고향이란 말인가	何山是汝鄕
어찌 돌아와 저자 속에 숨어 살면서	爭如還市隱
우락을 끝내 서로 잊는 것만 하랴 하네	憂樂竟相忘

내 말하길 우락을 끝내 서로 잊으라는	憂樂竟相忘
이 말을 어찌 감당할 수 있으랴 하니	斯言何可當
목상좌[66]를 집어 던져서	投來木上座
죽방상[67]을 뚫어 버렸네	穿了竹方牀
수식의 공부는 절실하거니와	數息工夫切
환주[68]의 의미 또한 진진하리라	環珠意味長
널을 깨무는 늙은 쥐[69]를 보존한다면	咬棺存老鼠
혹 바라는 바가 있기도 하련만	庶或有攸望

66 목상좌(木上座) : 《전등록(傳燈錄)》 항주불일화상조(杭州佛日和尙條)에 의하면, 불일선사(佛日禪師)에게 협산(夾山)이 누구랑 동행했는지 물으니, 불일선사가 나무로 만든 지팡이를 들어 보이며 목상좌와 동행했다고 하였다.

67 죽방상(竹方牀) : 대자리를 깐 네모진 평상(平牀)을 가리킨다.

68 환주(環珠) : 승려들이 염불할 때 백팔염주(百八念珠)를 손가락으로 하나하나 돌려서 수를 세는 것을 말한다.

69 널을……쥐 : 몽산 화상(蒙山和尙)의 법어(法語)에서 나온 말로, 요지(要旨)는 번뇌를 떨치라는 의미이다. 그 법어에 "의심덩어리가 날로 성하게 하여 하루 열두 시간 중, 가고 머물고 앉고 눕고 하는 가운데 없을 무 자만을 잡아서 은밀히 마음의 광명을 스스로 돌이켜 보리라.……농후하고 덤덤함을 그런대로 맡겨 두어 늙은 쥐가 널을 깨무는 것마냥 오직 없을 무 자만을 들어 보아야 한다."라고 하였다.

탄금대에서 눌옹의 시[70]에 차운하여 홍화중[71]에게 주다
琴臺次訥翁韻贈洪和仲

곤궁한 백성들이 탐방받는 건 늘 기쁘거니와	長喜窮民受訪探
하얀 바탕이 주람과 가까워짐은 되레 놀랍네[72]	還驚素質近朱藍
판여는 곧장 탄금대 위의 바위로 올라가고[73]	板輿直上彈琴石
계수나무 노는 도우암 아래 인하여 정박했네	桂棹仍停禱雨庵

70 눌옹(訥翁)의 시 : 호가 눌재(訥齋)인 박상(朴祥)을 가리킨다. 박상이 충주 목사로 있을 때 지은 〈재유탄금대(再遊彈琴臺)〉 시에 차운하였다. 소재는 66세이던 1580년(선조13) 모친을 모시고 고향으로 가던 중 탄금대에서 이 시를 지은 듯하다.

71 홍화중(洪和仲) : 홍춘년(洪春年, ?~?)으로, 본관은 남양(南陽), 자는 화중이다.

72 하얀……놀랍네 : 주람(朱藍)은 주색과 남색을 합칭한 말로, 남제(南齊) 때 왕융(王融)의 〈위왕검양국자좨주표(爲王儉讓國子祭酒表)〉에 "난초 백지라고 하지는 않지만, 누가 난실에 들어가는 정을 변하겠으며, 스스로 주색 남색은 아니거니, 어찌 하얀 실의 바탕을 바꾸겠습니까.〔匪曰蘭芷, 疇變入室之情? 不自朱藍, 何遷素絲之質?〕"라고 한 데서 온 말이다.《南齊文紀 卷4》 주색과 남색에 가깝다고 한 것은 자신이 초심(初心)을 변하여 벼슬길에 계속 남아 있음을 탄식하는 뜻이다.

73 판여(板輿)는……올라가고 : 판여는 옛날 노인을 태우던 일종의 가마인데, 진대(晉代)의 문장가인 반악(潘岳)이 현달하던 시절에 자기 모친에게도 영화(榮華)가 미쳤던 데서, 모친의 별칭으로도 쓰인다. 반악의 〈한거부(閑居賦)〉에 "태부인께서 인력거를 타시고 가벼운 수레도 타시고, 멀리는 도성 근교까지 유람하시고, 가까이는 우리 집 정원을 둘러보시어, 사지육체를 유람으로 인해 조화시키고, 좋은 약을 복용하여 피로를 떨쳐 버리시며, 일상의 음식은 양을 조금씩 더 드시고, 오래된 질병은 늘 나아가시도다.〔太夫人乃御版輿, 升輕軒, 遠覽王畿, 近周家園, 體以行和, 藥以勞宣, 常膳載加, 舊痾有痊.〕"라고 하였다.《文選註 卷16》 여기서는 소재가 모친을 모시고 고향으로 가는 도중 탄금대에 들렀던 것이다.

눈앞 가득한 강호는 일[74]에서 생겨난 것이지만　　滿目江湖只生一
몸은 천지 중간에 부쳐 또한 셋으로 참여했지[75]　　寄身天地亦參三
위태론 때 군주께의 보답을 내 어찌 감히 하랴　　時危報主吾何敢
문득 갈매기를 대하니 또 한번 부끄럽구나　　却對沙鷗又一慙

74 일(一) : 우주 만물의 본원. 천지(天地)가 나눠지기 이전의 혼돈 상태를 말하기도 한다.

75 몸은……참여했지 : 천지 중간에 참여한다는 것은 사람이 하늘과 땅과 나란히 서서 같은 지위를 이루어 천(天), 지(地), 인(人) 삼재(三才)가 되는 것을 의미한다. 삼재는 세 가지 기본이라는 뜻으로, 천, 지, 인을 말한다. 《주역》 〈설괘전(說卦傳)〉에 "옛날에 성인이 역을 지은 뜻은 장차 성명의 이치를 순히 하기 위해서였다. 그러므로 하늘의 도를 세운 것은 음과 양이요, 땅의 도를 세운 것은 유와 강이요, 사람의 도를 세운 것은 인과 의이니, 삼재를 겸하여 둘로 하였기 때문에 역이 여섯 번 그어서 괘를 이루고, 음으로 나누고 양으로 나누며, 유와 강을 갈음하여 쓰기 때문에 역이 여섯 자리로 문장을 이룬 것이다.〔昔者聖人之作易也, 將以順性命之理. 是以立天之道曰陰與陽, 立地之道曰柔與剛, 立人之道曰仁與義. 兼三才而兩之, 故易六畫而成卦. 分陰分陽, 迭用柔剛, 故易六位而成章.〕"라고 하였다.

유곡역[76]에 쓰다

題幽谷驛

우리 어진 모친을 힘써 봉양하고	勉奉吾賢母
우리 성왕을 공경하여 받드노라니	欽趨我聖王
가마엔 모친의 백발 그림자 드리우고	垂輿鶴髮影
소매엔 성상 조서의 광영이 가득하네	滿袖鳳綸光
비단옷은 밝은 낮에 입기 쑥스럽지만	錦繡羞晴晝
고운 채색옷은 석양 아래 아름답구려[77]	爛斑媚夕陽
어찌하여 밤낮으로 눈물이 흐르는고	如何日夜淚
그게 태반은 고향 생각 때문이로다	太半是思鄕

76 유곡역(幽谷驛) : 경북 문경현(聞慶縣) 남쪽 40리쯤에 있었던 역이다.

77 비단옷은……아름답구려 : 비단옷은 소재의 관복 차림을 가리킨 것이고, 고운 채색옷은 모친을 모시고 가는 길이기 때문에 춘추 시대 초(楚)나라의 효자 노래자(老萊子)의 고사를 인용한 것이다. 《열녀전(列女傳)》에 의하면 "노래자는 두 어버이를 효성으로 봉양하였는데, 그는 나이 70에도 부모 앞에서 어린애처럼 노니는 것을 스스로 즐겨, 오색의 채색옷을 항상 입었고, 또 일찍이 물을 들고 당 위로 오르다가 미끄러져 넘어져서는 일부러 땅에 드러누워 어린애처럼 거짓 우는 척도 하였으며, 혹은 부모 앞에서 어린애처럼 새 새끼를 가지고 장난하기도 했다.〔老萊子孝養二親, 行年七十, 嬰兒自娛, 著五色采衣. 嘗取漿上堂跌仆, 因臥地爲小兒啼, 或弄烏鳥於親側.〕"라고 하였다.《藝文類聚 卷20 列女傳》

용추에서 안우와 작별하다

龍湫別安祐

주흘산[78] 깊디깊은 골짜기 안에	主屹深深洞
높은 바위 곳곳마다 시름겨워라	危巖處處愁
숨은 샘물이 험한 비탈에서 내려와	暗泉來鳥道
폭포를 내리쏟아 용추를 이루었네	飛瀑作龍湫
환전의 총마는 피하기 어렵거니와[79]	桓馬從難避
반악의 판여는 잠시 머물게 하였네[80]	潘輿爲少留
어찌 굳이 산간을 재촉하여	何須促山簡
습지에서 한번 취하고 쉴 것 있으랴[81]	一醉習池休

78 주흘산(主屹山) : 경북 문경현(聞慶縣) 북쪽에 있는 진산(鎭山)이다.

79 환전(桓典)의……어렵거니와 : 환전은 후한(後漢) 때의 강직한 어사(御史)로 유명했던 사람인데, 당시 환관들이 한창 권력을 휘두를 적에 환전이 마침 어사가 되어 권력자들의 비행(非行)을 전혀 꺼림 없이 마구 탄핵하였다. 이때 환전이 총마(驄馬)를 타고 다녔으므로, 경사(京師)에서 모두 그를 두려워하여 말하기를 "가는 길을 우선 멈추어서, 총마 탄 어사를 피하자꾸나.〔行行且止, 避驄馬御史.〕"라고 했다는 데서 온 말이다. 《後漢書 桓典列傳》 이때 안우가 어사의 직무를 띠고 지방을 순찰하던 중이 아니었을까 싶으나 자세하지 않다.

80 반악(潘岳)의……하였네 : 137쪽 주73 참조.

81 어찌……있으랴 : 진(晉)나라 때 산간(山簡)이 술을 매우 좋아하였다. 그가 일찍이 양양 태수(襄陽太守)로 있을 적에 현산(峴山) 아래 위치한 습씨(習氏)의 양어지(養魚池)가 경치가 좋아서, 매일 그곳에 나가 온종일 술을 마시고 곤드레가 되어 돌아오곤 하여 풍류를 만끽했던 데서 온 말이다. 《晉書 山簡列傳》 여기서는 혹 그쪽 지방관을 산간에 빗대서 한 말이 아닌가 싶으나 자세하지 않다.

김 대간[82] 난상 에 대한 만사

挽金大諫 鸞祥

진도는 남해와 서로 통하였고	珍島通南海
단양은 시안과 가까웠었지[83]	丹陽近始安
모진 풍상은 이십여 년을 겪었고	風霜廿載外
군왕 은택은 양조[84]에서 누리었네	雨露兩朝間
백발은 때가 늦었음에 놀라웠지만	白首驚時晩
청운은 세한의 절조를 보전했구려[85]	靑雲保歲寒
평생에 장부의 눈물을	平生壯夫淚
교동의 산에 한번 뿌리노라[86]	一灑在桐山

82 김 대간(金大諫) : 김난상(金鸞祥, 1507~1570)으로, 본관은 청도(淸道), 자는 계응(季應), 호는 병산(缾山)이다. 1547년(명종2) 양재역 벽서 사건 때 윤원형(尹元衡)에 의해 남해에 유배된 뒤 단양(丹陽)에 이배(移配)되었다가, 뒤에 풀려나와 선조(宣祖) 초기에 집의(執義), 직제학(直提學) 등을 거쳐 대사간(大司諫)에 이르렀다.

83 진도(珍島)는……가까웠었지 : 시안(始安)은 충북 괴산(槐山)의 고호이다. 을사사화(乙巳士禍) 때 소재와 김난상이 파직되었다가, 양재역 벽서 사건 때 간신(姦臣)들의 모함으로 처벌을 받아 소재는 진도에 안치되었고, 김난상은 남해에 안치되었다. 그로부터 19년 뒤인 1565년 소재는 괴산으로 이배되고, 김난상은 단양으로 이배되었다.

84 양조(兩朝) : 인종(仁宗)과 선조 연간을 가리킨다.

85 청운(靑雲)은……보전했구려 : 청운은 벼슬살이를 말한 것으로, 김난상이 명종(明宗) 연간에 벼슬하지 않은 것을 말한다.

86 평생(平生)에……뿌리노라 : 《눌은집(訥隱集)》 권18 〈통정대부사간원대사간병산김선생행장(通政大夫司諫院大司諫缾山金先生行狀)〉에 의하면 "명년 아무 달 아무 날에 선생의 유명에 따라 교동 대우동의 부모의 묘역 아래 장사 지냈다."라고 하였다.

활 쏘는 것으로 덕행을 관찰하다.[87] 어제에 응하다

射以觀德應製

경회루 앞 굽이진 못에 녹음이 한창 짙을 제	龍樓曲沼綠陰濃
봉악이 막 펼쳐지고 양곡도 함께 펼쳐졌네[88]	鳳幄初開兩鵠同
몸을 곧게 하고 뜻을 바르게 할 줄 알아야 하고	直體先須知志正
제 몸에 반성해야지 하필 남의 공을 원망할쏜가[89]	求身何必怨人功
서로 겨루는 예는 단지 공도를 따라 제정했지만	較來只是循公制
미루어 가서는 끝내 외적을 방어함으로 통하네	推去終能禦侮通
길이 축하드리건대 관유하심이 여기에 그치시니	長祝觀遊止於此
성상의 마음은 동에서 막 솟은 아침 해 같구려	聖心如始日生東

87 활……관찰하다 : 《예기》 〈사의(射義)〉에 "활 쏘는 것은 진퇴와 주선함이 반드시 예에 맞게 하나니, 속의 뜻이 바르고 겉의 몸이 곧은 다음에야 궁시를 잡는 것이 세밀하고 견고해지며, 궁시를 잡는 것이 세밀하고 견고한 다음에야 맞히는 것을 말할 수 있으니, 여기에서 덕행을 볼 수 있다.〔射者, 進退周還必中禮. 內志正, 外體直, 然後持弓矢審固. 持弓矢審固, 然後可以言中. 此可以觀德行矣.〕"라고 하였다.

88 봉악(鳳幄)이……펼쳐졌네 : 봉악은 봉황도(鳳凰圖)를 수놓아 장식한 장막(帳幕)을 가리킨다. 양곡(兩鵠)의 곡은 화살을 쏘는 과녁의 정곡(正鵠)을 가리키는데, 정은 포제(布製)의 과녁이고, 곡은 혁제(革製)의 과녁이다.

89 제……원망할쏜가 : 공자(孔子)가 이르기를 "활쏘기는 군자다운 데가 있으니, 정곡을 맞히지 못했거든 자기 몸에 반성하는 것이니라.〔射有似乎君子, 失諸正鵠, 反求諸其身.〕"라고 한 데서 온 말이다. 《中庸章句 第14章》

북경에 가는 사람[90]을 전송하다

送人赴京

선비 중 으뜸으론 공서[91]를 추중하거니와	魁士推公序
형 되기 어려움은 계방이 있어서로다[92]	難兄爲季方
명성을 나란히 함은 송씨를 만난 듯한데	齊名屬遭宋
사신이 되어선 교대로 당에 조회 가누나[93]	專對迭朝唐
국가의 일은 경중을 가릴 것 없거니와	國事無輕重
사람의 모획은 선함과 불선함이 있나니	人謀有否臧
응당 영구히 전할 예법들을 수집해 와서	應收不刊典
우리 군왕께 하나하나 보고를 드리겠지	一一報吾王

90 북경(北京)에 가는 사람 : 1577년(선조10) 사은사(謝恩使)로 명(明)나라에 간 윤두수(尹斗壽)를 가리킨다.

91 공서(公序) : 송(宋)나라 송상(宋庠)의 자이다. 송상은 아우 송기(宋祁)와 함께 명성이 높았다. 구양수(歐陽脩)의 《귀전록(歸田錄)》에 "정공(鄭公) 송상은 아우 송기와 더불어 포의 시절부터 명성이 천하를 진동하여 이송(二宋)으로 불렸다."라고 하였다. 윤두수를 송상에, 아우인 윤근수(尹根壽)를 송기에 빗대서 한 말이다.

92 형……있어서로다 : 형제가 똑같이 훌륭하여 우열을 가릴 수 없다는 뜻이다. 계방(季方)은 후한(後漢) 때의 명사(名士) 진심(陳諶)의 자이다. 후한의 고사(高士) 진식(陳寔)의 두 아들인 진기(陳紀)와 진심이 모두 재덕(才德)이 뛰어나서 "원방(元方)은 형이 되기 어렵고, 계방은 아우가 되기 어렵다."라는 말이 있다. 《世說新語 德行》

93 사신이……가누나 : 여기서 당(唐)은 명(明)나라를 가리킨 것으로, 윤두수와 윤근수 형제가 똑같이 사신으로 명나라에 여러 차례 간 것을 말한다.

주륙이 서로 다름은 일찍이 들었거니와[94]	朱陸曾聞異
나왕도 또한 서로의 차이를 드러냈지만[95]	羅王更見差
본심을 보존함은 모두 성역에 들었고	存心皆聖域
학문을 논하는 덴 각각 현과에 들었네[96]	論學各賢科
우주 안에는 천하의 공론이 있거니와	宇宙公言在
요연[97] 지방에는 은사들도 많을 터이니	遼燕隱士多

94 주륙(朱陸)이……들었거니와 : 주륙은 남송(南宋) 시대 유학자인 주희(朱熹)와 육구연(陸九淵)의 병칭이고, 서로 달랐다는 것은 서로의 학문의 차이점을 말한 것이다. 주희는 '학문으로 말미암는 것을 먼저 한다.〔先道問學〕'와 '사물에 나아가서 그 이치를 궁구한다.〔卽物而窮其理〕'를 주장하였고, 육구연은 '덕성을 높인다.〔尊德性〕'와 '본심을 발명한다.〔發明本心〕'를 주장하였다. 이로 말미암아 주희는 육구연의 학문을 선학(禪學)이라 비판하였고, 육구연은 주희의 학문을 지리(支離)하다고 비판하였다.

95 나왕(羅王)도……드러냈지만 : 나왕은 명대(明代)의 유학자인 나흠순(羅欽順)과 왕수인(王守仁)의 병칭이다. 나흠순은 격물치지학에 전념하여 주자학을 신봉하면서도 약간의 차이점을 두었는데, 그의 《곤지기(困知記)》 권상에서 "도심은 성이요, 인심은 정이다. 마음은 하나인데 두 가지로 말하는 것은 곧 동과 정의 구분과 체와 용의 구별이 있기 때문이다.〔道心, 性也; 人心, 情也. 心一也而兩言之者, 動靜之分, 體用之別也.〕"라고 하였다. 왕수인은 지행합일설을 주장하였다. 그의 《전습록(傳習錄)》 권상(卷上) 어록(語錄)에 "아는 것은 바로 행하자는 주의이고, 행하는 것은 바로 앎의 공부이니, 아는 것이 바로 행함의 시작이요, 행하는 것이 바로 앎의 이룸이다.〔知是行的主意, 行是知的工夫. 知是行之始, 行是知之成.〕"라고 하였고, 또 《전습록》 〈답고동교서(答顧東橋書)〉에 "앎이 진절하고 독실한 곳이 바로 행(行)이요, 행함에 있어 밝게 깨닫고 정밀히 살핀 곳이 바로 앎이니, 앎과 행함의 공부가 본래 서로 분리되지 않는다."라고 하였다.

96 본심(本心)을……들었네 : 성역(聖域)은 성인(聖人)의 경지를 말하고, 현과(賢科)는 현인(賢人)의 등급이라는 의미이다.

97 요연(遼燕) : 요동(遼東)과 연경(燕京)의 병칭이다.

정신에 새겨서 힘써 찾아 방문한다면 銘神力搜訪
우리의 도에 도움 됨이 끝내 어떻겠는가 吾道竟如何

전부터 정신으로 사귄 지는 오래지만 伊昔交神久
지금까지 얼굴 보기는 드물었는데 如今見面稀
다시 천 리 먼 길 이별을 하려고 보니 復爲千里別
단지 맘과 일이 어긋남을 깨닫겠네 只覺寸心違
장한 절조는 기둥에 쓴 대로 될 게고[98] 壯節歸題柱
높은 풍도는 고사리 캔 데서 일으키리[99] 高風起採薇
시 읊조려 옛일을 슬퍼한 나머지에 吟詩弔古外
진중하여 미세한 데서 막는 걸[100] 다하리라 珍衛盡防微

98 장한……게고 : 기둥에 쓴다는 것은 한 무제(漢武帝) 때 촉군(蜀郡) 성도(成都)의 사마상여(司馬相如)가 촉군을 떠나 장안(長安)으로 가는 길에 성도의 성(城) 북쪽 승선교(昇仙橋)에 이르러 다리 기둥에 쓰기를 "적거 사마를 타지 않고는 네 밑을 지나지 않으리라.〔不乘赤車駟馬, 不過汝下也.〕"라고 하여, 공명(功名)을 이루겠다는 포부를 갖고 떠났다가, 과연 그의 뛰어난 문장으로 한 무제의 알아줌을 입어, 그로부터 현달하게 되었던 데서 온 말이다.《華陽國志 卷3 蜀志》 여기서는 명나라에 사신으로 가는 윤두수, 윤근수 형제가 반드시 큰 공명을 이루고 돌아올 것이라는 뜻이다.

99 높은……일으키리 : 북경에 사신으로 가는 사람이 고죽국 지역을 지날 적에는 반드시 백이, 숙제의 절의(節義)에 크게 고무될 것이라는 뜻이다.

100 미세한……걸 : 화환(禍患)의 조짐이 싹터서 커지기 전에 미리 막아 버린다는 뜻이다.《포박자(抱朴子)》〈명본(明本)〉에 "옛날의 달인들은 조짐을 막고 미세한 데서 방비하여 화환의 기미를 보면 떠나되 밤중이라도 아침이 되기를 기다리지 않았다.〔昔之達人, 杜漸防微, 色斯而逝, 夜不待旦.〕"라고 하였다. 그러나 여기서는 어떤 일을 가지고 한 말인지 자세하지 않다.

이 정승[101] 탁 에 대한 만사
挽李政丞 鐸

큰 선비가 주나라에서 나왔고	碩士生周國
어진 신하가 한나라 조정에 섰네[102]	賢臣立漢庭
난간을 부러뜨려 삼굴을 깨뜨렸고[103]	檻摧三窟破
구름은 찬란해라 상태[104]가 밝았었지	雲爛上台明
경제 정책은 태평성대를 만났었고	經濟當平世

101 이 정승(李政丞) : 이탁(李鐸, 1509~1576)으로, 본관은 전의(全義), 자는 선명(善鳴), 호는 약봉(藥峯)이다. 선조(宣祖) 연간에 우의정, 영의정에 이르렀다. 을사사화(乙巳士禍)의 원흉(元兇)인 이기(李芑), 윤원형(尹元衡) 등을 탄핵하여 끝내 윤원형을 추방시키기도 하였다.

102 큰……섰네 : 큰 선비와 어진 신하는 모두 이탁을 가리키고, 주(周)나라와 한(漢)나라는 모두 조선을 가리켜 한 말이다.

103 난간을……깨뜨렸고 : 난간을 부러뜨렸다는 것은 한 성제(漢成帝) 때의 직신(直臣) 주운(朱雲)이 천자(天子)를 알현하여 상방참마검(尙方斬馬劍)을 내려 주시면 간신 안창후(安昌侯) 장우(張禹)를 베겠노라고 하였다. 천자가 상관을 헐뜯고 사부를 모욕한 죄로 처벌하려 하자, 주운이 궁전의 난간을 굳게 부여잡고 버티다가 난간이 부러진 고사를 말한다.《漢書 楊胡朱梅云傳》 삼굴(三窟)은 제(齊)나라 맹상군(孟嘗君)이 설(薛) 땅에 봉해지자 문객 풍환(馮驩)이 "교활한 토끼는 세 군데쯤 굴을 파놓아야 간신히 죽음을 면할 수 있다."라고 한 데서 온 말이다.《戰國策 齊策4》 여기서 을사사화의 원흉인 윤원형을 탄핵하여 축출하게 한 이탁의 강직함을 주운에 빗대서 말한 것이고, 교활한 토끼는 바로 윤원형에 비유한 것이다.

104 상태(上台) : 본디 성명(星名)인데, 여기서는 삼공(三公) 중에 으뜸인 영상(領相)을 별에 빗대서 말한 것으로, 즉 영상을 지낸 이탁을 지칭한다.

고황[105]은 늙은 만년에 침범해 왔네　膏肓屬暮齡
가문을 계승하는 데는 용호[106]가 있고　承家有龍虎
남긴 덕은 애영[107]을 누림을 보겠구려　遺德見哀榮

오백 년 만에 성왕이 나오신 덕분에[108]　五百年間作
삼천 리 밖에서 소명 받고 돌아와서는[109]　三千里外徵
초종과는 문득 숙직을 함께하였고[110]　超宗便共直

105 고황(膏肓) : 심장(心臟)과 격막(膈膜) 사이 부분으로, 여기에 병이 나면 침이나 약물로도 치유할 수 없다는 데서, 고질병을 가리킨다. 《春秋左氏傳 成公10年》

106 용호(龍虎) : 준걸(俊傑)한 인물을 비유한 것으로, 여기서는 이탁의 세 아들을 가리킨다. 이선(李選)이 지은 이탁의 묘비명에 의하면, 이탁의 장자인 이해수(李海壽)는 1563년(명종18) 알성시(謁聖試) 문과(文科)에 급제한 이후 여러 청환직을 거쳐 승지, 대사간, 대사성에 이르렀고, 차자인 이회수(李淮壽)는 충청도 수군절도사(忠淸道水軍節度使)를 지냈으며, 셋째 아들인 이명수(李溟壽)는 대사성을 지냈다.

107 애영(哀榮) : 살아서는 다 존경하고, 죽어서는 다 슬퍼해 주는 것을 이른 말이다. 《論語 子張》

108 오백……덕분에 : 맹자가 이르기를 "오백 년 만에 반드시 천하에 왕정을 펼 사람이 나오나니, 그 사이에는 반드시 세상에 이름난 이가 있는 것이다."라고 한 데서 온 말이다. 《孟子 公孫丑下》 여기서는 선조를 위의 성왕(聖王)에 빗대서 한 말이다.

109 삼천……돌아와서는 : 소재가 을사사화 때 진도(珍島)에 유배되었다가 선조가 즉위한 다음에 유배에서 풀려 소명을 받고 조정으로 돌아오게 된 것을 말한다. 삼천 리라고 한 것은 진도가 아주 먼 지방이었음을 의미한다.

110 초종(超宗)과는……함께하였고 : 초종은 남제(南齊) 때의 문장가인 사초종(謝超宗)으로, 남조(南朝) 송(宋)의 문장가인 사령운(謝靈運)의 손자이다. 그가 신안왕(新安王)의 모친인 은 숙의(殷淑儀)의 뇌사(誄詞)를 지어 올리자, 신안왕이 그 글을 보고 "초종은 남달리 봉모(鳳毛)가 있어, 사령운이 다시 나온 듯하다."라고 했던 데서 온 말이다. 《南齊書 謝超宗列傳》 여기서는 이탁을 재능이 뛰어났던 사초종에 빗대서

문자와는 외람히 공조에 함께 올랐네[111] 文子忝同升
반식하는 재상을 장차 어디에 쓰리오[112] 伴食將焉用
취량은 이미 믿을 수 없게 되었는걸[113] 炊粱已莫憑
다만 나라 걱정하는 눈물을 가져다가 只將憂國淚
조회 기다리는 등잔 앞에 더 뿌릴 뿐이네 添灑待朝燈

한 말로, 소재가 조정에 돌아온 이후에는 이탁과 함께 숙직한 것을 말한다.

111 문자(文子)와는……올랐네 : 문자는 춘추 시대 노(魯)나라 대부(大夫)였던 공숙문자(公叔文子)를 가리킨 것으로, 《논어》 〈헌문(憲問)〉에 "공숙문자의 가신인 대부 선(僎)이 문자와 함께 공조에 올랐다. 공자께서 그 사실을 듣고 '시호를 문(文)이라고 할 만하다.'라고 했다."라고 한 데서 온 말이다. 여기서는 자신이 선배인 이탁과 함께 판서(判書), 재상(宰相)의 반열에 올랐던 것을 공숙문자의 일에 빗대서 한 말이다.

112 반식(伴食)하는……쓰리오 : 반식은 함께 밥을 먹는다는 뜻으로, 당대(唐代)에 조회를 마치면 재상(宰相)이 백관(百官)을 거느리고 상서성(尙書省)의 도당(都堂)으로 가서 회식했던 데서 온 말이다. 당 현종(唐玄宗) 때의 재신(宰臣) 노회신(盧懷愼)이 동료 재신 요숭(姚崇)과 함께 추밀(樞密)을 관장하면서 자신의 재능이 요숭에게 미치지 못함을 스스로 인정하여 요숭에게 모든 일의 결단을 양보하였으므로, 당시 사람들이 그를 '함께 밥 먹는 재상〔伴食宰相〕'이라고 일컬었던 데서, 전하여 재상 지위에 있으면서 게으르고 무능하여 아무 일도 하지 못하는 사람을 가리킨다. 《舊唐書 盧懷愼列傳》 여기서는 자신의 성이 노씨(盧氏)인 데다 무능한 재상이라는 겸사이다.

113 취량(炊粱)은……되었는걸 : 취량은 기장밥을 짓는다는 뜻이다. 당(唐)나라 때 노생(盧生)이 일찍이 한단(邯鄲)에서 도사(道士) 여옹(呂翁)의 베개를 베고 잠이 들었는데, 노란 기장밥을 한 번 짓는 동안에 부귀영화를 다 누린 꿈을 꾸었다는 데서 온 말인데, 전하여 인간 세상의 덧없음을 의미한다. 여기서는 당나라 노생처럼 덧없는 부귀영화의 꿈은 믿지 않은 지 오래라는 뜻이다.

이흠재[114]를 보내다

送李欽哉

버들 그늘에 늦은 봄은 어둑해지고	楊柳三春暗
넘실대는 강호는 만 리나 맑은데	江湖萬里清
마음은 멀리 흰 구름을 따라가고	心隨白雲去
눈물은 수의에 뿌려서 보내노라[115]	淚灑繡衣行
찬비 속에 외론 배의 봉창은 걷히고	寒雨孤篷捲
향기론 술병 앞에 양인의 눈은 밝아라	芳尊兩眼明
맘속에 그리운 친구를 바라보노라니	相看意中友
그대도 백발이 머리 가득 났구려	華髮滿頭生

114 이흠재(李欽哉) : 이헌국(李憲國, 1525~1602)으로, 본관은 전주(全州), 자는 흠재, 호는 유곡(柳谷)이다.

115 눈물은……보내노라 : 수의(繡衣)는 옛날 지방에 파견된 사자(使者)가 입었던 수놓은 비단옷을 말한 것으로, 여기서는 이헌국이 당시에 관찰사 등의 직무를 띠고 지방에 내려가게 되었으므로 한 말인 듯하다.

홍 정승 섬 이 궤장을 하사받은 연석에서[116]

洪政丞 暹 賜几杖宴席

삼종 일생이 재상 가문을 벗어나지 않았어라[117]	三從不出相門闈
이런 일은 지금에야 처음 있는 일이고말고	此事如今始有之
게다가 아들은 하사한 영수장[118]을 짚고 서서	更柱省中靈壽杖
또한 몸에는 당상의 노래자 옷을 걸치었네[119]	却披堂上老萊衣
우로 같은 은택 입음은 진정 천재일우거니와	恩承雨露眞千載
기꺼이 접대하여라 한때의 조관이 다 모였네	歡接冠紳盡一時
이런 연석 참석한 적이 그 어디서 있었던가	何處得來叨席次
재상을 꾸며 줄 좋은 시구가 없어 부끄럽구려	媿無佳句賁黃扉

116 홍……연석(宴席)에서 : 홍섬(洪暹, 1504~1585)은 본관은 남양(南陽), 자는 퇴지(退之), 호는 인재(忍齋)이다. 선조(宣祖) 때에 우의정, 좌의정을 거쳐 영의정에 이르렀다. 궤장을 하사받은 것은 좌의정 때였다.

117 삼종(三從)……않았어라 : 삼종은 《예기》 〈교특생(郊特牲)〉에 "부인은 남을 따르는 자이니, 어려서는 부형을 따르고, 시집가서는 남편을 따르고, 남편이 죽으면 자식을 따른다.〔婦人, 從人者也. 幼從父兄, 嫁從夫, 夫死從子.〕"라고 한 데서 온 말이다. 여기서는 재상(宰相) 홍섬의 모친 송씨(宋氏) 부인이 일평생 다복하여 유년기에는 부친 송질(宋軼), 남편 홍언필(洪彦弼), 아들 홍섬이 재상이었던 것을 말한다.

118 영수장(靈壽杖) : 영수목(靈壽木)으로 만든 지팡이를 말한 것으로, 옛날 노대신(老大臣)에게 하사하였다. 《한서(漢書)》 〈공광전(孔光傳)〉에 "태사에게 영수장을 하사하였다.〔賜太師靈壽杖〕"라고 하였다. 여기서는 홍섬에게 하사한 영수장이다.

119 또한……걸치었네 : 홍섬이 노래자처럼 모친 앞에서 채색옷을 걸치고 아이처럼 장난하여 모친을 기쁘게 해 드린 효행을 말한다. 노래자에 대해서는 139쪽 주77 참조.

홍 정승의 모부인[120]에 대한 만사

洪政丞母夫人挽

삼가 생각건대 정경 대부인의 일생에 대해선	恭惟貞敬大夫人
하늘 밖의 일은 모르나 세상에선 못 들어 봤네[121]	天外難知世未聞
일덕으로 삼종하였으니 영상 지위는 우뚝했고[122]	一德從三上台峻
백 년에서 육 년이 적어라 노인성은 높기도 했네[123]	百年除六老星尊
은총으로 내린 부의 물품은 상례를 뛰어넘었고	恩加賵賻逾常典
효성은 상복 제도 굽어 따라 고례를 초월하네[124]	孝俯衰麻掩古文
어떻게 하면 당대의 제일가는 문장가를 얻어	安得當時大手筆
조리 있게 기록하여 천지간에 빛낼 수 있을꼬	却將詮載照乾坤

120 홍 정승(洪政丞)의 모부인(母夫人) : 홍섬(洪暹)의 모친 송씨(宋氏)를 가리킨다.

121 삼가……봤네 : 정경 대부인(貞敬大夫人)은 홍섬의 모친을 지칭하고, 일생의 일은 부친 송질(宋軼), 남편 홍언필(洪彦弼), 아들 홍섬이 영상에 이른 것을 말한다.

122 일덕(一德)으로……우뚝했고 : 일덕은 한결같은 덕이란 뜻이다. 삼종(三從)은 150쪽 주117 참조.

123 노인성(老人星)은 높기도 했네 : 홍섬의 모친이 장수한 것을 말한다.

124 효성은……초월하네 : 홍섬이 나이 70세였는데도 모친상에 집상(執喪)을 원칙대로 했던 것을 이른 말이다. 고례를 초월했다는 것은 선조(宣祖)가 홍섬의 연로함을 생각하여 내린 전교(傳敎)에서 고례를 인용하여 "자식의 나이 칠십이면 최마만 몸에 걸치는 것이 예이다.〔人子七十, 唯衰麻在身, 禮也.〕" 하였고, 또 내린 전교에 "지금 경의 애훼함이 예에 지나친다. 효자가 팔십이면 최마의 일을 행하지 않는 것이 바로 예인 것이다.〔今者卿哀毁過禮. 孝子八十, 不及衰麻之事, 乃禮也.〕"라고 한 데서 온 말이다. 《忍齋集 卷4 居憂錄》

우상에서 체직되다

遞右相

무인년(1578, 선조11)의 봄이 완전히 저물어 가니	土虎春全暮
오우는 헐떡거림을 그치지 못하네[125]	吳牛喘未蘇
처음으로 우의정을 사직하고	初辭右議政
문득 판중추부사로 취임하였네	便就判中樞
성상의 은택은 바다처럼 깊디깊고	睿澤深如海
어머니 은혜는 연유처럼 보드랍네	慈恩潤似酥
현인을 피하고 성인을 즐기노라면[126]	避賢仍樂聖
내 수명을 몇 해는 더 늘릴 수 있으리	能住幾年盧

125 오우(吳牛)는……못하네 : 오(吳)나라는 중국 남방의 아주 더운 지방이므로, 낮에 더위로 몹시 괴로워하던 소가 밤에 달이 뜬 것을 보고도 또 해가 떴나 생각하여 숨을 헐떡거렸다고 한다. 《天中記 卷1》 전하여 평소 두려워하던 상대와 비슷한 것만 보아도 놀라 두려워함을 뜻하기도 하는데, 여기서는 혹 단순히 날이 더워져서 한 말인지, 아니면 어떤 다른 의미로 이 고사(故事)를 인용하였는지 자세하지 않다.

126 현인(賢人)을……즐기노라면 : 현자에게 높은 자리를 양보하는 뜻이다. 당 현종(唐玄宗) 때 이적지(李適之)가 좌승상(左丞相)으로 있다가 이임보(李林甫)에 의해 파직되고 나서 지은 〈파상(罷相)〉 시에 "현자를 피해 막 재상을 파면당하고, 성인을 즐겨 또 술이나 마시노라. 묻노니 내 문 앞의 빈객이, 오늘 아침엔 그 몇 사람이나 왔던가.〔避賢初罷相, 樂聖且銜杯. 爲問門前客, 今朝幾箇來?〕"라고 하였다. 《舊唐書 李適之列傳》

강복성에게 주다

贈康復誠

친구는 이미 돌아간 지 오래인데[127] 故人久冥漠
지금 그 아들은 명으로 말미암아 성하네[128] 今子自明誠
일찍부터 숨은 용의 뜻을 지녔더니[129] 夙有潛龍志
늦게야 사마시에 합격했을 뿐이로다 晩占司馬名
서로 만났을 땐 버들개지 펄펄 날리더니 相逢飛柳絮
갑작스런 이별엔 꾀꼬리 울어 송별하네 倏別送鶯聲
칠십 된 이 늙은이가 아직 살아 있으니 七十老夫在
이때의 심정이 그 얼마나 간절하겠는가 此時多少情

기묘년(1579, 선조12)이다.

127 친구는……오래인데 : 친구는 강복성(康復誠)의 부친인 강유선(康惟善)을 지칭한 것으로, 소재와 강유선은 동문이며 동서 간이기도 하다.

128 명(明)으로 말미암아 성(誠)하네 : 《중용장구》 제21장에 "성실함으로 말미암아 밝아지는 것을 성이라 이르고, 밝음으로 말미암아 성실해지는 것을 교라 이르니, 성실하면 밝아지고, 밝아지면 성실해진다.〔自誠明, 謂之性; 自明誠, 謂之教. 誠則明矣, 明則誠矣.〕"라고 한 데서 온 말이다.

129 일찍부터……지녔더니 : 숨은 용의 뜻은 《주역》 〈건괘(乾卦) 문언(文言)〉에 "초구에 '숨은 용은 쓰지 말라.'라는 것은 무슨 말인가? 공자가 이르기를 '용의 덕을 지니고 은둔한 자이니, 세상 따라 변하지도 않으며, 명성을 이루려고 하지도 않아서, 세상을 은둔하여 알아줄 이 없어도 걱정하지 않으며, 옳게 여겨 줌을 받지 못해도 걱정하지 않는 것이다.'라고 했다.〔初九曰: "潛龍勿用." 何謂也? 子曰: "龍德而隱者也, 不易乎世, 不成乎名, 遯世無悶, 不見是而無悶."〕"라고 한 데서 온 말이다. 여기서는 강복성이 일찍부터 세상에 나가지 않고 은거하려는 뜻이 있었다는 의미이다.

삼월이라 동호에서 한 거룻배로 이별하니　三月東湖一棹分
탄금대의 봄 풍광이 그대를 위로해 줄 걸세　琴臺春色正勞君
중은 구절판[130] 송계의 바람 속에 길을 헤맬 게고　僧迷九折松溪籟
산새는 천 겹의 월악산 구름 위에 흔적도 없으리　鳥盡千重月岳雲
조석 간에 도 듣지 못하면 자퇴할 줄은 알거니와　朝夕無聞知自退
혼정신성 어버이 봉양은 뉘에게 맡겨 한단 말가　晨昏有養屬誰勤
백발이 사잔에 임해 있음은 응당 슬프려니와[131]　應悲白髮臨蛇盞
문득 붉은 깃발이 견문산에 비침을 보게 되었네[132]　却見丹旗照犬門

경진년(1580)이다.

한 선비가 배를 타고 충주로부터 올라오거늘　有儒乘舸自忠州
바람 부는 헌함에 앉아 자주 시름 풀게 하노라[133]　要坐風軒數散愁

130 구절판(九折坂) : 사천성(四川省) 공래현(邛崍縣)에 있는 아주 험난하기로 유명한 산비탈 길을 말하는데, 여기서는 험난한 산길을 구절판에 빗대서 한 말이다.

131 백발(白髮)이……슬프려니와 : 사잔(蛇盞)은 '술잔 속의 뱀 그림자〔杯中蛇影〕'라는 고사에서 온 말이다. 진(晉)나라 악광(樂廣)이 일찍이 자기 친구와 술을 마신 적이 있는데, 그때 그 친구가 술잔 속에 비친 뱀의 그림자를 보고는 마음이 섬뜩하여 그 길로 병이 났다가, 뒤에 그 뱀의 그림자가 청사(廳事)의 벽에 걸린 각궁(角弓)의 그림자였음을 알고 나서는 병이 저절로 나았다. 《晉書 樂廣列傳》 여기서는 왜 이 고사를 인용하였는지 자세하지 않다.

132 문득……되었네 : 견문산(犬門山)은 충주(忠州) 소재지 서쪽에 위치한 산이고, 소재의 스승인 이연경(李延慶)의 주거가 그 근처이기도 하다. 그러나 여기서는 무슨 의미로 한 말인지 자세하지 않다.

133 한……하노라 : 두보(杜甫)의 〈간오랑사법(簡吳郎司法)〉 시에 "한 손이 배를 타고 충주로부터 오거늘, 기사를 보내 양서의 머리에 편안히 안치했네. 옛집을 본래 산건 탁 트임을 누리려던 것인데, 너에게 옮겨 살도록 빌려주어 연유를 정지하노라. 구름

낙선방 안에서는 그대를 만나지 못했는데[134]	樂善坊中君不見
공릉 길 위에서는 내가 어찌 머무른단 말가	恭陵道上我何留
하늘은 높아 오만 생각이 하루에 다 모여들고	天高萬慮屬一日
신은 늙어 다시 온 지가 지금 삼 년이 되었네	臣老再來今三秋
인간 세상의 슬픔과 즐거움이 대략 반반이라	人世悲歡略相半
잠시 문회를 가진 것 또한 즐거웠다 하겠네	暫時文會亦云優

병술년(1586)이다.

낀 돌은 빛나라 높은 나뭇잎 새벽이요, 강바람은 살살 불어라 어지러운 돛배 가을이로다. 도리어 인척과 서로 만나는 장소로 삼고, 높은 헌함에 앉아 자주 시름 흩도록 허락하노라.〔有客乘舸自忠州, 遣騎安置瀼西頭. 古堂本買藉疏豁, 借汝遷居停宴遊. 雲石熒熒高葉曙, 風江颯颯亂帆秋. 却爲姻婭過逢地, 許坐曾軒數散愁.〕"라고 한 데서 온 말이다. 《杜少陵詩集 卷20》 이 시는 두보의 처가(妻家) 쪽으로 인척간(姻戚間)이 되는 부주사법참군사(府州司法參軍事) 오 아무개〔吳某〕를 위해 옮겨 살 곳을 마련해 주고 읊은 시이다. 여기서는 소재와 동서 간이 되는 강유선의 아들인 강복성을 위해서 한 말이긴 하나, 구체적인 내용에 대해서는 자세하지 않다.

134 낙선방(樂善坊)……못했는데 : 낙선방은 서울 건천동(乾川洞)에 있는 방명(坊名)인데, 여기에 소재가 태어나고 자란 경제(京第)가 있었다. 그러나 여기서 '그대를 만나지 못했다'는 말은 무슨 의미인지 자세하지 않다.

한강에서 심 홍천[135] 희수 과 작별하다

漢江別沈洪川 喜壽

병든 나그네에겐 늦더위가 괴롭히는데	病客侵殘暑
높은 누각엔 초가을이 성큼 다가왔구나	危樓屬孟商
산은 삼각산까지 돌아 내려와 그치고	山廻三角盡
물은 오대산에서 흩어져 길이 흘러오네	水散五臺長
시름은 부는 젓대 소리에 이어 생기고[136]	愁思連吹笛
환담을 나누다 잘못 술잔까지 엎었네	歡談誤覆觴
자석[137]을 위하여 상심이 되는 것은	傷心于子石
고당[138]에서 만날 날이 없게 된 걸세	無日會高堂

135 심 홍천(沈洪川) : 심희수(沈喜壽, 1548~1622)로, 본관은 청송(靑松), 자는 백구(伯懼), 호는 일송(一松)이다. 소재의 문인(門人)이다. 홍천은 이때 심희수가 홍천 수령으로 나갔던 듯하나 자세하지 않다.

136 시름은……생기고 : 두보(杜甫)의 〈범강송객(泛江送客)〉 시에 "눈물은 권하는 술잔을 좇아 흐르고, 시름은 부는 젓대 소리에 이어 생기누나.〔淚逐勸杯下, 愁連吹笛生.〕"라고 하였다. 《杜少陵詩集 卷12》 여기서는 이별을 슬퍼하는 뜻이다.

137 자석(子石) : 심희수를 지칭한 말인 듯하나 근거할 데가 없다.

138 고당(高堂) : 흔히 부모나 조정을 의미하는데, 여기서는 조정을 가리킨다.

연파정[139]에서

煙波亭

애써 시력을 수습해 정자 편액 이름을 지은 건	剛收目力做亭顔
거센 바람에 만 리 파도를 헤쳐 나가기 위함일세[140]	爲破長風萬里還
하목[141]은 천고의 풍광을 넉넉히 보내오고	霞鶩賸輸千古色
갈매기는 백 년의 한가로움을 나눠 차지했네	沙鷗分占百年閑
평상 머리 술상 앞에서는 유수곡을 타는데[142]	牀頭杯盌彈流水
벽 위의 서책에는 박산로의 향연이 피어오르네	壁上圖書篆博山
이별하는 배는 절로 응당 홀로 떠나갈 테니	別艇自應成獨往
높은 새 둥지를 뉘와 함께 더위잡을 수 있을꼬[143]	危巢誰可辦同攀

풍(風)이 다른 본에는 강(江)으로 되어 있다.

139 연파정(煙波亭) : 안동(安東) 구담(九潭)에 있다는 기록이 있으나 자세하지 않다. 《化堂集 卷3 煙波亭記》

140 거센……위함일세 : 유송(劉宋)의 종각(宗慤)이 장래의 포부를 '거센 바람을 타고 만 리 파도를 헤쳐 나가는 것'라고 하더니, 뒤에 과연 진무장군(振武將軍)이 되어 큰 공훈을 세우고 조양후(洮陽侯)에 봉해졌던 데서 온 말로, 흔히 남아의 웅대한 기백을 발휘하여 용감하게 전진하는 비유로 쓰인다. 《宋書 宗慤列傳》

141 하목(霞鶩) : 왕발(王勃)의 〈등왕각서(滕王閣序)〉에 "저녁놀은 외로운 따오기와 가지런히 난다.〔落霞與孤鶩齊飛〕"라고 한 데서 온 말이다. 《古文眞寶 後集 卷2》

142 평상……타는데 : 유수곡(流水曲)은 백아(伯牙)와 종자기(鍾子期)의 고사에서 온 말이다. 백아가 흐르는 물에 뜻을 두고 거문고를 타자, 종자기가 "좋구나, 광대한 것이 마치 강하(江河)와 같도다."라고 하였다고 한다. 《列子 湯問》

143 높은……있을꼬 : 소식(蘇軾)의 〈후적벽부(後赤壁賦)〉에 "새매가 살고 있는 높은 나무 둥지를 더위잡고, 강 귀신의 그윽한 집을 굽어본다."라고 하였다. 《東坡全集 卷33》

학림수[144]의 금강산 유람 시축에 쓰다

題鶴林守遊金剛軸

김제(金禔)[145]가 산(山)을 그리고 아계(鵝溪)[146]가 시를 지었다.

예전엔 비로봉에 올라 뭇 산을 둘러봤는데	昔上毗盧覽衆山
지금은 마힐을 통해 높은 봉만임을 알겠네[147]	今從摩詰認孱巒
구름 쌓인 옛 회나무 밑은 어둠침침한 골짝이요	屯雲古檜陰陰洞
석양 아래 높은 다리 밑엔 얕은 물굽이가 흐르네	落日危橋淺淺灣
학을 탄 풍류는 좌해를 남김없이 궁탐하였고[148]	跨鶴風流窮左海

144 학림수(鶴林守) : 왕족 화가인 이경윤(李慶胤, 1545~1611)으로, 본관은 전주(全州), 자는 수길(秀吉), 호는 낙파(駱坡), 봉호는 학림수이다. 처음 학림수에 봉해졌다가 뒤에 학림정(鶴林正)에 진봉(進封)되었다.

145 김제(金禔) : 문인 화가로 자는 계수(季綏), 호는 양송당(養松堂)·취면(醉眠)이다. 벼슬은 사포 별제(司圃別提)에 그쳤다. 일찍부터 과거를 단념하고 서화를 즐겼는데, 산수화의 각 체에 모두 뛰어났다고 한다. 이수광(李睟光)은 일찍이 말하기를 "간이의 문과 석봉의 글씨와 취면의 그림 같은 것은 세상에 드문 재주에서 나온 것이다.〔如簡易文、石峯筆、醉眠畫, 間世才也.〕"라고 하였다. 《槿域書畫徵 卷3》

146 아계(鵝溪) : 이산해(李山海, 1539~1609)로, 본관은 한산(韓山), 자는 여수(汝受), 호는 아계이다.

147 지금은……알겠네 : 마힐(摩詰)은 성당(盛唐) 시대 시인으로 서화에도 뛰어났던 왕유(王維)의 자이다. 그의 그림은 특히 산수(山水), 운석(雲石)에 뛰어나서 남화(南畫)의 조(祖)로 일컬어졌다. 여기서는 김제의 금강산(金剛山) 그림을 왕유의 산수화에 빗대서 한 말이다.

148 학(鶴)을……궁탐(窮探)하였고 : 학을 탄다는 것은 도교(道敎)에서 득도(得道)한 후에는 학을 타고 날아 올라간다고 하는 데서, 전하여 신선을 의미한다. 여기서는

거위 담은 농의 문채는 동한에 으뜸이다마다[149] 籠鵝文彩擅東韓
가련하여라 영 남쪽의 칠십 세 된 나그네가 可憐嶺外稀年客
성중에서 소매 가득 눈물로 젖고 말았구려 贏得城中滿袖濟

학림수의 봉호에 '학' 자가 들었기 때문에 그를 지칭한 것이다. 좌해(左海)는 바다의 동쪽이라는 뜻으로 우리나라를 지칭하는데, 여기서는 특히 금강산을 끼고 있는 동해(東海)의 주변을 가리킨 것이다.

149 거위……으뜸이다마다 : 거위 담은 농〔籠鵝〕이란 명필(名筆) 왕희지(王羲之)의 고사에서 온 말이다. 《진서(晉書)》 〈왕희지열전(王羲之列傳)〉에 "산음에 한 도사가 좋은 거위를 기르고 있었는데, 왕희지가 가 보고는 맘속으로 매우 좋아하여 도사에게 그 거위를 팔아 달라고 애써 요구하자, 도사가 말하기를 '나를 위해 《도덕경》을 써 준다면 의당 거위 떼를 몽땅 들어주겠다.'라고 하므로, 왕희지가 흔연히 《도덕경》을 다 쓰고 나서는 거위를 농에 담아 가지고 돌아가서는 매우 즐거워했다.〔山陰有一道士養好鵝, 羲之往觀焉, 意甚悅, 固求市之. 道士云: "爲寫道德經, 當擧群相贈耳." 羲之欣然寫畢, 籠鵝而歸, 甚以爲樂.〕"라고 하였다. 여기서는 호가 아계이기도 한 이산해의 글씨를 왕희지의 글씨에 빗대서 한 말이다.

주천[150]의 덕주사[151]에서 지은 시에 차운하다

次舟川德周寺韻

주천의 아들 강 참봉(康參奉)[152]이 지어 달라고 청하였다.

월악은 태곳적부터 내려온 산이요　月岳自太古
송계는 상청[153]에서 흘러온 물이로다　松溪來上淸
그 어떤 사람이 끝없는 흥취를 가지고　何人無盡興
짐짓 이렇게 불평의 울음[154]을 지었던가　故作不平鳴
누각은 먼데 높은 잔도는 썰렁하고　閣迥雲梯冷
재단은 고적한데 돌길은 뚜렷하지　齋孤石徑明
나는 쇠하여 다시 오르긴 꿈도 못 꾸고[155]　吾衰不復夢

150 주천(舟川) : 강유선(康惟善)의 호이다. 116쪽 주6 참조. 소재는 소년 시절 강유선과 함께 이연경(李延慶)에게 수학(受學)하였고, 뒤에 두 사람이 똑같이 이연경의 딸에게 장가들어 서로 동서 간이 되었다.

151 덕주사(德周寺) : 충주 월악산(月岳山) 밑에 있는 절이다. 세속에 전하는 말에 의하면 "덕주부인(德周夫人)이 이 절을 세웠기 때문에 이렇게 이름했다."라고 한다.

152 강 참봉(康參奉) : 강복성(康復誠)이다.

153 상청(上淸) : 도가(道家)에서 이른바 삼청(三淸), 즉 옥청(玉淸), 상청, 태청(太淸)이라는 세 곳의 청경(淸境) 중의 한 곳으로, 본래는 천상(天上)을 가리키는데, 여기서는 높은 산을 의미한다.

154 불평의 울음 : 한유(韓愈)의 〈송맹동야서(送孟東野序)〉에 "대체로 물건이 그 화평함을 얻지 못하면 운다.〔大凡物不得其平則鳴.〕"라고 한 데서 온 말인데, 이는 불공평한 일을 당했을 때 불만의 소리를 내게 되는 것을 의미한다. 즉 시(詩)가 바로 그런 것이다. 《東雅堂昌黎集註 卷19》 여기서는 강유선의 덕주사에서 지은 시를 가리킨다.

155 나는……꾸고 : 공자(孔子)가 젊은 시절에는 주공(周公)의 도를 행하려는 굳은

맑은 눈물만 갓끈을 흠뻑 적실 뿐이네　　清淚賸沾纓

의지 때문에 꿈속에 가끔 주공을 보았는데, 늙어서는 의지 또한 쇠약해져서 다시는 꿈속에도 주공을 만나지 못하자, 이를 탄식하여 이르기를 "심하다, 나의 쇠함이여. 내가 다시 꿈속에 주공을 만나지 못한 지가 오래되었다.〔甚矣吾衰也! 久矣吾不復夢見周公.〕"라고 한 데서 온 말이다. 《論語 述而》 여기서는 시제(詩題)가 주공의 '주' 자가 들어간 덕주사이기 때문에 공자의 말을 인용한 것인데, 이는 소재 역시 이제는 노쇠하여 다시는 덕주사를 올라갈 수가 없다는 뜻으로 전용한 것이다.

앞의 운을 거듭 사용하여 응휴[156]에게 수답하다

疊前韻酬應休

응휴를 만나지 못한 지 오래였는데	不見應休久
이제 만나 보니 용모가 청수하구려	見之眉宇淸
월악산의 승경을 능히 담론하니	能談月岳勝
봉황의 울음소리[157]를 듣는 것 같네	如聽鳳凰鳴
옥수는 진흙 속에 일찍 묻히었고[158]	玉樹泥中暗
의란은 골짜기 안에서 홀로 밝구려[159]	猗蘭谷裏明

156 응휴(應休) : 홍인지(洪仁祉)의 자이다. 《소재집》 권4 〈차운증홍응휴(次韻贈洪應休)〉라는 시제(詩題) 아래 자주(自註)에 의하면, 홍인지는 소재와 함께 이연경(李延慶)에게 수학했고, 홍인지의 형인 홍인우(洪仁祐)는 소재의 친구였다. 홍인지는 생원(生員)으로 진천 현감(鎭川縣監)을 지낸 사실도 확인할 수 있다.

157 봉황(鳳凰)의 울음소리 : 《시경》 〈대아(大雅) 권아(卷阿)〉에 "봉황새가 울어 대니, 저 높은 뫼이로다.〔鳳凰鳴矣, 于彼高岡.〕"라고 한 데서 온 말로, 본디 정직하게 간하는 현사(賢士)를 비유하는데, 여기서는 홍인지의 훌륭한 담론을 봉황의 울음소리에 빗대서 한 말이다.

158 옥수(玉樹)는……묻히었고 : 옥수는 남의 훌륭한 자손을 칭찬하는 말이다. 동진(東晉) 때 사안(謝安)이 "어찌하여 인사에 관여하여 그들을 아름답게 기르고자 하느냐?"라고 묻자, 조카인 사현(謝玄)이 대답하기를 "지란(芝蘭)과 옥수 같은 인재가 궁전 뜰에서 자라게 하고 싶을 뿐입니다."라고 했던 데서 온 말이다. 《晉書 謝安列傳》 여기서는 홍인지의 죽은 아들을 사현의 고사에 빗대서 한 말인지, 홍인우가 학문이 깊은 선비로서 나이 겨우 40세에 요절한 것을 가리킨 말인지 자세하지 않다.

159 의란(猗蘭)은……밝구려 : 의란은 아름다운 난초를 말한다. 《악부시집(樂府詩集)》 권59 〈금곡가사(琴曲歌辭) 의란조(猗蘭操)〉에 "의란조는 공자가 지은 것이다.

어찌하여 나는 늙어서도 죽지 않고 奚爲老不死
되레 높은 관직 맡을 줄만 아는지 却解管簪纓

응휴를 만나지 못한 지 오래였는데 不見應休久
만나 보니 속된 생각이 말끔해지네 見之塵慮淸
떠나간 용[160]은 전혀 적막하기만 하고 去龍渾寂寞
버려진 천리마는 빗속에 슬피 우네 遺驥雨悲鳴
물불이 서로 도와 이루기 어려우니[161] 水火難相濟
충심을 누가 스스로 밝히려 하리오 心肝肯自明
나는 쇠하여 늙고 병듦이 분수이기에 吾衰分老病
문 닫고 앉아 관직을 부끄러워하노라 閉戶媿冠纓

공자가 뜻을 이루지 못하고 노나라로 돌아오다가 깊은 골짜기에서 향기로운 난초가 홀로 무성한 것을 보고 탄식하기를 '난초는 왕자의 향이 되어야 하는데, 지금 홀로 무성하여 잡초들과 섞여 있구나.'라고 하였다."라고 한 데서 온 말이다. 여기서는 때를 만나지 못한 것을 상심한 홍인지의 처지를 의란에 빗대서 한 말이다.

160 떠나간 용(龍) : 용은 흔히 뛰어난 인물을 비유하는 말이다. 제갈량(諸葛亮)의 친구인 서서(徐庶)가 제갈량을 유비(劉備)에게 천거할 때 '숨은 용'이라고 한 말 등에서 알 수 있다. 《三國志 蜀書 諸葛亮傳》 여기서는 이미 죽은 홍인지의 형 홍인우를 지칭한다.

161 물불이……어려우니 : 물불이 서로 도와 이룬다는 것은 음식을 삶는 것은 반드시 물과 불의 힘을 빌려 이루어진다는 뜻으로, 인재(人才)의 성향은 각각 다르지만 각자의 장점을 취하여 성사(成事)시킬 수 있다는 뜻이다. 《구당서(舊唐書)》 〈충의열전 상(忠義列傳上) 왕의방(王義方)〉에 "천자가 삼공(三公), 구경(九卿)을 두는 까닭은……본디 물과 불이 서로 돕고, 소금과 매실이 서로 도와 이루게 한 다음에야 모든 공적이 다 넓혀지고, 우순풍조를 이루게 되기 때문이다."라고 한 데서 온 말이다. 여기서 '어렵다'고 한 것은 당시 조관(朝官)들은 이런 분위기가 조성되기 어렵다는 뜻이다.

궤장을 하사받은 연석에서[162]

賜几杖宴席

은총을 맞이하는 사랑스런 날이거니	可愛迎恩日
모름지기 예를 봉행할 청을 열어야지	須開奉禮廳
존숭하는 말은 한 태사가 기재하고	尊崇一太史
치덕을 지닌 이는 모두 고경[163]이로다	齒德盡孤卿
눈 쌓인 대는 쾌활한 담화 속에 들오고	雪竹侵高話
바람 받은 솔은 술 반쯤 깬 모습이로다[164]	風松倚半醒
내일 아침엔 사립 다시 닫고 누워서	明朝門復掩
베개에 엎드려 내 평생을 조소하리라	伏枕笑平生

162 궤장(几杖)을 하사받은 연석(宴席)에서 : 소재가 1585년(선조18) 10월 영의정으로 궤장을 하사받았다.

163 고경(孤卿) : 주대(周代)의 관제(官制)에서, 태사(太師), 태부(太傅), 태보(太保)를 삼공(三公)이라 칭하고, 소사(少師), 소부(少傅), 소보(少保)를 고경이라 칭하고 여기에 육경(六卿)을 합하여 구경(九卿)이라고 칭한 데서 온 말이다. 여기서는 삼정승의 다음가는 찬성(贊成), 참찬(參贊), 육조 판서까지를 통틀어 말한 것이다.

164 바람……모습이로다 : 당대(唐代)의 시인 정곡(鄭谷)의 〈송진사위서부거(送進士韋序赴擧)〉 시에 "가을 산과 석양의 물엔 시흥이 광원해지고, 눈 쌓인 대와 바람 받은 솔은 취한 격조가 고상하네.〔秋山晩水吟情遠, 雪竹風松醉格高.〕"라고 하였다. 《雲臺編 卷下》

봉림대운[165]에 차운하다

次鳳臨臺韻

봉황이 오매 대가 탁 트여 풍운이 예스럽더니[166]	鳳來臺迥風雲古
봉황이 가고 대가 텅 비니 세월만 지루하여라	鳳去臺空歲月遲
선생의 맘에 맞은 곳을 우러러 사모하노라니	想望先生心會地
쓸쓸하게 이 후생이 눈물을 흘리는 때이로다	蕭條後死涕流時
스승에게선 무슨 일로 새 학업을 폐하였던고[167]	門闌有底虧新業
문자 익힌 건 무단히 본래 소망을 실추시켰네[168]	文字無端失素期
꿈속에도 시냇물 소리 귀에 가득 들리어라	夢裏溪聲滿耳聽
일종의 진파[169]가 그 어느 곳으로 향해 갔는고	一般眞派向何之

165 봉림대운(鳳臨臺韻) : 《학봉집(鶴峯集)》 권1의 〈근차봉림대운(謹次鳳臨臺韻)〉이란 시제(詩題) 아래 자주(自註)에 의하면, 봉림대는 회재(晦齋) 이언적(李彦迪)의 옛집으로 확인되었으나, 《회재집(晦齋集)》에서는 그 시를 확인할 수 없다.

166 봉황(鳳凰)이……예스럽더니 : 봉황은 이언적에 비유한 것이고, 풍운(風雲)은 초군(超群)한 풍류를 말한 것으로, 이언적의 인품을 존숭하는 뜻이다.

167 스승에게선……폐하였던고 : 소재가 일찍이 이언적에게 집지(執贄)만 해 놓고 수업하지 못했다는 뜻인 듯하다.

168 문자(文字)……실추시켰네 : 소재가 본래는 도학(道學)에 전념하려고 했으나 도학은 깊이 연구하지 못하고 문장이나 일삼았다는 겸사인 듯하다.

169 진파(眞派) : 공자(孔子) 이후의 도학의 정통(正統)을 말한 것으로, 여기서는 이언적의 도학을 지칭한다.

황경문[170]의 검암시[171]에 차운하다

次黃景文劍巖韻

검암은 빙 둘러 가파르고 토계는 하 깊으니	劍巖環峭兎溪深
두 노선생[172]께서 이것이 마음에 들었던 걸세	二老先生此會心
옛집들은 황량하여 예전부터 슬퍼했거니와	故宅荒涼悲自昔
새 사당[173]은 화려하여 지금 와서 경하롭구려	新堂輪奐慶如今
현가는 용음의 적막한 곳에 맑게 통창하고[174]	絃歌淸徹龍吟闃
조두는 봉무[175]의 그늘 아래 밝게 의지하였네	俎豆明依鳳舞陰
다시 목사에게 촉탁해 관리를 시작하게 하니	更屬使君經紀始
돌아갈 꿈이 나그네 옷깃 이끎을 못 감당켔네	不勝歸夢惹羈襟

170 황경문(黃景文) : 황정욱(黃廷彧, 1532～1607)으로, 본관은 장수(長水), 경문(景文), 호는 지천(芝川)이다.

171 검암시(劍巖詩) : 검암은 권우(權祐)가 거주하던 지명으로, 뒤에 권우의 호칭으로 쓰였던 듯하다. 권우는 여러 관직을 역임하고 뒤에 충주에 정자를 지었다. 황정욱이 호서 관찰사로 있을 때 이 정자를 등람한 적이 있어, 체직되어 돌아온 뒤에 추기(追寄)했다는 〈기제검암권직장정자(寄題劍巖權直長亭子)〉란 제목의 시가 있다. 《芝川集 卷2》

172 두 노선생 : 생전에 충주에 거주한 이연경(李延慶)과 이자(李耔)이다. 이연경과 이자는 뒤에 똑같이 충주의 팔봉서원(八峯書院)에 제향되었다.

173 새 사당(祠堂) : 팔봉서원을 지칭한다.

174 현가(絃歌)는……통창하고 : 현가는 거문고를 타고 시가(詩歌)를 읊는 것을 이르는데, 여기서는 글 읽는 것을 말한다. 용음(龍吟)은 맑은 음성(吟聲)으로 담론하는 소리를 가리킨 것으로, 생전에 이연경과 이자가 서로 담론하던 모습을 상기한 것이다.

175 봉무(鳳舞) : 봉황이 춤추는 듯한 웅장한 산세(山勢)를 말한 것으로, 여기서는 팔봉서원의 뒷산을 지칭한다.

백련을 읊다

白蓮

성긴 그림자는 맑고 얕은 물 위에 비껴 있고,	疏影橫斜水淸淺
은은한 향기는 황혼 달빛 아래 부동하누나[176]	暗香浮動月黃昏
문득 뜨거운 여름에 풍류가 끊어짐을 꺼리어	却嫌朱夏風流絶
짐짓 백련이 매화의 모습 빼앗게 하였구나[177]	故被芙蓉奪得魂

176 성긴……부동하누나 : 북송(北宋) 시대 처사(處士)로 일찍이 서호(西湖)의 고산(孤山)에 은거하면서 매화와 학을 유독 사랑하여 당시 사람들로부터 매처학자(梅妻鶴子)라고까지 불렸던 임포(林逋)의 〈산원소매(山園小梅)〉 시 제1구와 제2구를 그대로 인용한 것이다. 《林和靖集 卷2》 임포의 이 시구는 매화를 읊은 시로서 명작으로 알려져 세상에 널리 회자되었다.

177 문득……하였구나 : 매화는 겨울이나 이른 봄에만 꽃을 피우고 여름에는 피우지 못하므로, 짐짓 백련으로 하여금 뜨거운 여름날에 하얀 매화의 모습을 빼앗아 가게 했다는 뜻이다.

연경에 가는 조 서장[178] 인득 을 보내다

送趙書狀 仁得 赴燕

예성[179] 고을 사람으로 이름은 들은 지 오래이고	蘂城鄕分聞名久
지령에선 천은 입고 얼굴 처음 알게 되었네[180]	芝嶺天恩識面初
장년 시절에 멀리 주악을 관찰하러 가는데[181]	壯節遠觀周樂去
이별 회포는 한사가 뜬 것처럼 상심이 되네[182]	離懷傷泛漢槎如
고죽국엔 청풍 일어 맑은 기운 더욱 강렬하고[183]	風生孤竹淸逾厲
의려엔 풍속이 변화해 적선의 여경이 있으리[184]	俗變醫閭善有餘

178 조 서장(趙書狀) : 서장관(書狀官) 조인득(趙仁得, ?~1598)으로, 본관은 평양(平壤), 자는 덕보(德輔), 호는 창주(滄洲)이다.

179 예성(蘂城)……오래이고 : 예성은 충주의 고호이다.

180 지령(芝嶺)에선……되었네 : 지령은 소재의 고향인 상주(尙州)의 고호이다. 소재가 해배(解配)된 이후 상주를 왕래하다가 조인득과 처음으로 면식을 갖게 되었다는 뜻이다.

181 장년(壯年)……가는데 : 조인득이 명나라에 사신으로 가서 명나라의 문물제도 등을 두루 관찰할 것이라는 뜻이다. 130쪽 주49 참조.

182 이별……되네 : 한사(漢槎)는 '한나라의 뗏목'이란 뜻으로, 한 무제(漢武帝) 때 장건(張騫)이 사명(使命)을 받들고 서역(西域)에 나갔던 길에 뗏목을 타고 황하(黃河)의 근원을 한없이 거슬러 올라가다가 은하(銀河)에 이르러 견우와 직녀를 만났다는 고사에서 온 말이다. '상심(傷心)이 된다'는 것은 조인득이 머나먼 사행(使行)길을 떠나면 오래도록 서로 만나기가 어려워질 것을 생각하여 한 말이다.

183 고죽국(孤竹國)엔……강렬하고 : 사신(使臣)으로 가는 사람이 고죽국 지역을 지날 적에는 반드시 백이, 숙제의 청풍 고절(淸風高節)을 느끼게 될 것이라는 뜻이다.

184 의려(醫閭)엔……있으리 : 의려는 요동(遼東)에 있는 의무려산(醫巫閭山)의 약

또 새로운 학문의 실상을 자상히 자문하여　　　且復辨詢新學實
돌아와서 텅 빈 이 늙은이 맘을 굳게 일깨워 주오　歸來剛警老心虛

칭으로, 풍속이 변화했다는 것은 요동 지역이 옛날 요순(堯舜)의 영지(領地)였기 때문에 요순의 덕화(德化)를 입어 적선(積善)의 여경(餘慶)이 전해질 것이라는 뜻인 듯하나 자세하지 않다.

회란의 시축의 시에 차운하다
次懷蘭詩軸韻

만년까지 이 머나먼 도성을 떠나가지 못하니	暮年京國不辭遙
나그네 맘 하 설레어 꿈에도 고향엘 날아가네	羈緖搖搖夢更飄
애꾸눈 말이 구절판을 제멋대로 내달리는 듯[185]	瞎馬橫奔九折坂
지팡이 의지해 백 길 다리를 곧장 오른 듯해라	枯藤直上百尋橋
은총만을 인연했음은 의당 후안무치려니와	只緣寵戀顔當厚
공업을 거두려다 넓적다리가 빠진 건 아니라네[186]	非爲功收髀盡消
오늘은 서릿바람이 만 리 대지를 진동하여라	是日霜風動萬里
무엇이 굳센 풀인지 모르면 소우가 되지 못하리[187]	不知何勁不爲蕭

185 애꾸눈……듯 : 《세설신어(世說新語)》 〈배조(排調)〉에 "맹인이 애꾸눈 말을 타고, 한밤중에 깊은 못을 만났다."라고 한 데서 온 말로, 대단히 위험한 지경에 처함을 의미한다. 구절판(九折坂)은 사천성(四川省) 공래현(邛崍縣)에 있는 아주 험난하기로 유명한 산비탈 길을 말한다.

186 공업을……아니라네 : 넓적다리 운운한 것은, 촉한(蜀漢)의 유비(劉備)가 자기 넓적다리에 살이 찐 것을 보고는 눈물을 흘리며 "내 몸은 항상 말의 안장을 떠나지 않았기 때문에 넓적다리에 살이 다 빠져서 홀쭉했는데, 지금은 말을 타지 않아 넓적다리에 살이 쪄 버렸다. 세월이 달리는 말처럼 빨라서 몸은 곧 늙어 가는데, 공업을 아직 세우지 못했는지라, 이 때문에 슬퍼서 우는 것이다."라고 했던 데서 온 말이다. 《三國志 蜀書 先主備傳 注》 여기서는 큰 공업을 이루려고 동분서주하며 애쓰다가 몸이 수척해진 것이 아니라, 단지 늙고 병들어 그렇게 되었을 뿐이라는 뜻이다.

187 오늘은……못하리 : 당 태종(唐太宗)이 직신(直臣) 소우(蕭瑀)를 칭찬하며 하사한 시에 "거센 바람 아래 굳센 풀을 알 수 있고, 난리 속에 충성스런 신하를 알 수 있다.〔疾風知勁草, 版蕩識誠臣.〕"라고 한 데서 온 말이다. 《新唐書 蕭瑀列傳》

연경에 가는 이백생[188]을 보내다
送李伯生赴燕

덧없는 세상에 노한[189]만 남아 있고	浮世存盧漢
깊은 가을에 이유[190]를 보내노니	高秋送李儒
천자의 대궐은 연경 변새의 맨 끝이요	九天燕塞盡
중원의 만 리 길은 압록강서 시작일세	萬里鴨江初
시장 가까이엔 원래 은자가 많거니와	近市元多隱
명문 우족은 절로 무리가 있는 법이지	名門自有徒
마음에 맞는 학설의 책은 구입해 오고	購求心上說
세간의 잡글들은 공격을 가하게나	討破俗間書
연경에서 보는 것도 예정키 어렵거니와	北見猶難定
조선에서 들은 것과는 어찌 딱 맞을쏜가	東聞豈易符
돌아와서는 경연에 나아가서	歸來進經幄
하나하나 성상께 말씀드려다오[191]	一一以陳於

188 이백생(李伯生) : 이순인(李純仁, 1533~1592)으로, 본관은 전의(全義), 자는 백생, 호는 고담(孤潭)이다.

189 노한(盧漢) : '노씨 사내'라는 뜻으로, 자신의 비칭(卑稱)이다.

190 이유(李儒) : '이씨 유자'라는 뜻으로, 상대방인 이순인을 높여 일컬은 말이다.

191 하나하나 성상께 말씀드려다오 : 맹자(孟子)가 이르기를 "나는 요순의 도가 아니거든 감히 왕의 앞에서 말씀드리지 못한다.〔我非堯舜之道, 不敢以陳於王前.〕"라고 하였다. 《孟子 公孫丑下》

어제시[192]에 삼가 화답하다 2수

恭和御製詩 二首

도는 정도로 돌아가기 어려움이 있지만　道有難歸正
행실은 지성으로 감동 못 시킬 게 없네　行無不動誠
하늘의 마음은 원래 신순하거니와[193]　天心元信順

192 어제시(御製詩) : 1588년(선조21) 사은사(謝恩使) 유홍(兪泓)이 종계변무(宗系辨誣)로 수정된 《대명회전(大明會典)》의 일부를 하사받아 돌아오는 길에 산해관(山海關)에 들렀는데, 이때 명(明)나라의 병부 주사(兵部主事) 마유명(馬維銘)이 이를 축하하는 시를 유홍에게 지어 주었다. 선조(宣祖)가 이 시를 보고는 제신(諸臣)들에게 모두 마유명의 시에 차운하여 시를 짓게 하고 자신도 어제시 한 수를 지었다. 어제시는 아래와 같다. "종계가 이제야 바로잡혔으니, 이것을 나의 정성이라 말하지 말라. 열성조의 공덕은 예로부터 쌓여 왔거니와, 어진 신하들의 정성스런 노력은 그 얼마였던가. 황제의 큰 은혜는 천지와 같고, 앞다퉈 칭송하는 노래는 꾀꼬리 소리처럼 아름답네. 바라건대 이 구구한 뜻을 굳게 지켜, 천년토록 성명을 떠받드리로다.〔宗祊今始正, 莫謂是予誠. 列祖功曾積, 諸賢悃幾營? 恩霑同大造, 歌競及流鶯. 願守區區志, 千秋戴聖明.〕" 또 마유명의 원운(原韻)은 아래와 같다. "조선 국왕은 황제의 명을 공손히 따랐고, 조공 바치는 일은 유독 정성스러웠네. 새벽에는 말이 진의 역참에서 따라갔고, 밤중에는 사마가 한의 군영을 지났도다. 상림원의 편지 매단 기러기를 보았더니, 장락궁에는 꾀꼬리 같은 노랫소리 들리었네. 돌아가거든 번거로이 칭송하지 마오, 천자의 조정은 본디 성명하시니 말일세.〔國王共帝命, 貢獻獨虔誠. 曉騎隨秦驛, 宵驂度漢營. 上林瞻繫雁, 長樂聽歌鶯. 歸去無煩頌, 天朝自聖明.〕"《宣祖實錄 21年 6月 2日》

193 하늘의……신순(信順)하거니와 : 신순은 성신(誠信)하여 속이지 않고 물리(物理)에 순응하는 것을 뜻한다. 《주역》〈계사전 상(繫辭傳上)〉 제12장에 "《주역》에 이르기를 '하늘로부터 돕는지라, 길하여 이롭지 않음이 없다.' 하니, 공자가 이르기를 '돕는 것은 도움이니, 하늘이 돕는 것은 순응함이요, 사람이 돕는 것은 성신함이니, 성신을 행하여 순응함을 생각하고 또 어진 이를 높인다. 그러므로 「하늘로부터 돕는지라, 길하

사람의 힘은 다 경영으로 이루는 거로다　　人力盡經營
운수가 돌아오매 관리를 경탄케 했고[194]　　運復驚關吏
시절이 온화하매 숲 꾀꼬리가 울어 대네　　時和鬧樹鶯
다투어 먼저 봄을 쾌사로 삼을 뿐이니[195]　　只爭先覩快
만세토록 영원히 소명께 보답 있기를[196]　　萬世報昭明

하루아침 분노를 오래도록 참아 내고　　久屈一朝忿
천년의 지성으로 태평성대 이루었네　　太平千歲誠
십삼대 밝은 시대의 전장을 계승하였고[197]　　十三昭代典

여 이롭지 않음이 없다.」라고 한 것이다.' 하였다.〔易曰: "自天祐之, 吉無不利." 子曰: "祐者助也. 天之所助者, 順也; 人之所助者, 信也. 履信思乎順, 又以尙賢也. 是以自天祐之, 吉無不利也."〕"라고 한 데서 온 말이다.

194 운수가……했고 : 유홍이 산해관에 들렀을 때, 마유명이 조선의 종계변무 소식을 듣고 축하하는 뜻으로 유홍에게 시를 지어 준 일을 가지고 한 말인 듯하나 자세하지 않다.

195 다투어……뿐이니 : 먼저 봄을 쾌사(快事)로 삼는다는 것은 당(唐)나라 때 소실산(少室山)에 은거하던 이발(李渤)이 일찍이 조정(朝廷)으로부터 우습유(右拾遺)의 임명을 받고도 나오지 않으려고 하므로, 한유가 그에게 서신을 보내서 나오기를 간절히 권유했던 데서 온 말이다. 한유가 그에게 보낸 서신에 "조정의 선비들이 목을 죽 빼고 동쪽으로 바라보기를 마치 상서로운 별이나 봉황이 처음 나타났을 적에 서로 다투어 먼저 보는 것을 쾌사로 여기듯이 한다.〔朝廷之士, 引頸東望, 若景星、鳳凰之始見也, 爭先覩之爲快.〕"라고 하였다. 《東雅堂昌黎集註 外集註 卷2》 여기서는 종계변무의 일을 성공적으로 수행하고 돌아온 사은사 일행을 칭찬하는 뜻이다.

196 만세토록……있기를 : 소명(昭明)은 《시경》 〈대아(大雅) 기취(旣醉)〉에 "소명함이 매우 밝으니, 고명하여 마침을 잘하리로다. 마침을 잘함이 시작이 있으니, 공시가 좋은 말을 고해 주도다.〔昭明有融, 高朗令終. 令終有俶, 公尸嘉告.〕"라고 한 데서 온 말로, 전하여 임금의 밝은 덕을 뜻한다. 여기서는 황제를 가리킨다.

197 십삼대(十三代)……계승하였고 : 십삼대는 조선의 태조(太祖)부터 명종(明宗)

이십이 년[198] 태평성대를 몸소 경영하였네　　廿二盛時營
모열은 기산의 봉황 우는 데서 비롯했고[199]　　謨烈鳴岐鳳
문장은 골짜기 꾀꼬리가 나온 듯하도다[200]　　文章出谷鶯
고유는 발을 절뚝절뚝 끌고 다니면서[201]　　孤儒屬跛曳
눈물 뿌리며 청명 시대만을 바란다오　　揮淚要時[202]明

까지를 말한 것으로, 선조(宣祖)가 이상 13대의 전장 문물(典章文物)을 계승했다는 뜻이다.

198 이십이 년 : 선조가 즉위한 1567년 6월부터 당시 1589년까지의 만 22년을 가리킨다.

199 모열(謨烈)은……비롯했고 : 모열의 '모'는 가르침, '열'은 공렬이라는 뜻으로, 주 목왕(周穆王)이 대사도(大司徒) 군아(君牙)에게 내린 고명(誥命)에 "아, 크게 드러났다. 문왕의 가르침이여. 크게 계승하였다. 무왕의 공렬이여.〔嗚呼! 丕顯哉, 文王謨! 丕承哉, 武王烈!〕"라고 한 데서 온 말이다.《書經 君牙》기산(岐山)의 봉황(鳳凰)은 《국어(國語)》 권1 〈주어(周語)〉에 "주나라가 일어날 적에 봉황이 기산에서 울었다.〔周之興也, 鸑鷟鳴於岐山.〕" 한 데서 온 말이다. 여기서는 문왕과 무왕의 일에 빗대어 선조가 선왕(先王)들의 가르침을 잘 계승했다는 의미이다.

200 문장(文章)은……듯하도다 : 문장은 예악 제도(禮樂制度) 등을 말하고, 골짜기의 꾀꼬리가 나온다는 것은 《시경》 〈소아(小雅) 벌목(伐木)〉에 "나무를 쩡쩡 베거늘, 새는 꾀꼴꾀꼴 우는도다. 깊은 골짜기에서 나와, 높은 나무로 옮겨가도다.〔伐木丁丁, 鳥鳴嚶嚶. 出自幽谷, 遷于喬木.〕"라고 한 데서 온 말이다. 여기서는 선조가 선왕들 시대보다 예악 제도 등을 한층 더 발전시켰다는 의미이다.

201 고유(孤儒)는……다니면서 : 고유는 외로운 선비라는 뜻으로 자신을 지칭한 말이고, 발을 절뚝거린다는 것은 몸이 불편함을 말한 것이다.

202 時 : 대본에는 '詩'로 되어 있다. 문맥에 근거하여 수정하였다.

임당에게 궤장을 하사한 연석에 받들어 하례하다[203]

奉賀林塘賜几杖宴

살펴보건대 임당은 정승(政丞) 정유길(鄭惟吉)의 호이다.

인생의 칠십은 예로부터 드물었다[204] 했는데	人生七十古來稀
이 구절을 사람마다 읊조리며 감탄했었지	此句人人詠歎之
세상에 드문 봉모[205]가 푸른 못에 머물렀다가	間世鳳毛留碧沼
때를 만나서는 용수로써 재상부에 이르렀네[206]	應時龍首到黃扉
은총은 매우 큰 예우로 궤장을 하사하였고	恩加扶倚優優禮
연회는 공경하여 질서 있는 의식에 미치었네	燕及寅恭秩秩儀
어찌 일심으로 진췌할 것을 생각지 않으랴	豈不一心思盡瘁
인생의 칠십은 예로부터 드물었거니	人生七十古來稀

203 임당(林塘)에게……하례하다 : 임당 정유길이 1583년(선조16) 우의정이 되었고, 이듬해에 만 70세로 궤장(几杖)을 하사받고 기로소(耆老所)에 들어갔다.

204 인생의……드물었다 : 두보(杜甫)의 〈곡강(曲江)〉 시에 "술빚은 보통 가는 곳마다 있거니와, 인생의 칠십은 예로부터 드물다네.〔酒債尋常行處有, 人生七十古來稀.〕"라고 하였다. 《杜少陵詩集 卷6》

205 봉모(鳳毛) : 오색이 찬란한 봉황의 터럭이라는 뜻으로, 자식이 훌륭한 부조(父祖)를 잘 닮은 것을 비유한 것이다. 《世說新語 容止》 여기서는 명상(名相) 정광필(鄭光弼)의 손자인 정유길이 훌륭한 부조를 잘 닮았다는 뜻이다.

206 때를……이르렀네 : 용수(龍首)는 과거(科擧)에 장원 급제한 사람을 일컫는 말로, 여기서는 1538년(중종33) 별시 문과(別試文科)에 장원한 정유길을 가리킨다. 정유길은 과거에 급제한 이후 명종(明宗), 선조(宣祖) 연간에 여러 내외직(內外職)을 두루 역임하고, 1583년 우의정으로 궤장을 하사받았으며, 1585년 좌의정에 이르렀다.

또 한 편을 지어 정을 말하다

又題一篇言情

생각하건대 우리 증조모님이	念我曾王母
바로 공의 당조고이신데	爲公堂祖姑
우리 함께 좌우에서 성상을 섬겼지만[207]	同承置左右
나만 유독 요순시대 만남에 부끄럽네[208]	獨愧際唐虞
기혈의 순환을 응당 회복해야 하리	榮衛應須復
고질병은 다스릴 수가 없으니 말일세	膏肓不可蘇
어떻게 하면 다시 돌아봐 줌을 만나서	何由覿淸眄
먼저 도소주를 따라 권해 볼 수 있을꼬	先酌勸屠蘇

207 우리……섬겼지만 : 은 고종(殷高宗)이 부열(傅說)을 재상(宰相)으로 삼은 일을 두고, 《서경》 〈열명 상(說命上)〉에 "이에 부열을 세워 재상으로 삼아서 왕이 그 좌우에 두시었다.〔爰立作相, 王置諸其左右.〕"라고 한 데서 온 말로, 여기서는 소재가 정유길(鄭惟吉)과 똑같이 재상의 자리에 있음을 말한다.

208 나만……부끄럽네 : 요순(堯舜) 같은 임금을 만나기는 했지만, 요순을 보필할 만한 재상은 되지 못했다는 겸사이다.

임당에 대한 만사
挽林塘

그대 당조고가 바로 나의 증조모가 되시어　　堂祖姑將王祖母
고기 떼처럼 보았는데 각각 명류가 되었네[209]　　視同魚隊各名流
큰 계책 펴자니 어찌 근심 다할 날 있었으랴　　訏謨詎有憂虞盡
근력이 쇠하매 진정 노병 때문에 사직했었지　　筋力眞從老病休
포홀이 상탑 가득할 땐[210] 턱을 자주 끄덕였고　　袍笏滿牀頻點頷
기구의 가업 전할 이는 정히 승지가 되었네[211]　　箕裘傳業政司喉

209 고기……되었네 : 고기 떼처럼 보았다는 것은 한유(韓愈)가 자기 아들 부(符)에게 글을 읽게 하기 위하여 성남(城南)으로 보내면서 〈부독서성남(符讀書城南)〉 시를 지어 글 읽기를 권면하였는데, 그 시에서 배운 사람과 배우지 못한 사람의 서로 달라진 과정을 말한 가운데 “두 집에서 각각 자식을 낳아, 빵긋빵긋 웃을 때 아주 서로 비슷하고, 조금 자라 애들끼리 모여 놀 때도, 한 무리의 고기 떼나 다름없다가, 나이 열두세 살이 되면, 두각이 약간 서로 달라지고, 스무 살이 되면 점점 더 벌어져서, 맑은 물이 더러운 도랑에 비치듯 하며, 나이 서른이 되어 뼈대가 굵어지면, 하나는 용이 되고 하나는 돼지가 된단다.〔兩家各生子, 提孩巧相如. 少長聚嬉戲, 不殊同隊魚. 年至十二三, 頭角稍相疏. 二十漸乖張, 清溝映汙渠. 三十骨骼成, 乃一龍一豬.〕”라고 한 데서 온 말이다. 《韓昌黎集 卷6》 여기서는 소재의 증조모가 증손인 자신과 친정 오라버니의 손자인 정유길(鄭惟吉)의 어린 모습들을 마치 똑같은 물고기 떼처럼 보았는데, 끝내는 두 사람이 다 명류(名流)가 되었다는 뜻이다.

210 포홀(袍笏)이……땐 : 포홀은 조복(朝服)과 홀의 병칭으로, 포홀이 상탑(牀榻)에 가득했다는 것은 벼슬하는 자손이 많음을 의미한다. 당 현종(唐玄宗) 때의 재상(宰相) 최림(崔琳)의 집에는 당시에 벼슬하는 자손이 많아서, 세시(歲時)에 매양 연회(宴會)를 할 때마다 한 상탑 위에 자손들의 포홀이 겹겹으로 쌓였다는 고사에서 온 말이다. 《新唐書 崔琳列傳》 여기서는 정유길의 자손이 벼슬한 사람이 많았음을 의미한다.

등잔을 등지고 무릎 안고 외로이 읊노라니　　背燈抱膝孤吟了
나는 또 인간 세상에 그 얼마나 머무를는지　　又復人間幾夕留

211 기구(箕裘)의……되었네 : 기구는 《예기》 〈학기(學記)〉에 "훌륭한 대장장이의 아들은 반드시 금속을 접합시키듯 가죽을 조각조각 맞추어 가죽옷 꿰매는 것을 익히고, 활 잘 만드는 장인의 아들은 반드시 뿔을 휘어서 활을 만들듯 버들가지를 휘어서 키 만드는 법을 익힌다.〔良冶之子, 必學爲裘; 良弓之子, 必學爲箕.〕"라고 한 데서 온 말로, 부조(父祖)의 가업, 부조의 가업을 잘 계승하는 자손을 가리킨다. 여기서는 정유길의 아들이 부조의 가업을 잘 계승할 만하다는 뜻인데, 이때 그가 마침 승지(承旨)로 있었던 듯하나 그 사실은 확인하지 못하였다.

유인중[212]과 작별하다

別柳仁仲

충성으로 전속국에 오름은 한나라 풍도인데[213] 忠遷屬國漢家風
사면받아 조정에 들옴은 성상의 은총이었네[214] 赦入曹堂聖主衷
오늘 각자 떠남과 머무름엔 득실이 갈렸는데[215] 今日去留分得失
백발의 늙은이가 백발의 늙은이를 전별하누나 白頭翁別白頭翁

212 유인중(柳仁仲) : 유희춘(柳希春, 1513~1577)으로, 본관은 선산(善山), 자는 인중, 호는 미암(眉巖)이다. 1547년(명종2) 양재역 벽서 사건(良才驛壁書事件)에 연루되어 제주(濟州)에 안치되었다가 뒤에 종성(鍾城), 은진(恩津)에 이배(移配)되어 무려 20년 동안 귀양살이를 하고, 선조(宣祖) 때 풀려나와 대사성, 부제학, 전라도 관찰사, 이조 참판을 지내고 낙향했다. 그가 바로 1545년 을사사화(乙巳士禍) 때 당시 간신(姦臣)들의 모함에 의해 처벌 대상자로 지목되어 각기 다른 형량으로 처벌받은 33인 중, 소재와 똑같이 절도안치(絶島安置)의 처벌을 받은 5인 가운데 한 사람이기도 하다.

213 충성으로……풍도인데 : 전속국(典屬國)은 한대(漢代)의 관명(官名)이다. 한 무제(漢武帝) 때 소무(蘇武)가 흉노(匈奴)에 사신(使臣)으로 갔다가 억류되어 큰 움 가운데 갇혀 있으면서 먹을 것이 없어 깃발의 모직물을 뜯어 눈에 뭉쳐 먹었고, 또 북해(北海) 가로 옮겨져서는 땅을 파서 들쥐를 잡아먹고 초실(草實)을 따먹는 등 온갖 고초를 겪고 19년 만에야 풀려 돌아와서 전속국에 임명되었던 데서 온 말이다. 《漢書 蘇武傳》

214 사면(赦免)받아……은총이었네 : 유희춘의 일을 가지고 말한 것이다.

215 오늘……갈렸는데 : 이때 유희춘은 조정에서 떠났고, 소재는 아직 재상(宰相)으로 남아 있는 터라, 유희춘은 '득'에 해당하고, 남아 있는 자신은 '실'에 해당한다는 의미이다.

부제학 이기[216]에게 주다

贈李副提學墍

홍문관장(弘文館長)으로 말미를 받아 근친(覲親)을 가려고 하자, 상께서 귤 50개를 하사하고, 또 어찰(御札) 27자를 내렸다.

예부터 충은 필히 효의 가문에서 구하는 건데[217]	自古求忠必孝門
측근 신하가 무슨 일로 나는 구름 돌아보는고[218]	近臣何事顧飛雲
구삼의 어찰은 요 임금의 말씀에서 나왔고[219]	九三渙汗堯言出

216 이기(李墍) : 1522~1600. 본관은 한산(韓山), 자는 가의(可依), 호는 송와(松窩)이다. 1555년(명종10) 식년(式年) 문과(文科)에 급제한 이후 지평, 설서 등을 역임하고, 선조(宣祖) 때에 광주 목사(廣州牧使), 좌승지 등 여러 내외직을 역임하고 청백리에 녹선되었으며, 뒤에 벼슬이 부제학, 대사간, 이조 판서에 이르렀다고 한다.

217 예부터……건데 : 《효경(孝經)》 〈광양명(廣揚名)〉에 "군자가 어버이를 효도로 섬기는지라, 그러므로 충성을 임금에게 미루어 옮길 수 있다.〔君子之事親孝, 故忠可移於君.〕"라고 한 데서 온 말이다.

218 나는 구름 돌아보는고 : 당대(唐代)의 명신(名臣) 적인걸(狄仁傑)이 병주 법조참군(幷州法曹參軍)으로 나가 있을 적에 자기 어버이는 하양(河陽)에 있었으므로, 그가 태항산(太行山)에 올라가 하양을 돌아보다가 흰 구름이 외로이 나는 것을 보고는 좌우(左右)에게 말하기를 "우리 어버이 사시는 곳이 저 구름 밑에 있다.〔吾親所居, 在此雲下.〕" 하고, 한참 동안 슬피 바라보다가 구름이 사라진 뒤에야 갔다는 고사에서 온 말로, 객지에 있는 자식이 부모를 몹시 그리워하는 전고로 쓰인다. 《舊唐書 狄仁傑列傳》 여기서는 이기가 말미를 받아 근친(覲親)을 가기 때문에 그에게 농조(弄調)로 한 말이다.

219 구삼(九三)의……나왔고 : 구삼은 9×3=27자를 말한 것으로, 선조가 이기에게 내린 어찰이 모두 27자였기 때문에 한 말인데, 내용은 확인할 수가 없다. 요(堯) 임금의 말씀이라고 한 것은 성군(聖君)이라는 의미로 선조를 요 임금에 빗대서 한 말이다.

오십 개의 둥그런 육적의 과실[220]도 내려 주었네　半百團圓陸果分
그 몇 해나 고향에선 상서론 기운을 바라봤던고　幾歲鄕閭佳氣望
열흘 넘게 부모 곁에선 특이한 향내를 맡으리라　經旬几案異香聞
비틀비틀 질병과 함께하는 상안의 늙은이[221]는　婆娑與有商顏老
분골쇄신하여 성군께 보답할 길이 없다오　糜粉無由答聖君

220 육적(陸績)의 과실 : 육적은 삼국 시대 오(吳)나라의 효자로 명성이 높았던 사람이다. 육적이 6세 되던 해에 한번은 원술(袁術)을 찾아가 알현했는데, 이때 원술이 귤을 대접하자, 육적이 귤 세 개를 몰래 품속에 넣어 두었다가, 떠나려고 절을 할 때에 그 귤이 땅에 떨어지므로, 원술이 말하기를 "육랑은 남의 집에 손님이 되어 몰래 귤을 품속에 감추었단 말인가.〔陸郎作賓客而懷橘乎?〕"라고 하자, 육적이 무릎을 꿇고 대답하기를 "돌아가서 어머니를 드리려고 합니다.〔欲歸遺母.〕"라고 하니, 원술이 그를 대단히 기특하게 여겼다고 한다.《三國志 吳書 陸績傳》 여기서 선조가 이기에게 내려 준 것이 마침 귤이었기 때문에 육적의 고사를 인용한 것이다.

221 상안(商顏)의 늙은이는 : 상안은 상산(商山)의 별칭이고, 상산은 소재의 고향인 상주(尙州)의 고호이므로, 소재 자신을 지칭한다.

우연히 읊다

偶吟

낙서[222]의 한쪽 궁벽한 땅 조그마한 마을에 洛西窮壤小村墟
아직도 선인이 남긴 한 낡은 집이 있는데 尙有先人一弊廬
관직 차례는 전 재상이란 것을 띠고 있지만 官序帶殘前宰相
형용은 예전의 병든 몰골 그대로 지니었네 形容依了故籧篨
다만 구수처럼 근본을 잊기 어려움 때문이지[223] 只緣丘首難忘本
고향 생각하는 게 수초하기 위함이 아니로다[224] 非爲鄕心欲遂初
끙끙 앓으며 근심 걱정하는 때를 제외하곤 除却呻吟憂患外
향 사르며 오운거[225]의 만세를 길이 축원하노라 揷香長祝五雲車

부쳐 살다가 돌아가서 면하는 건데[226] 寄也歸而免

222 낙서(洛西) : 상주(尙州)의 한 역명(驛名)이다.

223 다만……때문이지 : 고향에 가서 살고 싶은 심정을 표현한 것이다.

224 고향……아니로다 : 수초(遂初)는 초심(初心)을 이룬다는 뜻으로, 벼슬을 떠나 은거하는 것을 의미한다. 진(晉)나라 때 문인 손작(孫綽)이 〈수초부(遂初賦)〉를 지었던 데서 온 말인데, 그 내용은 대략 은거 생활을 즐기는 것으로, 후세에 흔히 사직하고 은거하는 전거(典據)로 인용된다. 여기서는 손작의 〈수초부〉의 내용처럼 벼슬을 떠나서 은거하고자 하는 것이 아니라, 고향이 그리워서 그럴 뿐이라는 뜻이다.

225 오운거(五雲車) : 선인(仙人)이 타는 운거(雲車)를 말한 것으로, 《한무제내전(漢武帝內傳)》에 "한 무제가 선도를 좋아하므로, 칠월 칠일 밤 물시계 칠각에 서왕모가 운거를 타고 궁전에 이르렀다.〔漢武帝好仙道, 七月七日夜漏七刻, 王母乘雲車而至于殿.〕"라고 한 데서 온 말이다. 여기서는 임금을 지칭한다. 《庾子山集 卷5》

어느덧 내 나이가 칠십이 되었구려	居然到耆稀
성인의 하고자 함은 따르려고 하지만[227]	雖從聖人欲
대부의 잘못은 아직 깨닫질 못했구려[228]	未覺大夫非
한 가지 이치[229]는 군신간의 계합이지만	一理君臣契
깊은 충정은 노병으로 수행칠 못하네	深衷老病違
응당 매화와 버들의 봄빛도	未應梅柳色
예전처럼 옷에 젖어 들지 않으리	依舊入沾衣

226 부쳐……건데 : 부쳐 산다는 것은 이 세상에 태어나서 사는 동안을 말한 것이고, 돌아가서 면한다는 것은 부모의 유체(遺體)인 몸을 훼상하지 않고 편안히 죽어서 불효를 면한다는 뜻이다. 《예기》〈제의(祭義)〉에는 공자(孔子)의 말을 인용하여 "하늘이 낳아 준 것과 땅이 길러 준 것들 중에서 사람만큼 소중한 것은 없다. 부모가 완전한 몸으로 낳아 주셨으므로, 자식은 의당 완전한 몸으로 돌아가야만 효도라 할 수 있는 것이니, 자신의 신체를 손상시키지 않고, 자신의 인격을 욕되게 하지 않는 것이 바로 몸을 완전하게 지켰다고 할 수 있는 것이다. 그러므로 군자는 반걸음을 걷는데도 감히 효도를 잊지 않는 것이다."라고 하였다. 《논어》〈태백(泰伯)〉에는 "증자의 병이 위독하자, 제자들을 불러 이르기를 '이불을 걷고 내 발과 손을 보아라. 《시경》에 이르기를 「전전하고 긍긍하여 깊은 못에 임한 듯이 하고, 엷은 얼음을 밟는 듯이 하라.」 하였으니, 이제 와서야 내가 몸의 훼상을 면한 것을 알겠구나.' 하였다."라고 하였다.

227 성인(聖人)의……하지만 : 공자가 "내가 일흔 살에는 하고 싶은 대로 하여도 법도에 어긋나지 않았다.〔七十而從心所欲, 不踰矩.〕"라고 한 데서 온 말이다. 《論語 爲政》 여기서는 소재가 이때 70세가 되었기 때문에 공자처럼 하고 싶다는 뜻이다.

228 대부(大夫)의……못했구려 : 대부는 춘추 시대 위(衛)나라의 어진 대부로 자가 백옥(伯玉)인 거원(蘧瑗)을 가리킨 것으로, 《회남자(淮南子)》〈원도훈(原道訓)〉에 "거백옥은 나이 오십이 되어서 사십구 년 동안의 잘못을 알았다.〔蘧伯玉年五十, 而知四十九年非.〕"라고 한 데서 온 말이다. 여기서는 자신은 거백옥처럼 과거사의 잘못을 깨달아 보지 못했다는 겸사이다.

229 한 가지 이치 : '동일한 법칙'이라는 뜻으로, 임금은 임금 노릇을 제대로 하고, 신하는 신하 노릇을 제대로 하는 것을 말한다.

중에게 주다

贈僧

속세를 떠나는 건 원래 도가 아니요	離俗元非道
진세에서 사는 게 도리어 선이라네	居塵却是禪
그대는 내게 와서 무엇을 들었느뇨	爾來何所聞
내가 웃는 건 때로 그럴 때가 있다네	吾笑有時然
도성에는 아주 더운 바람이 불어오고	京國風全熱
고향 다녀온 지는 두 달이 다 됐구려	鄉山月再圓
영고성쇠가 본디 별안간의 일이니	榮枯入瞥眼
가거나 머묾은 저 하늘에 물어야지	行止問高天

동래 부사로 부임하는 노자평[230] 준 을 보내다
送盧子平 埈 赴東萊

예전엔 동성 간에 돈목했는데 지금은 왜 그리 야박한고	古敦同姓今何薄
남들은 분종이 왕성한데 우리만 유독 고단하구려[231]	人旺分宗我獨涼
옛 친구 몇몇 사람은 항상 개결함을 품고 있는데	舊友若干常抱介
신은 입어 천 리 길 떠나니 다시 이별이 슬프구려	新恩千里更情傷
가을바람이 언뜻 일자 제비는 떠날 나그네 같고	秋風乍起燕如客
석양 비가 급하게 지나가자 매미는 미친 듯 울어 대네	晩雨暴過蟬若狂
남옹은 칠십하고도 또 두 살을 더하였으니[232]	南翁七十又二歲
생이별과 사별이 모두가 아득하기만 하구려[233]	生別死別俱茫茫

230 노자평(盧子平) : 노준(盧埈, 1538~?)으로, 본관은 광주(光州), 자는 자평이다. 명종(明宗) 때에 공조 좌랑(工曹佐郞)을 지냈고, 선조(宣祖) 때에 동래 부사(東萊府使), 파주 목사(坡州牧使) 등을 역임하였다. 《明宗實錄 附錄》《宣祖實錄 20年 3月 3日, 10月 29日》

231 남들은……고단하구려 : 분종(分宗)은 대종(大宗), 소종(小宗)으로 분파(分派)되는 것을 이른 말이다. 노준은 소재와 같은 광주 노씨(光州盧氏)로 가까운 일가이면서 소재에게는 조항(祖行)이 된다. 여기서 고단하다고 한 것은 아마도 이때 광주 노씨가 다른 대성(大姓)들처럼 벌족이 되지 못했던 것을 말한 듯하다.

232 남옹(南翁)은……더하였으니 : 남옹은 여기서는 남쪽 상주(尙州)의 노인이란 뜻으로, 이때 72세가 된 자신을 가리킨다.

233 생이별과……하구려 : 두보(杜甫)의 〈몽이백이수(夢李白二首)〉 시에 의하면 "사별이라면 이미 흐느껴 울었겠거니와, 생이별은 항상 슬프기만 하구려.〔死別已呑聲, 生別常惻惻.〕"라고 하였다. 《杜少陵詩集 卷7》 여기서는 서로 천 리 멀리 헤어지고 나면 장차 생이별이 될지, 사별이 될지 알 수 없다는 뜻이다.

한벽루[234]의 시에 차운하다

次寒碧樓韻

꿈속에서 무하유향에 들어갔는데	夢入無何有
물은 깊고 산은 다시 깊숙하였네	水深山更幽
맑은 바람은 사방 경계에서 불어오고	清風吹四境
서늘한 녹음은 한 누각에 가득하여라	寒碧滿孤樓
늙어 가니 벼슬은 그만둘 날이거니와	老去投簪日
아침이 오니 홀로 턱 괴는 가을일세[235]	朝來柱笏秋
완계자[236]는 평생을	平生浣溪子
홀로 백구의 모래섬에서 지내누나	獨臥白鷗洲

234 한벽루(寒碧樓) : 청풍군(淸風郡) 객관 동쪽에 있는데, 대강(大江)을 굽어보고 있어 경치가 매우 뛰어나다고 한다.

235 아침이……가을일세 : 진(晉)나라 왕휘지(王徽之)는 성품이 본디 잔단 세속 일에 얽매임이 없었다. 그가 환충(桓沖)의 기병 참군(騎兵參軍)으로 있을 적에 한번은 환충이 그에게 말하기를 "경이 부에 있은 지 오래되었으니, 요즘에는 의당 사무를 잘 알아서 처리하겠지.〔卿在府日久, 比當相料理.〕"라고 하자, 그는 아무런 대꾸도 하지 않은 채 고개를 쳐들고 홀로 턱을 괴고는 엉뚱하게 "서산이 이른 아침에 상쾌한 기운을 불러온다.〔西山朝來, 致有爽氣耳.〕"라고 한 데서 온 말이다.《晉書 王徽之列傳》후세에는 흔히 세속 일에 얽매이지 않고 초연(超然)히 유유자적하는 인품에 비유하기도 한다.

236 완계자(浣溪子) : 청풍(淸風) 사람으로 소재와는 생원시(生員試)의 동년(同年)이기도 한 김희년(金禧年)을 가리킨다.

중에게 주다

贈僧

허둥지둥 도성에서 잠시 만나고 草草京華遇
유유히 명산으로 유람을 가누나 悠悠嶺嶠遊
술은 문창에게서 취하였으니[237] 酒從文暢醉
옷은 태전에게 남겨 주고 싶구려[238] 衣欲太顚留
경물의 변화는 계절 차서에 응하는데 物意應時序
사람의 시름은 또 늦가을을 만났도다 人愁又季秋
고신의 눈물을 남녘 향해 떨구어라[239] 孤臣淚南滴
만사는 동으로 흐르는 물과 같다네 萬事水東流

237 술은 문창(文暢)에게서 취하였으니 : 문창은 당대(唐代)의 고승(高僧)이다. 한유(韓愈)의 〈송부도문창사서(送浮屠文暢師序)〉에 "사람 중에는 진실로 이름은 유자이면서 묵자의 행실을 하는 자가 있으니, 그 이름을 물어보면 옳고 그 행실을 따져 보면 그를진댄, 그 사람과 더불어 교유할 수 있겠는가. 만일 이름은 묵자이면서 유자의 행실을 하는 자가 있어, 그 이름을 물어보면 그르고 그 행실을 따져 보면 옳을진댄, 그 사람과 더불어 교유할 수 있겠는가."라고 한 기록을 볼 수 있으나, 한유가 그와 함께 술을 마셨다는 기록은 찾을 수가 없다. 《東雅堂昌黎集註 卷20》 여기서는 소재가 떠나는 승려를 문창에 빗대어 말했을 뿐이다.

238 옷은……싶구려 : 태전(太顚)은 당대의 승려로, 한유가 조주 자사(潮州刺史)로 폄척되어 있을 적에 태전과 가까이 지냈었고, 한유가 그곳을 떠나 원주(袁州)로 옮겨갈 적에는 그에게 의복을 남겨 주어 작별했던 데서 온 말이다. 《東雅堂昌黎集註 卷18 與孟尙書書》 여기서는 떠나는 승려에게 한유처럼 의복이라도 남겨 주고 싶다는 뜻이다.

239 고신(孤臣)의……떨구어라 : 소재가 아직도 고향에 가지 못하고 몹시 그리워하는 뜻이다.

용추[240]의 원루에 쓰다 때는 갑신년(1584, 선조17)[241] 5월이다.
題龍湫院樓 時甲申五月

한 방면의 풍운의 분란을 그 누가 해결할꼬	一路風雲誰解紛
서풍이 불어 북에서 온 구름을 끊어 버리네	西風吹斷北來雲
옆 사람들은 음양의 의리를 알지 못하고서	傍人不識陰陽義
소의 용이 누워서 못 듣는다 괴로이 말하네[242]	苦道湫龍臥不聞

새재 아래 현에서 하룻밤을 묵노라니	一宿嶺下縣
현의 누각에 가랑비가 내리는구나	縣樓微雨來
산 모습은 주흘산[243]의 일각이 보이고	山容主屹角
운무의 기운은 용추에 처량하여라	水氣龍湫哀
난세에 군왕께서는 성스러우시건만	亂世君王聖
길 잃은 나에겐 노병이 재촉하누나	迷途老病催
떠남과 머묾이 다 뜻을 잃은 것이라	去留均失意
눈물 줄줄 흘리며 거듭 배회하노라	沾灑重徘徊

240 용추(龍湫) : 경북 문경시에 있는 용소를 가리키는데, 위로 폭포가 쏟아져 내리고, 사면과 밑바닥이 모두 돌이고 그 깊이를 헤아릴 수 없으며, 옛날에 용이 등천(登天)한 곳이라고 전한다.

241 갑신년 : 이때 소재의 나이는 70세였다.

242 한……말하네 : 날이 계속 가무는데도 용추의 용이 가만히 누워만 있고 백성들의 소원을 듣지 못한다고 원망하는 사람들을 가리켜 한 말인 듯하다.

243 주흘산(主屹山) : 경북 문경시에 있는 산이다.

중에게 주다

贈僧

명은 진의 제자이기에[244]	明也眞之弟
항상 제 스님만 보배우누나	常常靚爾師
본래의 면목이 바로 여기에 있는데	本來面目在
그 어디서 추함과 고움을 생각하랴	何處醜姸思
속리사를 들러 와서	俗離寺中過
백두산으로 올라가는 길이로구나	白頭山上之
돌아올 때에 혹 얻은 것이 있거든	歸來如有得
이 늙은이도 알도록 말해 주게나	說與老夫知
늙었으니 알괘라 어디에 쓴단 말가	老矣知何用
연래에는 병이 더욱 위중해졌다네	年來病益危
성군께서는 측근으로 불러 주셨고	聖君徵耳目
자모께서는 백세를 보전하실 테니	慈母保期頤
대궐 바라보면 일편단심이 찢기지만	北望丹心破
이 백발은 고향에 가서 머무르려네	南留白髮垂
승려가 아무 말 없이 꿇어앉았는데	沙彌跪不語
노인에겐 넉넉히 위로가 되는구려	猶足慰衰遲

244 명(明)은 진(眞)의 제자이기에 : 명은 '명' 자 호를 가진 스님을 가리키고, 진(眞)은 '진' 자 호를 가진 스님을 가리킨 것이다.

허 초당[245]에게 부치다

寄許草堂

이 마음은 커서 밖이 없고 물건 됨이 형체가 없으되	此心無外物無形
사물의 도리를 궁구한 때가 바로 밝아진 거라오	格得窮時卽是明
사람의 방종하는 마음을 누가 전일히 할 수 있을꼬	人物揚心誰得一
우리 무리가 초당의 성실이 있음을 힘입었다오	吾儕賴有草堂誠
성실을 세우는 것[246]이 바로 큰 공정이 되나니	立誠乃是大功程
그런 다음에야 비로소 이룸을 얻을 수 있네	然後規模始得成
온갖 거짓이 사라지고 온갖 잡념이 소멸되면	萬僞消來千念滅
끝내는 표리와 정추[247]가 없게 되리라	終無表裏與粗精

245 허 초당(許草堂) : 허엽(許曄, 1517~1580)으로, 본관은 양천(陽川), 자는 태휘(太輝), 호는 초당이다. 서경덕(徐敬德)의 문인이다.

246 성실을 세우는 것 : 공자(孔子)가 "군자가 덕을 증진시키고 업을 닦으니, 충과 신이 덕을 증진시키는 것이요, 말을 하는 데 있어 성실을 세우는 것이 업을 가지는 것이다.〔君子進德修業. 忠信, 所以進德也; 修辭立其誠, 所以居業也.〕"라고 한 데서 온 말이다. 《周易 乾卦 文言》

247 표리(表裏)와 정추 : 주희(朱熹)의 《대학장구》 보망장(補亡章)에 "오래도록 힘을 써서 어느 날 활연히 관통함에 이르면 모든 사물의 겉과 속과 정밀함과 거칢이 드러나지 않음이 없고, 내 마음의 전체와 대용이 밝아지지 않음이 없을 것이니, 이것을 '사리를 극도로 궁구함이다.' 하며, 이것을 '앎의 지극함이다.'라고 한다.〔至於用力之久, 而一旦豁然貫通焉, 則衆物之表裏精粗無不到, 而吾心之全體大用無不明矣. 此謂物格, 此謂知之至也.〕"라고 한 데서 온 말이다.

초당에 대한 만사

挽草堂

흉음이 어찌하여 상주에서 나왔단 말인가[248] 凶音何以發商顔

평생 목석같은 이 간장을 깜짝 놀래키누나 驚破平生木石肝

흰 귀밑털은 적막해라 친구들과 담론하던 일이 霜鬢寥寥談舊好

회심[249]은 우뚝했어라 어려운 시국 구제코자 했지 灰心落落濟時艱

백옥루에서 문사를 기다리니 삼산은 아득하고[250] 玉樓待士三山杳

248 흉음(凶音)이……말인가 : 허엽(許曄)은 만년에 부제학(副提學) 등을 거쳐 경상도 관찰사에 임명되었으나 병으로 사직하고, 한직인 동지중추부사로 있다가 1580년(선조13) 상주(尙州)의 객관에서 객사하였다.

249 회심(灰心) : 마음이 마치 불이 꺼져 식은 재와 같아서 외물에 의해 아무런 동요가 없음을 의미한다. 《장자(莊子)》〈제물론(齊物論)〉에 의하면, 남곽자기(南郭子綦)가 안석에 기대앉아서 하늘을 우러러 숨을 길게 내쉬자, 그 멍한 모양이 마치 짝을 잃은 것 같았으므로, 안성자유(顔成子游)가 그를 모시고 있다가 묻기를 "무엇을 하고 계십니까? 형체는 진실로 마른 나무와 같이 할 수 있고, 마음은 진실로 식은 재와 같이 할 수 있는 것입니까? 지금 안석에 기대앉은 분은 전에 안석에 기대앉은 그분이 아닙니다그려.〔何居乎? 形固可使如槁木, 而心固可使如死灰乎? 今之隱几者, 非昔之隱几者也.〕"라고 하므로, 남곽자기가 대답하기를 "언아, 자네는 또한 착하지 아니한가. 자네가 그렇게 물음이여. 지금 나는 내 자신의 존재를 잊고 있었는데, 자네도 그것을 알았던가?〔偃, 不亦善乎, 而問之也! 今者吾喪我, 汝知之乎?〕"라고 하였다.

250 백옥루(白玉樓)에서……아득하고 : 당대(唐代)의 시인 이하(李賀)가 죽을 무렵에 어느 날 갑자기 한 비의(緋衣)를 입은 사람이 대낮에 나타나서 붉은 용을 타고 마치 태고전(太古篆) 같은 서체(書體)의 판서(版書) 하나를 가지고 이하를 부르므로, 이하가 그에게 머리를 조아리며 말하기를 "모친이 늙고 또 병들어서 저는 가기를 원치 않습니다.〔阿彌老且病, 賀不願去.〕"라고 하자, 그가 웃으면서 말하기를 "상제께서 백옥루를

경연에는 사람이 없으니 열흘 동안 추울 뿐이네[251] 經席無人十日寒
내 나이와 비교하면 내가 또 두 살이 많으니 較得吾年又加二
응당 가까운 시일에 저승에서 서로 만날 걸세 只應朝夕會冥班

낙성하고 당장 그대를 불러 기문을 짓게 하려는 것이다. 천상이 그런대로 괜찮으니 고생하지 않을 것이다.〔帝成白玉樓, 立召君爲記. 天上差樂, 不苦也.〕"라고 하였는데, 그 후 이하가 곧 죽었던 데서 온 말로, 이는 문인(文人)이나 학자의 죽음을 의미한다. 《谷集集 李長吉小傳》 여기서는 허엽이 이하처럼 천상으로 불려 갔다는 의미이다.

251 경연(經筵)에는……뿐이네 : 열흘 동안 춥다는 것은 임금 곁에 현사(賢士)가 없음을 의미한다. 맹자(孟子)가 이르기를 "천하에 아무리 쉽게 생장하는 물건이 있더라도 하루 동안 햇볕을 쬐고 열흘 동안 춥게 한다면 능히 생장할 물건이 없는 것이다.〔雖有天下易生之物也, 一日暴之, 十日寒之, 未有能生者也.〕"라고 한 데서 온 말이다. 《孟子 告子上》 여기서는 허엽이 죽고 나니, 임금을 잘 보도(輔導)할 현사가 없다는 뜻이다.

유응서[252]에 대한 만사

挽柳應瑞

종심인 나는 진작부터 병이 삼대처럼 밀집했고　從心我久病如麻
환갑인 그대는 요즘에 고질병이 더쳐 왔었지　環甲君今痼益加
병 속의 새[253]를 날도록 놔두면 천 마리도 적고　甁雀聽飛千亦少
우물 안의 뱀[254]이 물어 대면 한 마리도 많고말고　井蛇相厄一爲多
소두와 공황이 다스린 고을들은 떠들썩하고[255]　紛紛召杜龔黃郡

252 유응서(柳應瑞) : 유몽학(柳夢鶴, ?~?)으로, 본관은 문화(文化), 자는 응서이다.

253 병(甁) 속의 새 : 사람의 올바른 정신을 가리킨 것으로, 외물의 유혹에 빠지면 올바른 정신이 다 날아가 버린다는 뜻이다. 불서(佛書)인 《칠녀경(七女經)》 가운데 칠현녀(七賢女)의 게송(偈頌)에 "새가 와서 병 속으로 들어가기에, 고운 비단으로 병 입을 막았는데, 비단이 뚫리어 새가 날아가자, 심령조차 업을 따라 달아나 버렸네.〔雀來入甁中, 羅縠掩甁口, 縠穿雀飛去, 識神隨業走.〕"라고 한 데서 온 말이다.

254 우물 안의 뱀 : 번뇌를 의미한다. 부대사(傅大士)의 《선혜록(善慧錄)》에 의하면 "빈두로가 우타연왕을 위하여 설법한 경에 이르기를 '옛날에 어떤 사람이 넓은 들판을 가다가 코끼리한테 쫓기어 한 우물이 있는 것을 보고는 즉시 우물 안으로 들어가 숨었더니, 우물 안에는 독사 네 마리가 있어 그의 몸을 물어뜯으려고 했다고 하니, 대왕께서는 마땅히 이 사람의 이루 헤아릴 수 없는 고뇌를 알아야 합니다.'라고 하였다.〔賓頭盧爲優陀延王說法經云: "昔有人行曠野, 爲象所逐, 見一邱井, 卽入井藏. 井有四毒蛇, 欲螫其身. 大王當知此人苦惱不可勝數."〕"라고 한 데서 온 말이다.

255 소두(召杜)와……떠들썩하고 : 소두는 전한(前漢)의 소신신(召信臣)과 후한(後漢)의 두시(杜詩)의 병칭으로, 그들이 남양 태수(南陽太守)로 재직할 적에 모두 선정(善政)을 많이 베풀어서 백성들을 편안히 잘살게 해 주었으므로, 남양 사람들이 그들을 사모하여 말하기를 "전에는 소신신 아버지가 있었고, 나중에는 두시 어머니가 있었다.〔前有召父, 後有杜母.〕"라고 칭송한 데서 온 말이다. 《後漢書 杜詩列傳》 공황(龔黃)은

유구와 유하의 가문은 이제 적적하게 되었네[256] 寂寂由求游夏家
어젯밤에 돌아간 그대는 또한 그만이다마는 昨夕旣亡亦已矣
오늘까지 안 죽는 나는 장차 어찌한단 말인가 今朝不死將如何

한대(漢代)에 지방관으로 많은 선정을 베풀어 명성이 천하에 으뜸이었던 공수(龔遂)와 황패(黃霸)의 병칭이다. 여기서는 유몽학이 여러 고을의 지방관을 지내면서 선정을 베풀었던 일을 위의 고사에 빗대서 한 말이다. 고을들이 떠들썩하다는 것은 유몽학이 일찍이 다스렸던 여러 고을 사람들이 그의 죽음을 몹시 애도했다는 뜻이다.

256 유구(由求)와……되었네 : 유구는 공자(孔子)의 제자로서 정사(政事)에 뛰어났던 자로(子路)와 염구(冉求)의 병칭이고, 유하(游夏)는 공자의 제자로서 문학(文學)에 뛰어났던 자유(子游)와 자하(子夏)의 병칭이다. 여기서는 유몽학이 정사와 문학에 모두 뛰어났음을 공자의 제자들에 빗대서 한 말이다.

김제[257]의 그림에 쓰다
題金禔畫

깜깜해서야 산꼭대기 절에 이른 자를[258]	昏黑到上頭
바라보니 그가 바로 스님이로다	望之乃禪也
어느 고장에서 곡신을 닦을 수 있을꼬	何鄕可谷神
이렇게 허둥지둥 떠도는 자여	爲是栖栖者
텅 빈 산에 폭포 소리는 쉴 새 없이 울려 대고	山空瀑響長
나무 그늘 높이 솟으니 바위 자태 드러나네	樾竦巖姿露
후미진 데 이르면 어찌 마을이 없으랴	抵僻豈無村
물 근원 끝까지 가면 응당 길이 있으리	窮源當有路
네 말발굽은 천 리를 거뜬히 달리고	四蹄千里輕
높은 버들 아래 작은 시내는 활짝 갰네	高柳小溪晴
무슨 일로 태평성대를 만나서	何事値平世
남더러 사생을 함께하자고 요구하는고	要人同死生

257 김제(金禔) : 158쪽 주145 참조.

258 깜깜해서야……자를 : 두보(杜甫)의 〈부성현향적사관각(涪城縣香積寺官閣)〉 시에 "여러 하늘이 등라 넝쿨 밖에 모여 있으니, 날이 깜깜해서야 응당 꼭대기 절에 이르리라.〔諸天合在藤蘿外, 昏黑應須到上頭.〕"라고 하였다. 《杜少陵詩集 卷12》

고 참의[259]의 산정에 쓰다

題高參議山亭

죽소[260]는 먼저 갈 바가 아니거니와	竹所非先造
난정은 다만 늙어서 왔을 뿐이네	蘭亭只老行
그늘진 골짝의 바람은 살살 일어나고	微生陰壑籟
굽은 못의 연꽃 향기는 끊이지 않누나	不盡曲池香
만사는 순조롬과 어긋남이 교차하고	萬事從違地
고고한 회포는 수석의 고장만 찾노라	孤懷水石鄉
어느 때나 황견을 내 곁에 두고서	何時傍黃犬
길이 백운 어린 산을 차지하여 지낼꼬[261]	長占白雲岡

259 고 참의(高參議) : 참의(參議)를 지낸 고경허(高景虛, ?~?)로, 본관은 제주(濟州), 자는 응실(應實), 호는 아계(丫溪)이다.

260 죽소(竹所)는……아니거니와 : 죽소는 죽림(竹林), 또는 죽림 속에 세운 방사(房舍)를 가리킨다. 남조(南朝) 시대 송(宋)나라 원찬(袁粲)은 대나무를 매우 좋아하였는데, 한번은 어느 집에 대와 돌이 꽤나 있는 것을 보고 주인과 인사도 통하지 않고 곧장 죽소로 가서 휘파람 불고 읊조리며 스스로 만족해했다는 고사에서 온 말이다. 《南史 袁粲列傳》 자신은 고경허의 산정을 주인도 모르게 갈 바가 아니었다는 뜻이다.

261 어느……지낼꼬 : 황견(黃犬)은 진(晉)나라 때 문장가 육기(陸機)가 기르던 황이(黃耳)라는 준견(駿犬)을 가리킨다. 육기가 집을 떠나 낙양(洛陽)에 우거할 적에 오래도록 집안 소식이 없자, 서신을 죽통(竹筩)에 담아서 개의 목에 걸어 주었더니, 개가 마침내 집에 이르러 소식을 가지고 낙양으로 돌아왔다고 한다. 《晉書 陸機列傳》 여기서는 고향에 은퇴하여 지내면서 친지들과의 소식은 황견을 통하여 전하고 듣겠다는 뜻이다.

안경창[262]에게 주다

贈安慶昌

세상일은 뜬구름 같아 나날이 어려워지니　世事如雲日日難
만나는 사람마다 깊은 산중으로 들어간다네　逢人盡道入深山
송도의 처사 그대는 참으로 집착함이 없어　松都處士眞無着
물 위에 떠돌도록 맡겨 버린 호리병박 같구려　水上胡盧任往還

회상하건대 서로 만난 지 팔 년이 지났는데　回首相逢八載秋
중간의 소식은 양쪽이 모두 적막하였네　中間消息兩悠悠
한 봉지 당적[263]을 가져와 자안[264]에 채워 주고는　一封糖翟充慈案
흥이 다했다며 훌쩍 고향으로 돌아가누나　盡興飄然返故丘

말세에는 생명을 아끼고 또 보배를 아끼지만　叔世愛生還愛寶
고인은 도를 근심하고 가난은 근심치 않았네[265]　古人憂道不憂貧
산중과 성시를 어찌 분별할 것이 있으리오　雲林城市何分別

262 안경창(安慶昌) : 개성(開城) 사람으로 자는 언성(彦盛), 호는 사내(四耐)이다. 《성호사설(星湖僿說)》 권9 〈인사문(人事門) 사내옹(四耐翁)〉에 자세하다.

263 당적(糖翟) : 엿을 사용하여 만든 꿩 요리인지, 엿과 꿩고기의 병칭인지 자세하지 않다.

264 자안(慈案) : 자당(慈堂)의 찬상(饌牀)이라는 뜻이다.

265 고인(古人)은……않았네 : 공자(孔子)가 "군자는 도를 근심하고 가난함을 근심하지 않는다.〔君子憂道不憂貧.〕"라고 하였다. 《論語 衛靈公》

단지 내 맘에 달렸지 몸에 달린 게 아니거늘	只在吾心不在身

안씨의 아들은 산중 사람이라	安氏之子山中人
풍악산 왕래하기를 신들린 듯 잘도 하네그려	往來楓岳如有神
그는 스스로 송도의 사내라고 호칭하는데	自謂松都之四耐
나는 스스로 상산의 한 늙은이인가 하노라[266]	我疑商嶺之一皓
술 한 잔에 물은 열 사발이요	酒一杯兮水十鉢
노래 세 곡조에 춤추다 백번 넘어지기도	歌三闋兮舞百倒
굶주려도 원망 않고 배불러도 즐겁지 않고요	飢不恚兮飽不嬉
취함이 의리가 아니면 주는 것을 사절하네	取則非兮予則辭
그대는 보지 못했나 한나라의 동방삭은	君不見漢家東方朔
대낮에 전상에 오줌 싸고도 포작이 없었던 걸[267]	白晝溺衙無怖怍

266 나는……하노라 : 소재의 고향 상주(尙州)의 고호가 상산(商山)이기 때문에 옛날에 네 노인, 즉 동원공(東園公), 기리계(綺里季), 하황공(夏黃公), 녹리선생(甪里先生)이 상산에 은거하여 자지(紫芝)를 캐 먹으며 지냈던 고사를 인용하여, 자신을 상산의 네 노인에 빗대서 한 말이다.

267 그대는……걸 : 한 무제(漢武帝) 때 동방삭(東方朔)이 한번은 술이 잔뜩 취하여 전중(殿中)에 들어가서 전상(殿上)에다 소변을 보았다가 불경죄로 탄핵을 받고, 이로 인하여 관직이 파면되고 서인(庶人)으로 강등된 적이 있었다. 《漢書 東方朔傳》 여기서는 예법(禮法)에 구애되지 않는 호탕한 기개를 말한다.

취하여 목인[268]에게 주다
醉贈木人

높은 버들엔 바람이 완전히 멎었고	高柳風全息
둥근 연잎엔 비가 잠깐 개었네	圓荷雨乍晴
자리를 연 소재 노인 모습은 추한데	開筵穌老醜
모시고 앉은 목인은 하 청수하여라	侍坐木人淸
산은 석양이라 아름다운 기운이 많고	山夕多佳氣
술이 없으니 거친 소리가 나지 않네	尊空遠惡聲
삼 년을 배우고 녹봉에 뜻 두지 않았거니[269]	三年不志穀
오언시로 감히 이름을 탐하였으랴[270]	五字敢貪名

268 목인(木人) : 일종의 목우인(木偶人)인 듯하다. 옛날에 풍목인(楓木人), 풍인(楓人)이라고 하는 것이 있는데, 《천중기(天中記)》 권51에 의하면 "강동, 강서 지방의 산중에는 풍목인이 많은데, 이것이 풍나무 밑에서 생장하여 사람의 형체와 비슷하고, 크기는 서너 자쯤 자라며, 밤중에 천둥과 비를 맞고 나면 곧장 풍나무의 크기와 나란해진다.〔江東、江西山中多有楓木人, 於楓樹下生, 似人形, 長三四尺, 夜雷雨, 卽長與樹齊.〕"라고 하였다. 그러나 여기에 나온 목인은 과연 목우인인지, 아니면 풍목인과 같은 유인지 자세하지 않다.

269 삼……않았거니 : 공자(孔子)가 "삼 년 동안 배우고 녹봉에 뜻을 두지 않는 자를 쉽게 얻지 못하겠다."라고 하였다. 《論語 泰伯》 이는 누구나 조금만 배운 것이 있으면 벼슬하려고 애쓰는 것을 의미하는데, 여기서는 자신은 그러지 않았다는 뜻이다.

270 오언시로……탐하였으랴 : 송대(宋代)의 시인 진여의(陳與義)의 〈적원(適遠)〉 시에 "평생에 오언 율시만을 지었으되, 머리가 희도록 이름을 탐하진 않았네.〔平生五字律, 頭白不貪名.〕"라고 하였다. 《簡齋集 卷9》 여기서는 오언시를 감히 잘하는 체하지 않는다는 뜻이다.

강해 같은 임금 은혜는 중하거니와	江海君恩重
실낱같은 내 한 목숨은 가볍고말고	絲毫一命輕
아득하여라 피현[271]할 날을 당하여	蒼茫避賢日
슬픈 눈물을 누굴 위해 쏟는단 말인가	危涕爲誰傾

271 피현(避賢) : 높은 자리를 피하여 현자(賢者)에게 양보한다는 뜻이다. 《사기(史記)》 〈만석군석분열전(萬石君石奮列傳)〉에 "원컨대 승상의 후인을 돌려드리고 해골을 빌어 돌아가서 현자 등용의 길을 양보하여 피하겠습니다.〔願歸丞相侯印, 乞骸骨歸, 避賢者路.〕"라고 하였다.

사내옹[272]과 작별하다

別四耐翁

덧없는 인생 초초하게 인간에 부쳐 사노라니	浮生草草寄人間
한가해도 바쁨이 바빠도 한가함과 똑같구려	閑亦忙猶忙亦閑
어느 곳 어느 때도 지극한 즐거움이 없으니	無處無時無至樂
동해 바다나 풍악산도 굳이 갈 필요가 없다오	不須鯨海與楓巒
세상일은 뜬구름 같아 나날이 변천하는데	世事如雲日日新
쌍계의 일주[273]를 그 누구에게 맡긴단 말인가	雙溪一柱屬何人
한만을 돌아보며 노오를 하직하고 떠나서[274]	回看汗漫辭盧去
두건 한쪽이 청풍에 꺾여 처지게 내버려 두네	一任淸風墊角巾
산하대지의 백천 가지 온갖 꽃들이	山河大地百千花
모두 일반 평민들의 집에 들어와 있네[275]	盡在尋常百姓家

272 사내옹(四耐翁) : 안경창(安慶昌)이다. 개성(開城) 사람으로 자는 언성(彦盛), 호는 사내(四耐)이다. 《성호사설(星湖僿說)》 권9 〈인사문(人事門) 사내옹(四耐翁)〉에 자세하다.

273 쌍계(雙溪)의 일주(一柱) : 쌍계사(雙溪寺)의 일주문(一柱門)이라는 뜻인지, 아니면 다른 무엇을 말한 것인지 자세하지 않다.

274 한만(汗漫)을……떠나서 : 한만은 아득하여 알 수 없는 곳을 말한 것으로, 전하여 세상 밖의 선인(仙人)을 의미한다. 한만과 노오(盧敖)에 대한 자세한 내용은 135쪽 주65 참조.

가소로워라 옛 송도의 안 처사는 可笑舊都安處士
스스로 성에 증가함이 있는 줄로 아는구려[276] 自知其性有增加

나의 행적은 어둔 데서 속인 것[277] 같은데 我迹猶欺闇

275 산하대지(山河大地)의……있네 : 일찍이 귀족들의 정원에 널려 있던 기화요초(琪花瑤草)가 세상 변천에 따라 후세에는 일반 평민들의 집에 있게 되었다는 뜻으로, 당(唐)나라 시인(詩人) 유우석(劉禹錫)의 〈오의항(烏衣巷)〉 시에 "주작교 가에는 들풀이 꽃을 피우고, 오의항 어귀에는 석양이 비꼈는데, 그 옛날 왕씨 사씨 집의 제비들이, 일반 평민의 집으로 날아드누나.〔朱雀橋邊野草花, 烏衣巷口夕陽斜. 舊來王謝堂前燕, 飛入尋常百姓家.〕"라고 한 데서 온 말이다.《劉賓客文集 卷24》

276 가소로워라……아는구려 : 왕수인(王守仁)의 말에 "반드시 스스로 자기의 성을 다하여야만 바야흐로 사람의 성을 다하고 물건의 성을 다하고 천지의 화육을 도울 수 있으며, 반드시 사람의 성을 다하고 물건의 성을 다하고 천지의 화육을 돕는 데에 이르러야야만 바야흐로 자기의 성을 다한 것이 바로 사람의 성을 다하고 물건의 성을 다하고 천지의 화육을 돕는 데에 이르는 것이요, 요컨대 나의 성에는 또한 털끝만큼도 증가한 것이 없는 것임을 볼 수 있다.〔必自盡其性, 方能盡人盡物參贊天地. 必至盡人盡物參贊天地, 方是見能盡其性, 卽至於盡人盡物參贊天地. 要於吾性, 亦無分毫增加.〕"라고 하였다.《四書講義困勉錄 卷3》 가소롭다는 것은 안경창이 이런 이론을 모르는 데에 대하여 그를 조롱하는 뜻인 듯하다.

277 어둔……것 : 남이 보지 않는 데서는 자기 마음을 속이고 법도를 지키지 않음을 이르는 말로, 유향(劉向)의《열녀전(列女傳)》〈인지전(仁智傳)〉 위령부인조(衛靈夫人條)에 "위 영공이 밤에 부인과 함께 앉았다가, 수레 소리가 삐걱삐걱하고 오더니 대궐 앞에 이르러 그쳤다가 대궐을 지나서 수레 소리가 다시 나는 것을 듣고, 영공이 부인에게 묻기를 '이 사람이 누구인 줄 알겠소?' 하자, 부인이 말하기를 '이 사람은 거백옥일 것입니다.' 하므로, 공이 말하기를 '무엇으로써 그 사람인 줄을 아오?' 하니, 부인이 말하기를 '첩이 들으니, 예에 공문 앞에서는 수레에서 내리며, 길에서 임금의 말을 보았을 때에 읍을 하는 것은 공경하는 마음을 넓히기 위함이라고 하니, 대체로 충신과 효자는 밝다고 예절을 펴지 않으며, 어둡다고 행동을 게을리하지 않는 것입니다.

그대의 마음은 기미를 아는 것 같구려	君心似識微
어렵단 핑계로 힘써 직무를 수행하지만	持難長黽勉
만사에 순응하는 데만 즐겨 의탁할쏜가	隨順肯因依
두 산의 사찰들을 함께 말하고	共說兩山寺
천 리 경기 땅에서 자주 만났네	頻逢千里畿
새로운 시에 화답해 주기를 바라노니	新詩要和乞
노련한 붓 던지지 말고 휘둘러 주게나	老筆不投揮

화기가 치올라서 숨은 항상 가쁘고	火上喘常急
진기가 소실되어 근력 또한 미약하네	眞消筋更微
몸뚱이나마 우선 스스로 보전하자면	形軀且自保
객시에서 끝내 누구를 의지한단 말가	逆旅竟誰依
십 년 동안 높은 재는 넘지 않았지만[278]	十載休踰嶺
어느 때나 경기 땅 나그네를 면할꼬	何時免客畿
반악의 판여는 인도할 수 있거니와[279]	潘輿猶可導

거백옥은 위나라의 어진 대부입니다. 어질고 지혜가 있고, 윗사람을 섬기는 데 공경하니, 그 사람은 반드시 어두운 때라고 예를 폐하지 않을 것입니다. 이것으로 그 사람임을 아는 것입니다.' 하므로, 영공이 사람을 시켜 가 보게 했더니, 과연 거백옥이었다.〔衛靈公與夫人夜坐, 聞車聲轔轔, 至闕而止, 過闕復有聲. 公問夫人曰: "知此爲誰?" 夫人曰: "此蘧伯玉也." 公曰: "何以知之?" 夫人曰: "妾聞禮下公門, 式路馬, 所以廣敬也. 夫忠臣與孝子, 不爲昭昭信節, 不爲冥冥惰行. 蘧伯玉, 衛之賢大夫也. 仁而有智, 敬於事上, 此其人必不以闇昧廢禮. 是以知之." 公使人視之, 果伯玉也.〕"라고 한 데서 온 말이다. 여기서는 자신은 거백옥처럼 하지 못한다는 겸사이다.

278 십……않았지만 : 관직에 있는 10여 년 동안은 조령(鳥嶺)을 넘어 고향에 갈 겨를이 없었다는 뜻이다.

진수의 휘두름이야 어찌 용납하랴[280] 晉手豈容揮

하도 고마워라 성시에 숨은 선비가 多謝市隱士
고향에 돌아온 사람을 멀리 찾아왔네 遠尋丘首人
수염과 눈썹은 다 하얗게 세었지만 鬚眉儘皓白
의기는 전보다 더 맑고 새로워졌네 意氣較淸新
조서 내려와 성상 은총 입은 날이요 漢詔銜恩日
시냇가 마을에 병치레하는 봄이로다 溪村抱病春
서로 마주 보며 이 노인을 보내면서 相看送此老
한 잔 따르며 내 진정을 토로하노라 一酌道吾眞

279 반악(潘岳)의……있거니와 : 반악의 판여(板輿)는 137쪽 주73 참조. 여기서는 자신이 현달하였으니, 모친에게 판여는 태워 드릴 수 있다는 뜻이다.

280 진수(晉手)의……용납하랴 : 진수는 위진(魏晉) 시대 노장사상(老莊思想)을 숭상하던 이른바 청담객(淸談客)들의 손을 말하고, 휘두른다는 것은 청담객들이 고라니의 꼬리털로 만든 먼지떨이, 즉 주미(麈尾)를 손에 들고 이야기했던 데서 온 말이다. 여기서는 한가하게 청담이나 나누고 있을 수는 없다는 뜻이다.

재령에 부임하는 박숙정[281]을 보내다

送朴叔正赴載寧

숙정이 이 노오[282]를 하직하고	正也辭盧敖
재령을 향해 훌쩍 떠나는구나	翩然向載寧
음양은 한 가닥의 실을 더해 가는데[283]	陰陽一添線
남북으로 헤어지면 둘 다 부평초로세	南北兩浮萍
옛일은 진사년의 일[284]을 얘기했거니와	舊事談辰巳
새론 시름은 경위를 보는 데서 생기네[285]	新愁看渭涇

281 박숙정(朴叔正) : 박충간(朴忠侃, ?~1601)으로, 본관은 상주(尙州), 자는 숙정이다.

282 노오(盧敖) : 소재를 가리킨다. 135쪽 주65 참조.

283 음양(陰陽)은……가는데 : 음양은《예기》〈월령(月令)〉에 "중동의 달에는……해가 가장 짧은 날이 있어, 음양이 서로 다투고, 만물의 생명이 움직이기 시작한다.〔仲冬之月……日短至, 陰陽爭, 諸生蕩.〕"라고 한 데서 온 말로, 동지(冬至)가 된 것을 의미한다. 한 가닥의 실을 더해 간다는 것은《당잡록(唐雜錄)》에 "당나라 궁중에서는 여자의 일을 해의 길고 짧음에 따라서 행했던바, 즉 동지 이후로는 해가 점차 길어짐에 따라 평상시에 비하여 날로 실 한 가닥쯤의 일을 더하게 했다.〔唐宮中以女功揆日之長短, 冬至後, 日晷漸長, 比常日增一線之功.〕"라고 한 데서 온 말이다.《歲時廣記 卷38 唐雜錄》여기서는 이때가 동지가 지난 뒤였음을 의미한다.

284 옛일은 진사년의 일 : 진사년은 중종(中宗)이 승하하고, 인종(仁宗)이 즉위한 갑진년(1544, 중종39)과 인종이 승하한 을사년(1545, 인종1)의 병칭으로, 옛일이라고 한 것은 이해에 명종(明宗)이 즉위하고 나서 바로 을사사화(乙巳士禍)가 일어났던 것을 가리킨다.

285 새론……생기네 : 온 세상에 청탁, 시비가 혼동된 상태를 봄으로써 시름을 하게

백성을 편케 함엔 이병을 궁구해야 하고[286]	便民究利病
처세하는 도리는 권경을 다해야 하리라[287]	處世盡權經
장수산은 응당 중해질 터이지만[288]	長水山應重
건천동은 날이 어두워만 가겠지[289]	乾川洞欲冥
내 고향 상주로 내 널이 반장되는 날엔	商顔返旅櫬
멀리서 나를 위해 눈물을 떨구겠지	遙涕爲吾零

된다는 뜻인 듯하다. 경위(涇渭)는 경수(涇水)와 위수(渭水)의 병칭으로, 경수는 흐리고 위수는 맑으므로, 경위가 흔히 청탁(淸濁), 진위(眞僞), 시비(是非) 등의 일을 비유하였다.

286 백성을……하고 : 지방관은 의당 백성들에게 이익이 되는 것을 베풀어 주고 폐해가 되는 것을 제거해 줘야 한다는 뜻이다.

287 처세하는……하리라 : 권경(權經)의 경은 일정불변(一定不變)의 상리(常理)를 말하고, 권은 임기응변의 처리를 말한 것으로, 처세하는 도리는 때에 따라 사리에 적합하게 해야 한다는 뜻이다.

288 장수산(長水山)은……터이지만 : 《신증동국여지승람(新增東國輿地勝覽)》 권42 〈황해도 재령군(載寧郡)〉에는 장수산의 '水'가 '壽'로 되어 있다. 중해진다는 것은 훌륭한 인물이 그곳에 부임하기 때문이라는 뜻이다.

289 건천동(乾川洞)은……가겠지 : 서울의 건천동에는 소재가 태어나고 자란 경제(京第)가 있었다. 어두워만 간다는 것은 좋은 친구를 떠나보내고 나면 자신의 주위가 더욱 적막해지리라는 뜻이다.

좌랑 조휘[290]에게 주다

贈趙佐郎徽

물과 같이 사귄 정은 담박한 데다[291]	若水交情淡
동향인이라 이별의 한도 무겁구려	同鄕別恨重
나는 괜히 오 년 동안 눈물을 흘렸으되	空垂五載淚
두 선산[292]의 봉분엔 눈물을 뿌려 보지 못했다네[293]	不灑兩山封
차가운 날에 막 이별을 하려고 할 제	寒日初分路
나는 구름은 또 산봉우리에 가득쿠려	飛雲更滿峯
덧없는 인생은 참으로 붙어사는 듯니	浮生信如寄
어느 곳에서 다시 상종할 수 있을꼬	何地得相從

성정은 졸렬하여 삼경을 보존했지만[294]	性拙存三逕

290 조휘(趙徽) : 자는 자미(子美), 호는 송파(松坡)이며, 상주(尙州)에서 살았다고 한다. 1567년(명종22) 생원시(生員試)에 장원하였고, 이듬해 문과(文科)에 급제하여 예조 좌랑(禮曹左郎)을 지냈다.

291 물과……데다 : 《장자(莊子)》 〈산목(山木)〉에 “군자의 사귐은 물처럼 담박하고, 소인의 사귐은 단술처럼 달콤하다.〔君子之交淡若水, 小人之交甘若醴.〕”라고 한 데서 온 말이다.

292 두 선산(先山) : 상주군(尙州郡) 화령현(化寧縣) 원천(遠川)에 모셔진 조부(祖父)의 묘소와 화령현 사곡(沙谷)에 모셔진 조비(祖妣)의 묘소를 가리킨다.

293 눈물을……못했다네 : 소재가 벼슬하느라 고향에 가지 못했기 때문에 이른 말이다.

294 삼경(三逕)을 보존했지만 : 소재가 은거하기 위하여 고향의 집을 보존하고 있다는 뜻이다.

성상 은혜는 대궐에 깊이 맺혀 있네 恩深結九重
한 시대에 노나라의 변화를 이뤘으니[295] 一時成魯變
만사를 버리고 유후로 만족할 뿐일세[296] 萬事足留封
자네가 왕래원[297]에 내려와 살면서 期子王來院
나와 속리산에서 종유하길 기약하네 從余俗離峯
허나 이 말은 참으로 농담일 뿐이요 斯言眞戲爾
저승에 가서나 마음껏 종유하세나 泉下恣過從

295 한……이뤘으니 : 노나라의 변화는 공자(孔子)가 "제나라가 한 번 변화하면 노나라의 경지에 이르고, 노나라가 한 번 변화하면 선왕의 도에 이를 것이다.〔齊一變, 至於魯; 魯一變, 至於道.〕"라고 한 데서 온 말로, 태평성대를 의미한다. 《論語 雍也》 여기서는 조선이 선조(宣祖) 즉위 이후로 태평성대를 이루었다는 뜻이다.

296 만사를……뿐일세 : 유후(留侯)는 한 고조(漢高祖)의 모신(謀臣) 장량(張良)의 봉호이다. 장량이 한 고조를 도와 천하를 통일하고 유후에 봉해지고 나서는 스스로 말하기를 "내가 지금 세 치의 혀로써 제왕의 스승이 되어 만호에 봉해지고 열후가 되었으니, 이는 포의에게 극도의 영광으로서 나에게는 더없이 만족스러운 것이다. 이제는 인간의 일을 다 버리고 선인 적송자를 따라서 노닐고 싶을 뿐이다.〔今以三寸舌爲帝者師, 封萬戶, 位列侯, 此布衣之極, 於良足矣. 願棄人間事, 欲從赤松子游耳.〕"라고 한 데서 온 말이다. 《史記 留侯世家》 여기서는 선조를 도와 많은 공적을 이루고 재상(宰相)에 이르렀으니, 이제는 더 이상 바랄 것이 없고 장량처럼 물러나고 싶다는 뜻이다.

297 왕래원(王來院) : 충북 보은(報恩)에 있는 지명이다.

청천의 시에 다시 차운하다[298]

復次青川韻

일월은 백천 가지로 변동이 있지만	日月千般變
천지는 한낱 공도만이 있을 뿐이네	乾坤一箇公
술은 세상이 나와 다름을 시름케 하고	酒愁將我異
시는 남들과 서로 같은 걸 기뻐하노라	詩喜與人同
병중에 지팡이 짚고 때때로 일어나 보면	病策時時起
가을 국화도 곳곳마다 텅 비었는지라	寒花處處空
무단히 맑은 휘파람 길이 부노라니	無端發淸嘯
외기러기만 하늘 높이 울며 날아가네	孤雁報天中

298 청천(青川)……차운하다 : 청천은 충북 괴산군 관내의 속현(屬縣) 이름이다. 소재가 괴산에 이배(移配)되어 있을 때 당시 청주 목사(淸州牧使)로 재직 중인 이헌국(李憲國)이 청천현으로 소재를 방문하여 서로 만났고, 또 소재가 아래 시운(詩韻)과 똑같은 운으로 그에게 시를 지어 준 적이 있다. 그렇다면 이 시 또한 이헌국의 시에 차운한 것이 분명하다.

안경창에게 주다

贈安慶昌

얼굴을 쳐들어 새 보는 걸 탐하다가	仰面貪看鳥
머리 돌려 사람에게 응답함을 그르친다[299] 하니	回頭錯應人
옛 어진 이도 속됨을 면하기 어려웠는데	昔賢難免俗
늙은이의 뜻이 새로워질 수 있겠는가	衰意肯來新
대궐을 연련하면서 다시 고향을 연련하고	戀闕復戀土
그대를 보내면서 겸하여 봄까지 보내누나	送君兼送春
눈물을 다 쏟으매 할 말 또한 다하였으니	淚傾言亦盡
도리어 이것이 허망함인지 진실함인지	還是妄耶眞

구름과 물은 맑음이 서로 비치거니와	雲水淸相暎
먼지에는 탁한 것이 절로 침범하나니	塵埃濁自侵
먼지와 그리고 구름과 물은	塵埃與雲水
똑같이 다 내 마음 밖이라네	等是外吾心

299 얼굴을……그르친다 : 마음이 이리저리 갈려서 한군데에 집중하지 못하는 상태를 의미하는 것으로, 두보(杜甫)의 〈만성(漫成)〉 시에 나온다. 《杜少陵詩集 卷10》

백광훈[300]에게 장난삼아 주다

戲贈白光勳

공효 없는 붓일랑 놀리지 말고	莫弄無功筆
모름지기 유한한 술잔이나 기울이게나	須傾有限杯
남아가 일생 백 년 안에	男兒百年內
그 몇이나 자기 마음을 지켰던가	幾箇守靈臺

300 백광훈(白光勳) : 1537~1582. 본관은 해미(海美), 자는 창경(彰卿), 호는 옥봉(玉峯)이다.

저도로 가는 이인호를 보내다

送李仁豪向楮島

나는 섬으로 가는 나그네 그대를 보내고	送君還島客
그대는 강 건너갈 사람 나를 보내는구나	君送渡江人
이별의 근심 속에 깊은 술잔 기울일 제	悄悄傾深盞
계절은 정히 유유한 저문 봄이로구려	悠悠正暮春

흥원의 배 안에서 이달[301]에게 주다

興原舟中贈李達

먼 봉우리엔 아름다운 기운이 돌고	遠岫轉佳氣
긴 물굽이는 태양 빛을 거둬들이네	長灣收日華
친한 벗은 눈앞에 한 사람뿐인데	親朋眼中一
향기론 풀은 자리 가에 많기도 해라	芳草席邊多
문회를 할 때면 시 겨룰 상대가 없고	文會詩無敵
청담을 나눌 때는 외상술을 안 먹네	淸談酒不賒
어이해 벼슬하길 우환으로 삼으면서	如何憂患仕
종일토록 풍파 속에 있단 말인가[302]	終日在風波

301 이달(李達) : 1539~1612. 본관은 홍주(洪州), 자는 익지(益之), 호는 손곡(蓀谷)이다.

302 어이해……말인가 : 자신이 벼슬하는 것을 두려워하면서도 끝내 그만두지 못하고 고통스러운 생활을 보내고 있음을 의미한다.

효릉을 봉심하고 나서 권 남조[303] 벽 에게 바치다

奉審孝陵呈權南曹 擘

살펴보건대 권벽의 호는 습재(習齋)이다.

칠월이라 십구일 한창 푹푹 찌는 날에	七月十九日鬱蒸
서산의 인성왕후의 능을 봉심하였네	奉審西山仁聖陵
쑥 뿌리를 안 뽑으면 의당 흙이 무너지련만	不拔蓬根須土圮
민력을 동원하면 나라가 무너지니 어찌할꼬	直勤民力柰邦崩
쓸쓸한 청룡 백호등은 천추의 한으로 남았고	蕭條龍虎千秋恨
참담한 솔과 가래나무는 온 세상이 가여워하네	慘淡松楸一世矜
아직도 세자시강원의 옛 요속이 남아 있어[304]	尙有春坊舊僚在
두어 줄의 슬픈 눈물을 지팡이에 뿌리노라	數行哀淚灑枯藤

무더위 속에 말 타는 걸 사양하지 않은 것은	不辭驅馬觸炎蒸
재계하고 깨끗이 하여 효릉을 알현키 위함일세	正爲齋明謁孝陵
우혈[305]의 구름 연기는 예로부터 끼어 왔거니와	禹穴雲煙終古在

303 권 남조(權南曹) : 남조는 예조(禮曹)의 별칭으로, 예조 참의를 지낸 권벽(權擘, 1520~1593)을 가리킨다. 본관은 안동(安東), 자는 대수(大手), 호는 습재이다.

304 아직도……있어 : 인종이 세자로 있었던 1544년 소재가 세자시강원 사서(世子侍講院司書)로 있었던 일을 말한다. 옛 요속은 소재를 가리킨다.

305 우혈(禹穴) : 우(禹) 임금의 장지(葬地)를 말한 것으로, 여기서는 효릉(孝陵)을 가리킨다. 《사기(史記)》 〈태사공자서(太史公自序)〉에 의하면 "나이 이십에 남쪽으로 장강과 회수를 유람하고, 회계산에 올라 우혈을 찾아보았다.〔二十而南遊江淮, 上會稽, 探禹穴.〕"라고 하였다.

기인의 심담은 하늘과 함께 무너져 버렸다오[306] 杞人心膽與天崩
한 줌 흙이 무너진 곳은 현궁과 가깝거니와[307] 一抔壞處玄宮近
많은 담장을 쌓을 때는 백성들이 가여웠었지 百堵興時赤子矜
학금의 옛 신하[308]가 아름다운 시구를 써내니 鶴禁舊臣題傑句
응당 섬등의 값이 갑절이나 오를 걸 알겠네[309] 應知價倍剡溪藤

이상은 습재의 시이다.

306 기인(杞人)의……버렸다오 : 《열자(列子)》 〈천서(天瑞)〉에 "기나라에 하늘땅이 무너지면 자기가 부쳐 살 곳이 없다고 걱정하면서 침식을 폐한 자가 있었다.〔杞國有人, 憂天地崩墜, 身亡所寄, 廢寢食者.〕"라고 한 데서 온 말로, 본래는 불필요한 걱정을 하는 데에 비유한 말인데, 여기서는 인종을 하늘에 빗대어 인종의 승하를 몹시 슬퍼하는 뜻이다.

307 한……가깝거니와 : 한 줌 흙은 제왕(帝王)의 무덤 흙을 가리키고, 현궁(玄宮)은 제왕의 무덤 속을 가리킨다.

308 학금(鶴禁)의 옛 신하 : 소재를 지칭한다.

309 응당……알겠네 : 섬등(剡藤)은 절강성(浙江省) 섬계(剡溪)에서 생산된 등(藤)나무로 만든 종이를 가리킨다. 종잇값이 갑절이나 오른다는 것은 진(晉)나라 때 좌사(左思)가 10년간의 구상(構想)을 거쳐 〈삼도부(三都賦)〉를 완성했는데, 황보밀(皇甫謐), 장재(張載), 유규(劉逵) 등 학자들에 의해 이 글이 명문으로 알려지자, 당시 사람들이 그 글을 서로 다투어 베끼는 바람에 낙양(洛陽)의 종잇값이 폭등했다는 고사에서 온 말로, 훌륭한 문장이 온 세상에 회자되는 것을 뜻한다. 《晉書 文苑列傳 左思》

앞의 운을 거듭 사용하여 화답하기를 바라다
叠前韻希和

당당한 높은 전진이 자욱한 음기를 쓸어버리고[310]	堂堂高陣掃陰蒸
고래를 끌어옴을 두릉에 가까이 다가가려 하네[311]	擬掣鯨魚逼杜陵
숫자 적은 게 이미 드러나 맘은 도피하고 싶고[312]	少筭已形心欲遁
항복 깃발 언뜻 세우고 뿔을 무너뜨리듯 하노라[313]	降幡乍竪角如崩
다만 벌주나 마시고 서로 농담이나 할 뿐이네	只應浮白聊相謔
현리를 담론할 만하나 과연 누가 긍식할쏜가	便可談玄果孰矜
유년 시절 교유했던 일이 몽상에 길이 남아서	弱歲交遊長夢想

310 당당한……쓸어버리고 : 두보(杜甫)의 〈취가행(醉歌行)〉 시에 "문장의 근원은 삼협의 물을 기울인 듯하고, 필력의 전진은 천군을 쓸어 낼 기세로다.〔詞源倒流三峽水, 筆陣獨掃千人軍.〕"라고 한 데서 온 말로, 문장이 아주 힘차고 웅장한 것을 의미한다. 《杜少陵詩集 卷3》

311 고래를……하네 : 두릉(杜陵)은 두보의 별칭이다. 고래를 끌어온다는 것은 두보의 〈희위육절구(戲爲六絶句)〉 시 가운데 제4절구에 "푸른 바다 가운데서 고래를 끌어올 힘은 없고말고.〔未掣鯨魚碧海中.〕"라고 한 데서 온 말로, 문장의 웅건함을 비유한 것이다. 《杜少陵詩集 卷11》

312 숫자……싶고 : 숫자가 적다는 것은 옛날 투호(投壺) 놀이에서 빈주(賓主)가 서로 화살 같은 막대기를 각각 술병의 주둥이에 던져 넣어서 그 막대기 수의 많고 적음으로 승부를 결정했던 데서 온 말이다. 《禮記 投壺》 여기서는 소재가 상대방에 대하여 자신의 시재(詩才)가 많이 부족하다는 겸사이다.

313 뿔을 무너뜨리듯 하노라 : 《서경》 〈태서 중(泰誓中)〉에 "백성들이 몹시 두려워하여 머리를 조아려 뿔을 무너뜨리듯 한다.〔百姓懍懍, 若崩厥角.〕"라고 한 데서 온 말로, 여기서는 상대방에게 머리 조아려 항복한다는 겸사이다.

근래엔 등라 넝쿨보다 심하게 맘속을 휘감누나　爾來纏繞劇蘿藤

난실의 향내를 맡고 훈도 입음을 기뻐했다가[314]　聞香蘭室喜薰蒸
도리어 단제를 올라갈 수 없음을 두려워했네[315]　却怕丹梯未可陵
도학은 천년 이래 끊어진 유서를 계승하였고　道繼千年遺緖絶
문장은 삼협의 성난 파도가 무너진 듯하구려[316]　詞如三峽怒濤崩
고명은 세상을 뒤덮어 사람마다 추앙하거니와　高名蓋世人皆仰
나는 세행을 삼가지 않아서 공이 무너졌다오[317]　細行虧功我不矜
스스로 우스워라 지금 이미 늙은 몰골이 되어　自笑老形今已具
몽혼이 늘 고향 산의 등라에 얽혀 있는 것이[318]　夢魂長繞故山藤

이상은 습재(習齋)의 시이다.

314 난실(蘭室)의……기뻐했다가 : 난실은 난초 향기 그윽한 방이라는 뜻이다. 《공자가어(孔子家語)》 〈육본(六本)〉에 "착한 사람과 함께 있으면 마치 지초나 난초의 향기 그윽한 방에 들어간 것 같아서 오래되면 그 향내를 맡지는 못할지라도 곧 그에게로 변화하게 된다."라고 한 데서 온 말로, 현사(賢士)가 머무는 곳을 말한다. 여기서는 현사에게서 훈도(薰陶)를 입었다는 뜻이다.

315 도리어……두려워했네 : 단제(丹梯)는 적석토(赤石土)로 이루어진 산로(山路), 또는 아주 높은 산봉우리를 말하기도 한다. 여기서는 권벽(權擘)이 소재의 학식 등을 도저히 따라갈 수 없다는 겸사이다.

316 문장은……듯하구려 : 소재의 힘찬 문장을 저 삼협(三峽)의 성난 파도가 거꾸러져 세차게 흐르는 기세에 빗대서 한 말이다.

317 나는……무너졌다오 : 《서경》 〈여오(旅獒)〉에 "작은 행실을 삼가지 않으면 마침내 큰 덕에 누를 끼쳐, 아홉 길의 산을 만들다가 공이 흙 한 삼태기 모자란 데서 무너지는 격이 되리라."라고 한 데서 온 말로, 여기서는 권벽 자신에 대한 겸사이다.

318 스스로……것이 : 등라(藤蘿)가 얽힌 곳을 은자(隱者)의 처소의 뜻으로 사용한다. 권벽이 늘그막에 늘 고향에 가서 은거하고 싶은 마음이 든다는 뜻으로 한 말이다.

문경의 판상시에 차운하다

次聞慶板上韻

길 가는 사람 그 누군들 분잡함을 안 만나랴만	路上何人不觸紛
늘그막의 인간사가 더욱 구름처럼 변다해지네	暮年人事更如雲
밤새도록 마음과 입이 서로 맹세를 하였건만	終宵心口相爲誓
도리어 곁에 있는 사람도 듣지를 못하네그려	却是傍人不得聞

임당의 시에 차운하다

次林塘韻

살펴보건대 임당이 원접사(遠接使)가 되었을 때 수찬(修撰) 유성룡(柳成龍)이 그의 종사관(從事官)이 되었는데, 이 운이 바로 임당이 서애(西厓)에게 준 운이다.

숙야[319]의 유신들이 어찌 무리를 달리할쏜가[320] 夙夜儒臣豈異曹
서로 이어진 대문장[321]은 실로 동포[322]와 같도다 聯翩詞伯信同袍
동관에서 정선한 둘도 없는 훌륭한 선비요[323] 妙掄東觀無雙士

319 숙야(夙夜) : 《시경》 〈대아(大雅) 증민(蒸民)〉에 "엄숙한 왕명을 중산보가 받들어 행하며, 나라의 좋고 나쁨을 중산보가 밝히도다. 이미 도리에 밝고 일을 세밀히 살펴, 그 몸을 보호하며, 밤낮으로 게을리하지 않아서, 한 사람 천자를 섬기도다.〔肅肅王命, 仲山甫將之. 邦國若否, 仲山甫明之. 既明且哲, 以保其身. 夙夜匪懈, 以事一人.〕"라고 한 데서 온 말로, 재상(宰相)으로서 국사(國事)에 부지런히 노력하는 모습을 말한다.

320 무리를 달리할쏜가 : 재상 정유길(鄭惟吉)이 유성룡 같은 뛰어난 인재를 종사관으로 삼은 것을 의미한다.

321 서로 이어진 대문장 : 원접사 정유길과 종사관 유성룡을 가리킨다.

322 동포(同袍) : 솜옷을 함께 입는다는 뜻이다. 《시경》 〈진풍(秦風) 무의(無衣)〉에 "어찌 옷이 없어서, 그대와 솜옷을 함께 입으리오. 왕명으로 군사를 일으키거든, 우리 긴 창, 짧은 창을 수선하여, 그대와 한 짝이 되리로다.〔豈曰無衣, 與子同袍? 王于興師, 修我戈矛, 與子同仇.〕"라고 한 데서 온 말로, 동료나 붕우간을 가리킨다. 여기서는 정유길과 유성룡을 가리킨다.

323 동관(東觀)에서……선비요 : 동관은 본디 동한(東漢)의 남궁(南宮) 안에 있던 관명(觀名)이다. 명제(明帝) 때에 반고(班固) 등에게 명하여 여기에서 《한기(漢紀)》를 수찬(修撰)하게 하고 그 책을 《동관한기(東觀漢紀)》라 이름했던 데서, 후세에는 국사(國史)를 수찬하는 곳으로 일컫게 되었다. 여기서는 이때 원접사 정유길이 유성룡을 종사관으로 삼았으므로, 일찍이 춘추관 기사관을 지냈고, 현재 홍문관 수찬에 재직

서강[324]에 원접 나간 이는 제일가는 호걸[325]이로다	遠接西疆第一豪
다만 예모를 차려서 자중하는 데 노력할 뿐	直以禮容勤自重
어찌 문장이나 가지고 공연히 잘난 체하리요	肯將文藻謾相高
이 늙은이는 오늘 아침 흥취가 적지 않으니	老夫不淺今朝興
국화 곁으로 나아가 함께 막걸리나 마셨으면	欲就黃花共白醪

중인 유성룡을 둘도 없는 훌륭한 선비라고 말한 것이다.

324 서강(西疆) : 서쪽 변강(邊疆)이란 뜻으로, 여기서는 중국 사신(使臣)이 머무르고 있는 평안도 지방을 지칭한다.

325 제일가는 호걸(豪傑) : 원접사 정유길을 가리킨다.

서장관 유근[326]을 보내다

送柳書狀根

도를 배우자니 교사한 맘이 속박하고	學道機心縛
형체를 잊자 해도 세속 일이 하도 많구려	忘形世事稠
그리운 사람이 다시 만 리를 가고 나면	相思復萬里
하루 동안 보지 못함이 삼추와 같을 걸세[327]	不見是三秋
한 새는 맘에 걸린 채 아득히 날아가고[328]	獨鳥縈懷杳
수많은 산은 시야에 가득 시름뿐일세	千山滿目愁
정녕스럽게 주륙의 학설[329]을 물어보게나	丁寧問朱陸
군자는 서로 화해함을 근본으로 삼아야지	君子本和周

326 유근(柳根) : 1549~1627. 본관은 진주(晉州), 자는 회부(晦夫), 호는 서경(西坰)이다.

327 하루……걸세 : 《시경》〈왕풍(王風) 채갈(采葛)〉에 "하루 동안 보지 못함이, 삼추와 같이 오래도다.〔一日不見, 如三秋兮.〕"라고 하였다.

328 한……날아가고 : 한 새는 서장관(書狀官) 유근을 가리키고, 마음에 걸린다는 것은 소재가 유근과 서로 이별하기가 아쉽다는 뜻이다.

329 주륙(朱陸)의 학설 : 주륙은 남송(南宋) 시대 두 유학자인 주희(朱熹)와 육구연(陸九淵)의 병칭이다. 144쪽 주94 참조.

효릉으로 가는 도중에 절구 두 수를 짓다 무인년(1578, 선조11) 2월 14일이다.

赴孝陵途中二絶 戊寅二月十四日

살펴보건대 이때 장차 인성왕후(仁聖王后)의 장례를 모시기 위해서였다.

서쪽 교외의 비바람 속에 먼 숲은 희미하고	風雨西郊遠樹微
수많은 폭포에선 실비가 안 날리는 곳이 없네	懸流無處不飛絲
남여 타고 포모 쓰고 슬픔을 머금고 가노니	藍輿布帽含哀去
이때가 정히 현궁[330]을 닫으려는 때이로다	正是玄宮欲閉時

옛 능[331]의 소나무와 잣나무는 더욱 처량하여	舊陵松柏更淒淒
백발의 외론 신하는 감히 울지도 못하겠네	白首孤臣未敢啼
어질단 성화가 만세에 전해짐이 있는 때문에	賴有仁聲流萬世
응당 수단을 가지런히 봄도 혐의롭지 않으리[332]	故應脩短不嫌齊

330 현궁(玄宮) : 인성왕후(仁聖王后) 능의 광중(壙中)을 가리킨다.

331 옛 능 : 인종(仁宗)의 능을 가리킨다.

332 어질단……않으리 : 수단을 가지런히 본다는 것은 《장자(莊子)》〈제물론(齊物論)〉에 "어려서 요절한 아이도 장수했다고 할 수도 있고, 팽조도 요절했다고 할 수도 있다.〔莫壽乎殤子, 而彭祖爲夭.〕"라고 한 데 대하여, 왕희지(王羲之)의 〈난정기(蘭亭記)〉에서 "진실로 사생을 한 가지로 본 것은 허탄한 말이요, 팽조와 상자를 가지런히 보는 것은 망녕된 말임을 알겠다.〔固知一死生爲虛誕, 齊彭殤爲妄作.〕"라고 한 데서 온 말이다. 여기서는 인종이 요절했지만, 어질다는 명성을 만세에 전했기 때문에 장수한 것과 다를 바가 없다는 뜻이다.

대부인의 수연에서[333]

大夫人壽宴

어머니는 팔순 넘어 다섯 살을 더 잡수셨고	耋經加五老
아들은 칠십에서 세 살이 모자란다오	稀滿去三兒
밤이 오래되어 종소리도 끊어졌으나[334]	夜久鍾鳴盡
인정으로는 슬프지 않은 점이 있구려	人情有不悲

333 대부인(大夫人)의 수연(壽宴)에서 : 이때 소재의 나이 67세로 85세가 된 모친의 수연을 가졌다.

334 밤이……끊어졌으나 : 삼국 시대 위(魏)의 전예(田豫)가 늙은 나이에 위위(衛尉) 벼슬에 임명되자, 늙고 병들었다는 핑계로 사양하면서 말하기를 "나이 칠십이 넘어서 벼슬을 하는 것은 마치 통금을 알리는 종이 울리고 누수가 다 떨어진 한밤중에 쉬지 않고 길을 가는 것과 같으니, 이런 사람이 바로 죄인인 것이다.〔年過七十而以居位, 譬猶鍾鳴漏盡而夜行不休, 是罪人也.〕"라고 한 데서 온 말이다. 《三國志 魏書 田豫傳》

이 영[335]에 대한 만사

李令挽

재주는 출중하여 생원 진사에 다 합격했으나	有才高步兩庠科
관운은 없어 겨우 오품직에 머물고 말았구려[336]	無命纔應五品加
십자[337]는 당에 가득해라 턱을 끄덕인 지 오래요	十子盈堂點頷久
쌍룡은 솥을 진열하니 영화를 많이도 누렸네[338]	雙龍列鼎享榮多
어느덧 팔순을 누렸으니 마음에 뭐가 부족하랴	居然大耋心何歉
조문객이 천 명이어라 그 일은 자랑할 만하네	送者千人事可誇
동방급제자로 아직껏 살아 있는 노과회가	同榜未亡盧寡悔
새벽 등불 아래 눈물을 섞어 슬픈 노래 쓰노라	曙燈和淚寫哀歌

335 이 영(李令) : 소재와 생원(生員), 진사(進士)의 동방(同榜)으로, 뒤에 사직서 영(社稷署令)을 지낸 이탕(李宕)이다. 그의 셋째 아들 이정형(李廷馨)의 문집인 《지퇴당집(知退堂集)》 권4 〈선군묘갈(先君墓碣)〉에 의하면, 그는 아들 9인, 딸 3인 합해서 모두 12남매를 두었는데, 딸 1인, 아들 3인은 요절하였다.

336 관운(官運)은……말았구려 : 이탕이 지낸 사직서 영이 종5품에 해당한다.

337 십자(十子) : 이탕의 열 명에 가까운 자식들을 가리킨다.

338 쌍룡(雙龍)은……누렸네 : 쌍룡은 형제가 똑같이 저명한 사람을 비유한 말로, 여기서는 이탕의 차남, 삼남을 가리킨다. 둘째 아들 이정암(李廷馣)은 1561년(명종16) 식년(式年) 문과(文科)에 급제한 이후 여러 청환직(淸宦職)을 거쳐 여러 내외직(內外職)을 역임하였고, 셋째 아들 이정형은 1568년(선조1) 별시 문과(別試文科)에 갑과(甲科)로 급제한 이후 역시 여러 청환직과 내외직을 지냈다. 솥을 진열한다는 것은 옛날에 귀족들이 관작 품계(官爵品階)에 따라 솥의 숫자를 배치했던 데서 온 말로, 여기서는 아들 형제가 고관(高官)이 됨으로 인하여 부모가 여러 솥을 진열해 놓고 식사하는 영화를 누렸다는 뜻이다.

유 기성[339] 홍 의 강정시에 차운하다

次兪杞城 泓 江亭韻

성곽을 나오자 우뚝하게 신선 된 걸 알았는데	出郭已知危得仙
화려한 누대 위에 다시 쪽빛 하늘이 있구려[340]	瓊臺更有蔚藍天
세간의 일 분란스러움은 그칠 날이 없거니와	世紛錯落了無日
고향 꿈은 훨훨 날아서 그 몇 해나 찾았던고	歸夢悠揚尋幾年
나는 외론 돛배 타고 용탄[341]을 오르고 싶은데	我欲孤帆上龍瀨
그대는 말술 싣고 우천[342]으로 내려올 수 있을까	君能斗酒下牛川
늙은 몸으로 황은 흠뻑 입음을 함께 놀라고	共驚身老皇恩渥
또 맑은 가을 지나서 고향의 묵밭도 생각나네	又度淸秋憶廢田

339 유 기성(兪杞城) : 기성부원군(杞城府院君) 유홍(兪泓, 1524~1594)으로, 본관은 기계(杞溪), 자는 지숙(止叔), 호는 송당(松塘)이다.

340 화려한……있구려 : 화려한 누대는 바로 강정(江亭)을 가리킨다. 두보(杜甫)의 〈동도금화산관인득고습유진공학당유적(冬到金華山觀因得故拾遺陳公學堂遺迹)〉 시에 "위에는 맑은 쪽빛 하늘이 있어, 빛을 드리워 경대를 안았도다.〔上有蔚藍天, 垂光抱瓊臺.〕"라고 하였다. 《杜少陵詩集 卷11》

341 용탄(龍灘) : 충주(忠州)의 용탄동(龍灘洞)을 말한 것으로, 소재의 스승이며 장인인 이연경(李延慶)이 만년에 거주했던 곳이다.

342 우천(牛川) : 충북 진천현(鎭川縣)에 있던 물 이름인데, 유홍이 우천과 어떤 관련이 있는지는 자세하지 않다.

한림 허봉[343]의 집에서 읊어 여러 사람에게 보이다
許翰林篈家吟示諸人

한림의 훌륭한 풍채가 가문을 잘 지키어라	翰林風彩善持門
꽃과 대나무 무성한 정원을 날로 거니누나	花竹依依日涉園
애석하여라 상산의 남은 이 한 늙은이는	可惜商山餘一皓
고향 선영에 서리 이슬 내린 것도 모른다네[344]	不知霜露滿丘原

343 허봉(許篈) : 1551~1588. 본관은 양천(陽川), 자는 미숙(美叔), 호는 하곡(荷谷)이다.

344 애석하여라……모른다네 : 서리 이슬이 내린다는 것은 127쪽 주44 참조. 여기서는 선영(先塋)을 자주 찾아가 뵙지 못하는 것을 한탄하는 뜻이다.

충주에 부임하는 유 목사[345] 대수 를 보내다

送兪牧使 大脩 赴忠州

회상하건대 관직에 제수된 게 오추형인데[346] 回頭授館五秋螢
스물여덟 사람 중에 그대 홀로 소년이었지 廿八人中獨妙齡
한상에선 묘신의 출사를 반걸음에 해 왔는데[347] 漢上卯申還跬步
호서의 귀호를 차고는 다시 장정을 나왔네[348] 湖西龜虎更長亭
탄금대는 황양목 서 있는 절벽이 예스러우련만 彈琴臺古黃楊壁

345 유 목사(兪牧使) : 유대수(兪大脩, 1546~1586)로, 본관은 기계(杞溪), 자는 사영(思永)이다.

346 회상하건대……오추형(五秋螢)인데 : 오추형은 다섯 가을 반딧불이란 뜻으로, 즉 다섯 해를 가리킨다. 두보(杜甫)의 〈희제기상한중왕삼수(戲題寄上漢中王三首)〉 시에 "생애는 두 귀밑이 다 희었는데, 한번 이별 후 다섯 가을째 반딧불이 나누나.〔百年雙白鬢, 一別五秋螢.〕"라고 한 데서 온 말이다. 《杜少陵詩集 卷11》 여기서는 5년 동안 관직에 재직했다는 뜻인지 확실하지 않다.

347 한상(漢上)에선……왔는데 : 여기서 한상은 한강(漢江) 가라는 뜻으로 도성을 가리키고, 묘신(卯申)은 날마다 묘시(卯時)부터 신시(申時)까지의 출사(出仕) 시간을 말한 것으로, 유대수가 내직에 있을 때는 아주 가까운 거리에서 날마다 출사했다는 뜻이다.

348 호서(湖西)의……나왔네 : 귀호(龜虎)의 귀는 거북 모양의 인끈으로 장식한 인장(印章), 즉 귀인(龜印)을 가리키고, 호는 동호부(銅虎符)를 가리킨다. 옛날에 열후(列侯), 승상(丞相), 장군(將軍) 등은 모두 귀인을 찼고, 지방관에게는 모두 동호부를 주었던 데서, 동호부는 특히 여기서 충주 목사로 나가는 유대수에게 해당한 것이다. 장정(長亭)은 10리마다 설치한 역참을 말하는데, 이곳은 본래 여행자들이 쉬어 가는 곳이었으며, 특히 도성 사람들이 송별하는 곳으로도 많이 사용되었다고 한다. 여기서는 송별차 유대수와 함께 모두 장정에 나왔다는 뜻으로 한 말이다.

청연루는 푸른 풀 마당이 한적하기만 하겠지[349] 清讌樓閑翠草庭
한번 청성에 누워 나그네 꿈을 깨고 나면 一臥青城僑夢罷
창 너머 연기 낀 숲이 교외에 가득하리라 隔窓煙樹滿郊坰

349 청연루(淸讌樓)는……하겠지 : 청연루는 경복궁 안에 있던 누각 이름이다. 한적하기만 하겠다고 한 것은 친구인 유대수가 충주 목사로 내려감으로써 그를 다시 만나지 못하게 된 것을 아쉬워하는 뜻이다.

임당의 상심헌시[350]에 차운하다

次林塘賞心軒韻

도성 거리 남쪽으로 가벼운 먼지를 다 밟아서	踏盡街南軟軟塵
여기에 선경 찾을 길이 있음을 어찌 알았으랴	那知有路可尋眞
눈에 보여라 목마르듯 보고픈 맘 얼마나 썼던가	入望幾費心如渴
꿈에도 그리워 괜히 살쩍만 은빛보다 더 희었네	結夢空拚鬢勝銀
아침 연기 눌러 잡아 달 뜨는 저녁까지 이어 가고	鎭攬朝煙窮月夕
가장 독점한 건 늦가을이요 또 깊은 봄이로다[351]	最專秋晩更深春
풍광의 변천하는 걸 그 누구와 함께 완상할꼬	風光流轉誰同賞
곧장 갔는데 다시 주인 방문까지 허용해 주었네[352]	徑造還容問主人

350 임당(林塘)의 상심헌시(賞心軒詩) : 임당은 정유길(鄭惟吉)의 호이고, 상심헌은 송남수(宋柟壽)의 호이다.

351 아침……봄이로다 : '아침 연기', '달뜨는 저녁', '늦가을', '깊은 봄' 등은 모두 상심헌의 사시(四時)와 조석(朝夕)의 아름다운 풍광을 표현한 말이다.

352 곧장……주었네 : 진(晉)나라 때 왕휘지(王徽之)는 천성이 대나무를 너무나도 좋아하였다. 한번은 오중(吳中)을 지나다가 한 사대부의 집에 아주 좋은 대나무가 있는 것을 보고 있었다. 그러자 그 주인은 왕휘지가 의당 자기 집에 들르리라 생각하고 집안 청소를 말끔히 해 놓고 청사(廳事)에 앉아서 왕휘지가 집으로 들어오기를 기다리고 있었는데, 왕휘지는 견여(肩輿)를 탄 채로 곧장 대숲 아래로 가서 한참 동안 읊조리며 휘파람을 불고 나서는 마침내 곧장 문을 나가려고 하자, 주인이 크게 당황하여 좌우 사람을 시켜 문을 닫아서 왕휘지를 나가지 못하게 하므로, 왕휘지가 마침내 머물러 앉아 주인과 함께 통쾌히 즐기고 갔다는 고사에서 온 말이다.《世說新語 簡傲》여기서는 상심헌의 좋은 경치를 보러 갔다가 주인의 환대까지 받았다는 뜻이다.

경상도 관찰사로 부임하는 홍시가[353]를 보내다
送洪時可赴慶尙方伯

맑은 가을에 장안의 선몌[354]를 떨치고 나가서	日邊仙袂攬淸秋
동남쪽 칠십 고을[355]에 간담이 설렁케 하겠네	膽破東南七十州
남전은 대략 모방하여 새 규약 세워야 하고[356]	略倣藍田新約立
녹동은 오로지 따라서 옛 학규 지켜야 하리[357]	專依鹿洞舊規脩

353 홍시가(洪時可) : 홍성민(洪聖民, 1536~1594)으로, 본관은 남양(南陽), 자는 시가, 호는 졸옹(拙翁)이다.

354 선몌(仙袂) : 선인(仙人)의 옷소매라는 뜻으로, 여기서는 조정의 고관(高官)인 홍성민을 선인에 빗대서 한 말이다.

355 동남쪽 칠십 고을 : 경상도의 여러 군현을 통틀어 이른 말이다.

356 남전(藍田)은……하고 : 남전은 송대(宋代)의 학자로 남전 사람인 여대균(呂大鈞)을 가리키는데, 그가 처음으로 향약(鄕約)을 만들었다. 그 대강은 "덕업은 서로 권면해 주고, 과실은 서로 바로잡아 주며, 예속으로써 서로 사귀며, 환난을 당하면 서로 도와준다.〔德業相勸, 過失相規, 禮俗相交, 患難相恤.〕"라고 되어 있는데, 이것이 후세에 길이 향약의 모범이 되어 왔다.《宋史 呂大防列傳》 여기서는 소재가 홍성민에게 남전 여씨의 향약에서 대략만 모방하여 새로운 향약을 만들기를 권유하는 뜻이다.

357 녹동(鹿洞)은……하리 : 녹동은 당(唐)나라 때 강주 자사(江州刺史) 이발(李渤)이 처음 창건한 백록동서원(白鹿洞書院)을 가리키는데, 이 서원은 여산(廬山) 오로봉(五老峯) 동남쪽에 있었다. 당초 이발, 이섭(李涉) 형제가 일찍이 이곳에 은거하여 글을 읽으면서 흰 사슴 한 마리를 기르며 스스로 즐기었으므로, 사람들이 그를 백록선생(白鹿先生)이라 칭하였다. 뒤에 이발이 강주 자사로 부임하고는 여기에 대사(臺榭)를 세우고 '백록동'이라 이름하였는데, 송대에 이르러 처음으로 백록동서원이라 칭하게 되었다. 남송(南宋) 시대에 와서는 주희(朱熹)가 지남강군(知南康軍)으로 부임하여 백록동서원의 유지(遺址)를 찾아서 옛 모습을 재정비하고 학규(學規)를 만들어 강학에

옥산엔 유업이 있는데 어진 자손은 굶주리고[358]	玉山有業賢孫餓
도원엔 서책이 없어 학도들이 걱정한다네[359]	道院無書學子憂
진중하여 성상의 교화를 널리 선양해야 하니	珍重十分宣聖化
두 조항의 일[360]은 도내 유림과 꾀해야 할 걸세	兩條要在道中謀

힘썼다. 《宋史 道學列傳 朱熹》 여기서는 소재가 홍성민에게 그 지방에 학교를 설립하고 주희의 백록동학규를 그대로 따라서 시행하기를 바라는 뜻이다.

358 옥산(玉山)엔……굶주리고 : 옥산은 회재(晦齋) 이언적(李彦迪)의 유업(儒業)이 자리한 경주(慶州)의 옥산서원(玉山書院)을 가리킨 것으로, 여기서는 홍성민에게 이언적의 어진 자손들을 굶주리지 않도록 도와주라는 뜻으로 한 말이다.

359 도원(道院)엔……걱정한다네 : 도원은 이숭원(李崇元)을 향사(享祀)하던 지례(知禮)의 도동서원(道洞書院)을 가리킨다. 여기서는 홍성민에게 도동서원의 학도(學徒)들을 위하여 서책을 지원해 주라는 뜻으로 한 말이다.

360 두 조항의 일 : 이언적의 후손들을 굶주리지 않게 도와주는 일과 도동서원에 서책을 지원해 주는 일이다.

기로연에서 짓다

耆老宴作

수가 칠순에 이르고 고관이기도 한 이들이	壽到稀年且達官
구인뿐이니 역시 인재 얻기는 어렵고말고[361]	九人而已亦才難
금장 차림에 구장을 짚고 연달아 들어오니[362]	金章鳩杖聯翩來
팔계[363] 위의 널따란 집에 화려한 자리 열었네	八溪敞宇華筵開
소지의 서리 바람이 타락을 흔들어 대는데[364]	小至霜風振駝駱
지금 즐기지 않으면 남은 생이 얼마나 되랴	今者不樂餘幾日
나는 채찍 쳐도 꼼짝 못하는 늙은 소와 같아	我如老牛鞭不動
환락을 파하기도 전에 다시 쓸쓸해지는구나	未罷歡娛更蕭瑟

361 수(壽)가……어렵고말고 : 주 무왕(周武王)이 이르기를 "나는 다스리는 신하 열 사람을 두었노라.〔予有亂臣十人.〕"라고 한 데 대하여, 공자(孔子)가 이르기를 "인재 얻기 어렵다는 말이 옳은 말이 아니겠는가.〔才難, 不其然乎?〕"라고 하였다. 《論語 泰伯》

362 금장(金章)……들어오니 : 금장은 황금의 관인(官印), 고관(高官)의 관복을 가리키고, 구장(鳩杖)은 머리 부분에 비둘기 형상을 조각한 지팡이를 말하는데, 옛날에 제왕(帝王)들이 공훈이 있는 노대신(老大臣)에게 이 지팡이를 하사했다고 한다.

363 팔계(八溪) : 어디를 지칭한 것인지 알 수 없다. 혹 '팔(八)' 자가 오자(誤字)인지도 모르겠다. 다만 장형(張衡)의 〈동경부(東京賦)〉에 "탁룡원이며 방림원이요, 구곡이며 팔계로다.〔濯龍芳林, 九谷八溪.〕"라고 하였는데, 팔계에 대하여 '원유 가운데 있는 크고 작은 연못들이다.〔苑囿中大小池沼.〕'라는 하였으나 역시 자세하지 않다. 《文選註 卷3》

364 소지(小至)의……대는데 : 소지는 동지(冬至)의 하루 전일(前日)을 말한다. 타락(駝駱)은 서울 종로구(鐘路區) 일대에 걸쳐 있는 산인데, 산의 모양이 낙타와 같이 생겼다 하여 이렇게 이름했다고 한다.

연경에 가는 김 첨지에게 주다

贈金僉知赴京

옥주의 장기 속에 반갑게 찾아 준 친구인데[365]	沃州瘴厲靑眸舊
이제는 도성의 풍진 속에 백발이 새롭구려	洛邑風塵白髮新
다만 나 홀로 어질다는 데는 마음을 비웠지만[366]	只是虛懷賢者獨
응당 전대에 능하기에 사행을 자주 보낸 걸세	也能專對使乎頻
이별주 마신 지금은 압록강에 서리 내린 때지만	離觴鴨水淸霜曉
돌아오는 때는 연산에 푸른 나무 우거진 봄이리	歸騎燕山綠樹春
천조의 좋은 소식들을 가려 얻어 와서	揀得天朝好消息
이것을 지초 캐는 사람[367]에게도 알려 주게나	與將分報採芝人

365 옥주(沃州)의……친구인데 : 옥주는 진도(珍島)의 고호로, 소재가 진도에 유배되었을 때 김 첨지가 소재를 많이 찾아 주었던 일을 말한 듯하나 자세하지 않다.

366 나……비웠지만 : 나 홀로 어질다는 것은 《시경》 〈소아(小雅) 북산(北山)〉에 "온 하늘 아래가, 왕의 땅 아닌 곳이 없으며, 땅을 빙 두른 바다 안 사람이, 왕의 신하 아님이 없거늘, 대부가 공평하지 못한지라, 홀로 어질대서 나만 부리는구나.〔溥天之下, 莫非王土. 率土之濱, 莫非王臣. 大夫不均, 我從事獨賢.〕"라고 한 데서 온 말이다. 여기서는 김 첨지가 유능한 데다 고된 사행(使行)길을 자주 가게 되었지만, 그는 스스로 마음을 비우고 불평한 마음을 갖지 않았다는 뜻이다.

367 지초(芝草) 캐는 사람 : 소재를 지칭한다. 198쪽 주226 참조.

방당[368]

方塘

깊은 샘이 힘차게 흘러서 끝없이 내려온 물을	深泉潑潑也無窮
짐짓 방당에 보내 맑은 거울 텅 비고 밝게 했는데	故遣方塘玉鑑空
스스로 어둔 먼지 쌓여 깨끗함 묻혀 버리게 된 건	自被塵昏埋皎潔
정히 띠풀이 가로막아[369] 소통을 잃게 한 때문일세	政緣茅塞失疏通
닦는 것은 타인에게서 녹아듦[370]을 안 기다리거니와	修來不待他人鑠
극기복례는 오직 하루의 공부에 달렸고말고[371]	克復唯須一日功

368 방당(方塘) : 네모난 연못을 말한다. 주희(朱熹)의 〈관서유감이수(觀書有感二首)〉 시에 "반 이랑 네모난 연못에 한 거울이 열리어, 하늘 빛 구름 그림자가 함께 배회하누나. 묻노니 너는 어찌 이렇게 맑을 수가 있느뇨, 근원에서 흐르는 물이 내려오기 때문이겠지.〔半畝方塘一鑑開, 天光雲影共徘徊. 問渠那得淸如許? 爲有源頭活水來.〕"라고 하였다. 《晦庵集 卷2》

369 띠풀이 가로막아 : 맹자(孟子)가 고자(高子)에게 이르기를 "산중의 오솔길이 잠깐 사람이 이용하면 길이 되고, 한참만 이용하지 않으면 띠풀이 나서 막아 버리나니, 지금 그대는 띠풀이 마음을 막아 버렸도다.〔山徑之蹊間, 介然用之而成路; 爲間不用, 則茅塞之矣. 今茅塞子之心矣.〕"라고 한 데서 온 말이다. 《孟子 盡心下》 여기서는 의리(義理)의 마음이 막혀 버린 것을 말한다.

370 타인(他人)에게서 녹아듦 : 맹자의 말에 "측은한 마음은 인이요, 수오의 마음은 의요, 공경의 마음은 예요, 시비의 마음은 지이니, 인, 의, 예, 지가 밖으로부터 나에게 녹아든 것이 아니라, 나에게 고유한 것이지만 생각하지 못할 뿐이다.〔惻隱之心, 仁也; 羞惡之心, 義也; 恭敬之心, 禮也; 是非之心, 智也. 仁義禮智, 非由外鑠我也, 我固有之也, 弗思耳矣.〕"라고 한 데서 온 말이다. 《孟子 告子上》

371 극기복례(克己復禮)는……달렸고말고 : 극기복례는 사욕을 이기어 예로 회복하

이상의 일을 밝힐 수는 있으나 기르긴 어려우니　用上可明難可養
곧장 근원으로 좇아가 넓혀서 채워 나가야 하리[372]　直從源去擴而充

는 것을 말한다. 안연(顔淵)이 일찍이 인(仁)에 대하여 묻자, 공자(孔子)가 이르기를 "사욕을 이기어 예로 회복하는 것이 인을 행함이니, 하루라도 사욕을 이기어 예로 회복한다면 천하가 그 인함을 허여하는 것이다. 인을 하는 것은 자기 몸에 달려 있으니, 남에게 달려 있는 것이겠는가.〔克己復禮爲仁. 一日克己復禮, 天下歸仁焉. 爲仁由己, 而由人乎哉?〕"라고 한 데서 온 말이다.《論語 顔淵》

372 넓혀서……하리 : 맹자의 말에 "무릇 나에게 있는 인, 의, 예, 지 네 가지 단서를 모두 넓혀서 채워 나갈 줄을 알면, 마치 불이 처음 타오르며 샘물이 처음 나오는 것과 같을 것이니, 진실로 이것을 채워 나가면 족히 사해를 보호할 수 있고, 진실로 채워 나가지 못하면 부모도 섬길 수 없을 것이다.〔凡有四端於我者, 知皆擴而充之矣, 若火之始然, 泉之始達. 苟能充之, 足以保四海; 苟不充之, 不足以事父母.〕"라고 한 데서 온 말이다.《孟子 公孫丑上》

한강에 이르러 읊다

到漢江吟

진퇴가 실로 곤란하기 낭패 같아라　　進退實狼狽
다시 한강의 행차를 하게 되었구려　　復爲江漢行
성상의 은혜는 하늘처럼 넓고 큰데　　聖恩天廣大
어버이의 병세는 날로 깊어만 가네　　親病日沈冥
내 어찌 돌처럼 무지한 물건이랴　　豈是無知物
그 망극한 정을 어찌한단 말인가　　其如罔極情
제군이 멀리 서로 마중을 나와 주어　　諸君遠相迓
잠시나마 신정을 풀 수 있게 되었네[373]　　暫得解神庭

373 신정(神庭)을……되었네 : 신정은 두부(頭部)의 모발이 생장하는 가장 가의 부분, 즉 발제(髮際)에 있다는 혈위(穴位)의 명칭이니, 신정을 푼다는 것은 아마도 피로에 지쳐 목 주위가 뻐근해진 것을 푼다는 뜻인 듯하다.

남 청풍[374]에게 주다

贈南淸風

네 고을은 뭇 산들에 둘러싸였는데	四邑群山囿
그중 청풍은 예부터 가난한 고을일세	淸風舊俗貧
양리만이 사람을 구제할 수 있는데	惟良能濟物
그대가 그 고을을 다스리게 되었네	之子乃臨民
배운 것은 애당초 무슨 일[375]이었던가	所學初何事
마음가짐은 바로 인자함뿐이고말고	爲心只是仁
제도를 혁파함엔 고사를 참작해야 하고	革除宜酌古
백성을 편케 함엔 새로운 걸 알아야 하네[376]	綏撫必知新
도는 무성의 원에게서 볼 수 있거니와[377]	道見武城宰

374 남 청풍(南淸風) : 청풍 군수(淸風郡守)로 부임하는 남언경(南彦經)을 가리킨다. 본관은 의령(宜寧), 자는 시보(時甫), 호는 동강(東岡)이다. 《청풍부읍지(淸風府邑誌)》의 읍선생안(邑先生案)에 의하면, 1571년(선조4)부터 1573년까지 청풍 군수로 재임하였다고 한다.

375 무슨 일 : 유자(儒者)의 학문을 의미한다.

376 새로운……하네 : 공자(孔子)가 이르기를 "예전에 배운 것을 잊지 않고 새것을 알면 스승이 될 수 있느니라.〔溫故而知新, 可以爲師矣.〕"라고 한 데서 온 말이다. 《論語 爲政》

377 도(道)는……있거니와 : 공자의 제자 자유(子游)가 무성(武城)의 원이 되었을 때, 공자가 자유에게 이르기를 "네가 인재를 얻었느냐?〔女得人焉爾乎?〕"라고 하자, 자유가 대답하기를 "담대멸명이라는 사람이 있는데, 길을 다닐 때는 지름길을 다니지 않고, 공적인 일이 아니면 저의 집에 온 적이 없습니다.〔有澹臺滅明者, 行不由徑, 非公

생각은 단보를 다스리던 시절에 두어야지[378]	思存單父辰
바람 이는 샘물에선 번뇌를 씻어 버리고	風泉濯煩惱
구름 덮인 골짝에선 정신을 수양하게나	雲壑護精神
한벽루[379]에서는 응당 봉황이 울 테지만	寒碧應鳴鳳
단구에는 어찌 신선이 있지 않겠는가[380]	丹丘豈羽人
명성은 친구들에게 신뢰를 받을 게고	聲名信朋友
영화로운 기색은 모친을 기쁘게 하리라	榮色悅慈親
나는 조령을 꿈속에만 자주 오를 뿐이요[381]	鳥嶺頻登夢
용탄에는 내 몸을 머무르지 못하여	龍灘未泊身
탄금대의 한 조각 암석도	彈琴一片石
삼춘에 다다라 서로 마주해 보지 못하네[382]	相對屬三春

事, 未嘗至於偃之室也.]"라고 한 데서 온 말이다. 《論語 雍也》 여기서는 지방을 다스리는 데 상하 간에 공사(公私)를 분명하게 가려서 해야 한다는 뜻이다.

378 생각은……두어야지 : 단보(單父)는 춘추 시대 노(魯)나라의 고을 이름이다. 공자의 제자 복자천(宓子賤)은 성품이 매우 인애(仁愛)하여 단보를 다스릴 적에 항상 거문고만 타고 앉아 당(堂) 아래를 내려가지 않았으나 단보가 잘 다스려졌다는 고사에서 온 말이다. 《呂覽 察賢》 여기서는 복자천이 단보를 다스리듯 하라는 뜻이다.

379 한벽루(寒碧樓) : 청풍군(淸風郡) 객관 동쪽에 있는데, 대강(大江)을 굽어보고 있어 경치가 매우 뛰어나다고 한다.

380 단구(丹丘)에는……않겠는가 : 단구는 신선이 산다는 곳으로, 여기서는 청풍군 경계에 고호가 단구인 단양군(丹陽郡)이 있기 때문에 단양을 들어 말한 것이다.

381 나는……뿐이요 : 소재가 고향에 가려면 반드시 조령(鳥嶺)을 넘어야 하므로, 항상 고향에 돌아가고자 하는 소재의 염원(念願)을 말한 것이다.

382 용탄(龍灘)에는……못하네 : 용탄은 소재의 장인(丈人)이며 스승인 이연경(李延慶)이 거주하던 곳이므로, 여기서는 스승을 사모하는 뜻에서 한 말이다.

유 감사[383] 경심 에 대한 만사

柳監司 景深 挽

젊은 시절엔 교의를 논했었고 少日論交義
중년에는 이인을 가려 왔는데[384] 中年擇里仁
능히 반가운 옛 친구가 되어 주었고 能爲青眼舊
백발에도 새로 만남 같지 않았었네[385] 不作白頭新
고황[386]의 두 아이를 어찌 견딜 수 있으랴 叵耐膏肓豎
변방을 맡은 신하에게 고질병이 들었네 沈嬰鎖鑰臣
끼친 풍도는 평안도 일대가 정숙해졌고 餘風一路肅

383 유 감사(柳監司) : 유경심(柳景深, 1516~1571)으로, 본관은 풍산(豐山), 자는 태호(太浩), 호는 귀촌(龜村)이다.

384 중년에는……왔는데 : 이인(里仁)은 공자(孔子)가 "마을에 인후한 풍속 있는 것이 아름다우니, 가려서 인후한 마을에 살지 않으면 어찌 슬기로움이 될 수 있겠는가.〔里仁爲美, 擇不處仁, 焉得知?〕"라고 한 데서 온 말이다.《論語 里仁》 여기서는 유경심이 중년에 소재의 마을로 이사했던 것이 아닌가 싶으나 자세하지 않다.

385 백발(白髮)에도……않았었네 : 옛 속담에 "백발이 되도록 오래 사귀었어도 서로 지기(知己)가 되지 못하면 처음 만난 사이나 다름이 없고, 길을 가다가 일산을 맞대고 처음 서로 잠깐 만났더라도 의기가 투합하면 예전부터 사귄 친구와 같다.〔白頭如新, 傾蓋如故.〕"라고 한 데서 온 말이다.《史記 鄒陽列傳》 여기서는 소재가 유경심과는 평생 지기지우로 지냈다는 뜻이다. 공자는 일찍이 담(郯)나라를 가던 도중에 길에서 정자(程子)를 처음 만나 서로 수레의 일산을 맞대고 온종일 담화를 나누며 매우 서로 친밀해졌다고 한다.《孔子家語 致思》

386 고황(膏肓) : 심장(心臟)과 격막(膈膜) 사이 부분으로, 여기에 병이 나면 침이나 약물로도 치유할 수 없다는 데서, 고칠 수 없는 고질병을 가리킨다.《春秋左氏傳 成公10年》

남긴 가업은 여덟 아이가 가난하구려	遺業八兒貧
하얀 유막이 방금 초로 돌아가려면서[387]	素幔方歸楚
붉은 명정이 잠시 진[388]에 머물렀도다	丹旐暫駐秦
덧없는 인생 한 조관이	浮生一朝客
술에 담근 솜으로 하늘 우러러 곡하노라[389]	綿漬哭高旻

387 하얀……돌아가려면서 : 하얀 유막(帷幕)은 상가(喪家)에서 사용하는 것으로, 즉 상여(喪輿)의 장식을 의미한다. 초(楚)는 남초(南楚) 지방이라는 뜻으로, 유경심의 고향인 안동(安東)이 남쪽에 위치했기 때문에 빗대어 한 말이다.

388 진(秦) : 여기서는 장안(長安)을 의미한 것으로, 도성을 지칭한 말이다.

389 술에……곡하노라 : 술에 담근 솜은 후한(後漢) 때의 고사(高士) 서치(徐穉)의 일에서 온 말이다. 서치는 평소 여러 고관(高官)들로부터 부름을 받고도 한 번도 나아가지 않았지만, 고관들의 상사(喪事)가 있을 때마다 반드시 조문하였다. 그는 미리 닭구이 한 마리를 준비하고, 약간의 솜을 술항아리에 푹 담가 빼서 바싹 말려 뒀다가, 그 솜으로 닭구이를 싸 가지고 고관 묘소의 근처에 가서는 솜에 물을 적시어 술기운이 나게 한 다음, 묘전(墓前)에 흰 띠를 깔고 닭구이를 놓고 술 한 잔을 땅에 부어 예를 마치고는 상주(喪主)도 보지 않고 즉시 떠났다고 한다. 《後漢書補逸 卷12 徐穉》

한 첨정[390] 등 제공에게 주다

贈韓僉正諸公

석양에 동성 아래서 술을 마시려고 晩酌東城下
여섯 노인이 함께 와서 모였네 同來六箇翁
영숙은 늙어 갈수록 기력이 좋아서 永叔老益壯
긴 노랫소리가 하늘에 쩡쩡 울리고 長歌激長空
태휘[391]는 기품이 온화하여 太輝氣雍容
재차 노래하며 심사가 모두와 똑같네 再歌心事同
과회는 가장 끙끙 홍얼거리다 寡悔最咿嗄
세 번째 노래하매 마음은 근심스럽네 三歌心沖沖
끝으로 안계홍[392]이 있음을 힘입어 賴有安季洪
졸장의 노랫소리가 다시 공교롭구려 卒章聲更工
원컨대 세한의 절조를 잘 보전하여 願言保歲寒
끝까지 지켜 나가길 서로 기약하세나 相期以始終

390 한 첨정(韓僉正) : 한수(韓脩, ?~?)를 가리킨다. 본관은 청주(淸州), 자는 영숙(永叔), 호는 석복(石峯)이다. 선조(宣祖) 연간에 유일(遺逸)로 천거되어 지평(持平), 장령(掌令), 집의(執義), 사복시 첨정(司僕寺僉正) 등을 역임하였다.

391 태휘(太輝) : 허엽(許曄)의 자이다.

392 안계홍(安季洪) : 이런 인물은 상고할 길이 없고, 다만 위에서 여섯 노인이 왔다고 한 것으로 보아, 혹 '계(季)'가 '이(李)'의 착오로, 안공(安公), 이공(李公), 홍공(洪公)을 말한 듯하나 자세하지 않다.

김언건[393]에 대한 만사

金彦健挽

이십 년 전에 고향엘 돌아갔다가	廿載歸鄕里
남은 생애에 이 친구를 얻었는데	餘生得故人
수염과 머리털 변한 걸 서로 보면서	相看髭髮變
곧장 성정의 진실함을 취했었네	直取性情眞
금차[394]에는 아침에 말 타고 왔었고	衾次來朝馬
자주에는 저녁 노루고기를 바쳐 왔지[395]	慈廚致夕麕
두 아이의 재액[396]은 깊어만 갔는데	沈沈二竪厄
일심으로 어버이 위한 맘은 간절했네	耿耿一心親
자작한 시문은 오늘날에 남겨졌지만	自作留今日
모춘의 계사는 누구랑 닦는단 말인가[397]	誰將契暮春

393 김언건(金彦健) : 1511~1571. 본관은 영동(永同), 자는 정보(精甫), 호는 운정(芸亭)이다.

394 금차(衾次) : 금차의 '금(衾)'은 사람이 막 죽었을 때 시체를 염(斂)하던 이불을 말한 것으로, 여기서는 소재의 부친이 작고하였을 때의 빈소를 지칭한 말인 듯하나 자세하지 않다.

395 자주(慈廚)에는……왔지 : 자주는 모친의 주방이라는 뜻으로, 김언건이 소재의 모친에게 노루고기를 보내 드렸던 것을 이른 말인 듯하나 자세하지 않다.

396 두 아이의 재액 : 고칠 수 없는 고질병이다.

397 모춘(暮春)의……말인가 : 계사(禊事)를 닦는다는 것은 본디 진 목제(晉穆帝) 영화(永和) 9년(353) 3월 삼짇날, 즉 상사일(上巳日)에 왕희지(王羲之), 사안(謝安), 손작(孫綽) 등 당대의 명사(名士) 40여 인이 회계(會稽) 산음(山陰)의 난정(蘭亭)에

텅 빈 사벌국을 향하여[398]	□虛沙伐國
남쪽을 바라보매 눈물이 수건을 적시네	南望淚盈巾

모여서 계사를 행하고, 이어 곡수(曲水)에 술잔을 띄우고 시를 읊으면서 성대한 풍류놀이를 했던 데서 온 말이다. 원문의 '계(契)'는 '계(禊)'의 착오인 듯하다.

398 텅……향하여 : 사벌국(沙伐國)은 상주(尙州)의 고호이다. 그러나 이 구절은 한 글자가 결락되어 자세한 내용을 알 수가 없다.

강릉에 친제하실새 어가를 호종하면서 느낌이 있어 읊다
親祭康陵扈駕感吟

두 능의 솔과 잣나무 모습 가을바람에 비통한데	二陵松柏愴秋風
어가가 동쪽으로 오시어 묘궁을 배알하시누나	玉輦東來謁墓宮
성의가 하늘 가득해 상서론 구름 점점 내려오고	誠意滿空雲漸下
행례의 거동은 첨 같은데 해는 중천에 다다랐네	禮容如始日方中
향 연기 사라진 어로엔 수많은 숲들 고요하고	香銷御路千林靜
호각 소리 웅장한 신행길[399]엔 오위가 함께했네	角壯神行五衛同
측근의 옛 신하들은 도리어 행방이 묘연해라[400]	近侍舊臣還浪迹
백발로 남쪽을 바라보노라니 생각이 무궁하구려[401]	白頭南望思無窮

399 신행(神行)길 : 신행은 '신이 다니는 길〔神道〕'과 같은 뜻으로 묘도(墓道)를 의미한다.

400 측근의……묘연해라 : 명종 연간의 옛 측근 신하들은 이 친제(親祭) 행사에 참여한 이가 없음을 의미한 듯하다.

401 백발(白髮)로……무궁하구려 : 소재가 명종 연간 내내 남쪽 끝 진도(珍島)에서 유배 생활만 했던 것을 회상하는 뜻인 듯하다.

최 봉사에 대한 만사

崔奉事挽

동갑 나이로 어려서는 함께 노닐었고	甲子同遊稚
여러 손자들은 재종 친척이 되었네	諸孫再從親
중간에는 서로 소식이 끊어졌다가	中間斷消息
늙고 병들어 관리로서 서로 만났었지	老病會簪紳
그대는 금년에 갑자기 세상을 떠나니	倏作今年鬼
나는 며칠 더 사는 사람이 되었구려	猶爲幾日人
재계하는 중이라 상여 줄도 잡지 못하니	屬齋孤執紼
눈물 가득한 눈이 새벽도 구별 못 하겠네[402]	淚眼不能晨

402 눈물……하겠네 : 《시경》〈제풍(齊風) 동방미명(東方未明)〉에 "버들가지를 꺾어 남새밭에 울타리를 치면, 미친놈도 놀라서 돌아보거늘, 새벽과 밤을 구별하지 못하여, 너무 이르지 않으면 너무 늦도다.〔折柳樊圃, 狂夫瞿瞿. 不能晨夜, 不夙則莫.〕"라고 한 데서 온 말인데, 여기서는 《시경》의 본의와는 달리, 소재가 너무 슬픈 나머지 눈물이 눈에 가득 차서 새벽인지, 밤인지를 구별하지 못한다는 뜻으로 전용하였다.

〈사간원계회도〉

司諫院契會圖

말은 실천하는 걸 귀히 여기거니와	言以行爲貴
몸은 떠나는 것이 또한 영화롭다네	身當去亦榮
보건대 네 개의 글자[403]를 실천하자면	相看四箇字
단지 한 덩어리의 성실뿐이고말고	只是一團誠
세상이 태평한들 어찌 통곡을 금하랴만[404]	世治那禁哭
때가 위태하면 명성을 피하지 말아야지[405]	時危不避名
우연히 모춘의 계사를 닦았으니[406]	偶修春暮契
세한의 맹세를 서로 보전해야 하네	要保歲寒盟

403 네 개의 글자 : '공충정직(公忠正直)'을 가리킨다. 조선 시대에 사간원, 사헌부의 관청에는 이 네 글자가 쓰여 있었다고 한다.

404 세상이……금하랴만 : 통곡한다는 것은 한 문제(漢文帝) 때의 문신으로 장사왕 태부(長沙王太傅)를 지낸 가의(賈誼)가 일찍이 시국 광구책(時局匡救策)인 치안책(治安策)을 문제에게 올려 잘못된 정치를 격렬히 비판하였는데, 치안책 첫머리의 대략에 "신은 그윽이 생각하건대 지금의 사세가 통곡할 만한 일이 한 가지요, 눈물을 흘릴 만한 일이 두 가지요, 길이 한숨을 쉴 만한 일이 여섯 가지입니다.〔臣竊惟事勢, 可爲痛哭者一, 可爲流涕者二, 可爲長太息者六.〕"라고 한 데서 온 말이다. 《漢書 賈誼傳》 여기서는 세상이 아무리 태평하더라도 이상적인 안목으로 볼 때는 통곡할 일이 있다는 뜻이다.

405 때가……말아야지 : 세상이 위태롭다고 해서 나라를 구하려 하지 않고 은거만 하려고 해서는 안 된다는 뜻이다.

406 우연히……닦았으니 : 242쪽 주397 참조.

원 사미[407]에게 주다

贈圓沙彌

너는 바로 원 사미이고	爾是圓沙彌
네 스님은 준 상인이로다	師爲俊上人
애당초 의귀한 곳은 서로 다르지만	由來依倚分
곧장 성정의 진실함만 취할 뿐이네[408]	直取性情眞
두 능의 밤하늘엔 이슬비 내리는데	煙雨二陵夜
외론 사찰 새벽까지 담소를 나누었네	笑談孤寺晨
가을바람은 고향을 진동할 터인데	秋風動鄕國
다시는 즐겁게 만날 길이 없네그려	良覿更無因

407 원 사미(圓沙彌) : 원(圓)은 승려의 호이고, 사미(沙彌)는 막 출가하여 십계(十戒)를 받아 지닌 나이 어린 승려를 지칭한다.

408 애당초……뿐이네 : 서로 의탁한 곳이 다르다는 것은 유자(儒者)와 불자(佛者)가 서로 의귀한 곳이 다름을 말한 것이다. 두보(杜甫)의 〈증왕이십사시어계사십운(贈王二十四侍御契四十韻)〉 시에 의하면 "애당초 의기가 서로 부합하여, 곧장 성정의 진실함을 취하였네.〔由來意氣合, 直取性情眞.〕"라고 하였다. 《杜少陵詩集 卷13》

중에게 절구를 주다

贈僧絶句

노년이라 소와 개미가 시끄럽게 떠드나니[409]	老年牛蟻故相喧
구구하게 애써 문 닫고 있을 필요가 있으랴	不用區區苦閉門
나는 남으로 가려는 때 너는 북으로 가려 하니	我欲南時渠欲北
인심은 원래 절로 밝고 어두운 때가 있는 거지	人心元自有明昏

409 소와……떠드나니 : 진(晉)나라 때 은중감(殷仲堪)의 부친이 일찍이 귓병을 앓아, 침상 밑에서 개미들이 움직이는 소리를 듣고 소가 싸우는 소리로 잘못 알아들었다는 고사에서 온 말로, 전하여 귓병을 앓고 있음을 뜻한다. 《世說新語 紕漏》

재령으로 가는 사람을 보내다

送載寧行

생사의 갈림길은 응당 진도였거니와[410]	生死應珍島
이젠 다시 재령 가는 그대와 헤어지네	分携復載寧
어찌하여 우리 두 늙은이는	如何二老子
길이 부평초 신세란 말인가	長作一浮萍
대궐에는 첫추위가 찾아온 때인데	北闕初寒日
재령은 며칠 밤이나 별을 보며 갈는지	西方幾夜星
비록 두 사람 머리는 똑같이 희었지만	直饒頭竝白
반갑게 다시 만나는 건 예측 못 하겠네	不擬眼重靑

410 생사(生死)의……진도(珍島)였거니와 : 소재가 진도의 배소(配所)에서 친구도 만나지 못한 채 생사도 알 수 없는 19년 동안의 외로웠던 생활을 상기한 것이다.

박 훈도에게 주다

贈朴訓導

단지 음양이 하나인 것만 볼 뿐이요	只見陰陽一
이기가 두 갈래임을 어찌 알겠는가	那知理氣岐
선유들은 변론하려는 걸 걱정했는데	先儒憂欲辨
후학들은 말 만들기를 고집하누나	後學執爲辭
꿈속에서 꿈을 말하면 종횡으로 부합하고[411]	說夢縱橫合
놀이마당 구경은 갈수록 멀어만 가리라[412]	觀場展轉離
응당 사흘만 서로 헤어져 있어 보면	應將三日別
갑자기 일생 동안의 의심을 깨뜨리겠지[413]	倏破百年疑

411 꿈속에서……부합하고 : 꿈속에서 꿈을 말하면서 꿈에 본 것들이 모두가 자성이라고 여기는 경우가 있으나 꿈속의 경지에는 자성이 도무지 있지 않다. 꿈이란 자체도 아예 없는 것인데, 더구나 꿈속의 경지에는 자성을 말할 것이 없다고 한 데서 온 말로, 아주 허망한 것을 제 스스로 옳다고 인정하는 어리석음을 의미한다.《大般若波羅蜜多經 卷596》

412 놀이마당……가리라 : 놀이마당 구경은 남들의 떠드는 소리만 듣고 거기에 부화뇌동(附和雷同)하는 것을 의미한다.《주자어류(朱子語類)》 권27에 의하면 "정히 난장이가 놀이마당 구경하는 것과 마찬가지니, 앞쪽에 서 있는 사람들이 웃는 것만 보고 그 또한 따라서 웃는 것과 같을 뿐이다."라고 하였다.

413 응당……깨뜨리겠지 : 삼국 시대 오(吳)나라 노숙(魯肅)이 여몽(呂蒙)의 등을 두드리면서 학식이 몰라보게 진보했다고 칭찬하자, 여몽이 대답하기를 "선비는 사흘만 헤어져 있었더라도 다시 눈을 씻고 서로 마주하는 것이다."라고 한 데서 온 말이다.《三國志 吳書 呂蒙傳》 여기서는 조금 더 세월이 가면 상대방의 식견이 크게 진보되었을 것이라는 뜻이다.

유 수찬 성룡 에게 주다

贈柳修撰 成龍

욕심이란 사람의 타고난 성정이라	欲者人之性
사람마다 없을 수 없는 것이니	人皆不可無
어떻게 수행하여 도에 들어간단 말인가	何修以入道
나는 늙어 끝내 어리석음으로 돌아가리	吾老竟歸愚
병든 눈은 삼 년째 눈물을 흘려 오는데	病眼三年淚
이별의 회포는 팔월 호숫가에서 짓네	離懷八月湖
몇 사람이나 일찍이 이것[414]을 논했던가	幾人曾此論
오늘에 와서 다시 길이 탄식하노라[415]	今日更長吁

414 이것 : 이 시의 첫 번째와 두 번째 구절을 말한다.

415 길이 탄식하노라 : 세상의 유자(儒者)들이 대부분 성선설(性善說)만을 고집하는 풍조를 두고 한 말인 듯하다.

최 판결사에게 주다

贈崔判決

서리 속의 국화만 구경코자 할 뿐인데　只欲看霜菊
어찌 굳이 주인을 물을 것이 있겠는가　何須問主人
나그네 시름은 연경 변새를 향하여 짓고　羈愁向燕塞
이별의 슬픈 회포는 웅천에 떨어지누나　離思落熊川
밀초 불은 밑동을 거두도록 맡겨 두고[416]　蠟炬從收跋
거문고는 진성[417]을 섞어 타는 걸 듣노라　瑤琴聽雜秦
누가 알겠는가 두서너 손님들이　誰知二三客
술잔 잡고 속으로 상심하는 줄을　把盞暗傷神

416 밀초……두고 : 《예기》 〈곡례 상(曲禮上)〉에 "존경하는 분을 모시고 앉았을 때에는……촛불의 밑동을 드러나게 하지 않는다.〔侍坐於所尊敬……燭不見跋.〕"라고 한 데서 온 말인데, 이는 촛불이 다 타서 밑동까지 드러나게 하면 밤이 너무 깊어져서 어른이 피곤해할 수 있기 때문이다.

417 진성(秦聲) : 아주 질박한 진국(秦國)의 음악을 지칭한 것이다. 《사기(史記)》 〈이사열전(李斯列傳)〉에 "대저 항아리를 두드리거나 질장구를 치거나 쟁을 타거나 넓적다리를 치면서 오오하고 노래하여 귀와 눈을 유쾌하게 하는 것은 참으로 진나라의 음악이다.〔夫擊甕叩缶, 彈箏搏髀, 而歌呼嗚嗚快耳目者, 眞秦之聲也.〕"라고 하였다.

고 첨지의 집에 가서 취하여 읊다

到高僉知第醉吟

석양에 종남산 아래서 술을 마시느라 薄晩飮終南
친구 서너 명이 한자리에 모였는데 故人成四三
새로 핀 연잎은 맑은 폭포에 씻기고 新荷灑淸瀑
오래된 벽엔 가벼운 남기가 축축하네 古壁濕輕嵐
백발은 오랜 세월의 속마음을 간직했고 皓首經時肺
반가운 얼굴들은 이십 년 전[418]을 얘기하네 靑眸卄載談
누가 알리오 영외로 귀양 간 나그네가 誰知嶺外客
죄 짓고 뜨물 같은 눈물을 흘렸던 걸 負罪淚如泔

418 이십 년 전 : 소재가 유배 생활을 시작하던 시점을 말한 듯하나 자세하지 않다.

향을 받아 정릉으로 가면서 느낌이 있어 읊다

受香向靖陵有感

경복궁에 아침 해가 떠오르자	日出景福闕
근정전에서 향을 전하였네	香傳勤政庭
내 몸은 숭례문을 따라 나가는데	身從崇禮去
마음은 정릉을 향하여 가고 있네	心向靖陵行
안개는 흠뻑 내려 재복[419]을 적시고	霧重沾齋服
강물은 맑아 소령[420]을 씻어 주누나	江淸灑素靈
회상하건대 이십팔 년 전[421]에는	回頭卄八載
산 가득 솔과 잣나무가 놀랐었지[422]	松柏滿山驚

419 재복(齋服) : 재계할 때에 입는 옷을 말한다.

420 소령(素靈) : 본디 가을의 신〔秋神〕을 말하는데, 여기서는 어떤 뜻으로 쓰였는지 자세하지 않다.

421 이십팔 년 전 : 중종이 승하한 1544년(중종39)을 가리킨다.

422 솔과 잣나무가 놀랐었지 : 임금의 장례 행차를 보고 식물들도 놀랐을 것이라는 뜻인 듯하나 자세하지 않다.

허 좌랑 봉 의 시에 차운하다
次許佐郎 篈 韻

남 정[423]은 동쪽 교외의 노인이요	南正東郊老
양주의 이 목사는 긴중한 지위로다	楊州李使重
오직 국화 띄운 술잔이나 마실 뿐이지	惟須飮菊盞
굳이 높은 산에는 오를 필요가 없네[424]	不必登高峯
이부는 수면앙배의 빛이요[425]	吏部粹盎色
창인[426]은 바싹 마른 몰골이로다	傖人枯槁容
좌중의 두서너 사람들 중에	坐中二三子
누가 내 속마음을 알아줄는지	誰獲我心胸

423 남 정(南正) : 남씨(南氏)로 정(正) 벼슬을 한 사람을 가리킨 듯하나 확인할 수가 없다.

424 오직……없네 : 옛날 풍속에 음력 9월 9일에는 사람들이 붉은 주머니에 수유(茱萸)를 담아서 팔뚝에 걸고 높은 산에 올라가 국화주를 마시어 재액을 소멸시켰다는 데서 온 말이다. 《續齊諧記 九日登高》 여기서는 단지 9월 9일 중양절(重陽節)을 두고 이 고사를 인용한 것이다.

425 이부(吏部)는 수면앙배(睟面盎背)의 빛이요 : 이부는 당시 이조 좌랑(吏曹佐郎)이었던 허봉(許篈)을 지칭한 듯하나 자세하지 않다. 수면앙배는 맹자(孟子)가 "군자의 본성은 인의예지가 마음속에 뿌리내려, 그 빛에 나타난 것이 수연(睟然)히 얼굴에 드러나고 등에 가득하다."라고 한 데서 온 말이다. 《孟子 盡心上》

426 창인(傖人) : '천한 사람'이라는 뜻으로, 자신의 겸사인 듯하다.

공주에 부임하는 최 목사[427]에게 주어 작별하다 2수

贈別崔牧赴公州 二首

부모 봉양코자 백 리 고을 지방관 자주 나가니	養到專城百里頻
은총은 옥정[428]에서 나오고 채색옷[429]은 산뜻하여라	恩生玉頂綵衣新
가련해라 나는 유독 야유의 조소를 받으면서[430]	可憐獨受揶揄笑
늙은 이 한 몸이 공연히 빙함만 지니고 있네[431]	空把氷銜老一身

427 최 목사(崔牧使) : 1538년(중종33) 별시 문과(別試文科)에 급제하여 그 후 여러 청환직(淸宦職)을 거쳐 해주 목사(海州牧使) 등 여덟 고을의 지방관을 역임하고 벼슬이 강원도 관찰사에 이른 최개국(崔蓋國)을 가리킨 듯하나 자세하지 않다.

428 옥정(玉頂) : 옥으로 만든 정자(頂子)이다.

429 채색옷 : 139쪽 주77 참조.

430 야유(揶揄)의 조소(嘲笑)를 받으면서 : 진(晉)나라 때 나우(羅友)가 환온(桓溫)의 속관(屬官)으로 있으면서 중용되지 못하던 차에 동료 중에 군수(郡守)로 부임해 나가는 자가 있었다. 나우가 그 환송연에 나가던 도중에 귀신을 만났는데, 그 귀신이 나우를 야유하며 말하기를 "나는 그대가 군수가 되어 가는 사람을 환송하는 것만 보았다. 어찌하여 군수가 되어 가는 그대를 다른 사람이 환송하는 것은 보지 못한단 말인가.〔我祇見汝送人作郡. 何以不見人送汝出郡?〕"라고 한 데서 온 말로, 흔히 벼슬길이 막히는 것을 의미한다.《古今事文類聚 別集 卷24》

431 늙은……있네 : 빙함(氷銜)은 아주 청귀(淸貴)한 관직을 지칭한다. 송(宋)나라 왕군옥(王君玉)의《국로담원(國老談苑)》권2에 "진팽년이 한림에 있으면서 밖의 십여 관직을 겸한 것들이 모두 청정하고 비밀한 문한의 직이었으므로, 당시 사람들이 그의 관함을 '한 줄기 얼음'이라고 하였다.〔陳彭年在翰林, 所兼十餘職, 皆文翰淸秘之目, 時人謂其署銜爲一條氷.〕"라고 한 데서 온 말이다. 여기서는 조정에만 있고 외직으로 나가지 못하는 자신에 대한 겸사이다.

중원 시절 회상건대 이젠 백발이 성성해졌고[432] 回首中原髮已星
내가 절도[433]로 간 뒤에도 반겨 줌은 여전하였네 歸身絶島眼終青
일생을 떠돌기만 하여 이별을 가벼이 여기고 一生流落輕離別
천지간에 오직 물 위에 뜬 부평초만 알 뿐이네 惟解乾坤水上萍

432 중원(中原)……성성해졌고 : 중원은 충주(忠州)의 고호로, 소재가 이 시제(詩題)에 나오는 공주 목사(公州牧使) 최 아무개와 젊은 시절에 충주에서 함께 지냈던 일을 회상한 말이 아닌가 싶으나 자세하지 않다.

433 절도(絶島) : 19년 동안 유배 생활을 한 진도(珍島)를 가리킨다.

차운하여 상인에게 주다

次贈上人

절 아래 시내에 비바람 쓸쓸하게 불어올 제 風雨凄凄寺下溪
잠시 완상하느라 돌아가던 말 멈추었는데 暫時相賞駐歸蹄
산승은 나를 익히 바라보다 시축을 내놓고는 山僧熟視呈詩軸
곧장 나에게 마음대로 제하도록 허락하누나 直許穌翁取次題

미원에 모여서 술을 마시다
薇垣會飮

젊어서 서로 따를 땐 드러난 공효 없었더니[434]	少小追隨缺勇功
지금 그때 그 사람 칠 인[435]이 자리를 함께했네	今來作者七人同
의기투합으로 인연해 맘으로 사랑할 뿐이요	只緣契合心乎愛
굳이 아무는 충성스러웠다 칭호할 것 없다오[436]	不要稱呼某也忠
반기는 눈빛은 검은 머리 미인에게 자주 가고	青眼頻回蟬鬢綠
국화는 붉은 밀초 등과 서로 마주하여 웃누나[437]	黃花相笑蠟燈紅
삼천 리 밖에서 주나라로 돌아온 늙은이는[438]	三千里外歸周老
유독 황은을 저버려 눈동자 가득 눈물 흐르네	獨負皇恩淚滿瞳

434 젊어서……없었더니 : 1545년(인종1) 소재가 잠시 사간원 정언(司諫院正言)을 지냈다.

435 칠 인 : 공자(孔子)가 "일어서서 가 버린 이가 일곱 사람이다."라고 한 데서 온 말이다.《論語 憲問》여기서는 사간원에 같이 재직했던 일곱 사람을 가리킨 듯하다.

436 굳이……없다오 : 아무는 충성스러웠다는 사마광(司馬光)의〈간원제명기(諫院題名記)〉에 "후세 사람들이 장차 여기에 새겨진 이름들을 낱낱이 가리키면서 평론하기를 '아무는 충성스러웠고, 아무는 간사했고, 아무는 정직했고, 아무는 부정했다.'라고 하리니, 아, 두려워하지 않을 수 있겠는가.〔後之人將歷指其名而議之曰: "某也忠, 某也詐, 某也直, 某也曲." 嗚呼! 可不懼哉!〕"라고 한 데서 온 말이다.《宋文鑑 卷79》

437 서로 마주하여 웃누나 : 화려하게 핀 국화와 밀초 등의 밝은 빛을 가리킨다.

438 삼천……늙은이는 : 진도(珍島)에서 19년 동안 유배 생활을 지내고서야 조정에 돌아오게 된 소재를 가리킨다.

임천[439]에게 주다
贈林川

회상컨대 소사[440]에 들른 지가 이미 삼십 년이어라	蕭寺回頭三十年
세상사는 기름과 불이 날로 서로 태우듯 하네[441]	世間膏火日相煎
한강은 광대하게 장안의 땅을 흘러내려 가고	漢江浩浩流秦地
바다는 아득하게 남초[442]의 하늘로 들어가리라	瀛海冥冥入楚天
누가 헤아렸으랴 소재 노인이 고향에 돌아와	誰料穌翁歸故國
문득 장씨 노인을 만나서 백발을 마주할 줄을	却從張老對華顚
옛사람이 지금 사람의 뜻을 말할 줄 알았어라	古人解道今人意
우연히 서로 만난 곳이 바로 이별의 자리로세[443]	忽謾相逢是別筵

439 임천(林川) : 이때 임천 군수(林川郡守)로 부임하는 장 아무개인 듯하다.

440 소사(蕭寺) : 양 무제(梁武帝) 소연(蕭衍)이 불법(佛法)을 매우 신봉하여 맨 처음 사원을 짓고 자기 성(姓)을 붙여 소사라 이름한 데서 온 말로, 전하여 사원을 뜻한다. 여기서는 소재의 고향인 상주(尙州)에 있는 어느 절을 가리킨 듯하나 자세하지 않다.

441 기름과……하네 : 《장자(莊子)》 〈인간세(人間世)〉에 "산의 나무는 유용하기 때문에 스스로 해를 당하고, 기름은 불이 붙기 때문에 스스로 저를 태운다." 한 데서 온 말로, 사람도 재능 때문에 번뇌가 생기고 해를 입게 되는 것을 의미한다.

442 남초(南楚) : 남방에 위치한 초나라를 말한 것으로, 전하여 남방을 가리킨다. 여기서는 남쪽 바다와 가까운 임천군(林川郡)을 지칭한다.

443 옛사람이……자리로세 : 옛사람은 두보(杜甫)를 가리킨 것으로, 두보의 〈송로육시어입조(送路六侍御入朝)〉 시에 "어린 시절 서로 친했던 이후 사십 년 동안, 중간의 소식은 우리 서로 다 깜깜했었지. 다시 후일의 만남은 그 어디가 될런고, 우연히 서로 만난 곳이 바로 이별의 자리로세.〔童稚情親四十年, 中間消息兩茫然. 更爲後會知何地, 忽漫相逢是別筵.〕"라고 한 데서 온 말이다. 《杜少陵詩集 卷12》

삼청동에서 옥당의 동료들이 일제히 모이다
三淸洞玉堂同僚一會

쾌사들은 의당 백옥당에 채워져야 하고말고[444] 快士須盛白玉堂
고상한 놀이를 잠시 푸른 산언덕에 붙이었네 淸遊暫屬翠微岡
묵은 더위는 비 온 뒤 주춤해라 높은 구름이 엷고 舊炎經雨高雲澹
석양 숲은 바람 머금어 가까운 산봉이 서늘쿠려 晩樹含風近嶽涼
세 분의 노선생들은 정취도 또한 예스러운데 三老先生情亦古
한 고향길 헤매는 나그네[445]는 감정이 유독 많다오 一迷歸客感偏長
서로 보건대 나는 모기란 비난은 면할 만한데 相看才免飛蚊誚
미인의 비파 타는 곁에서 취하려고 하겠는가[446] 肯醉佳人錦瑟傍

444 쾌사(快士)들은……하고말고 : 쾌사는 호쾌한 선비라는 뜻이고, 백옥당(白玉堂)은 한림원(翰林院), 홍문관(弘文館) 등의 별칭으로 쓰인다.

445 한……나그네 : 고향에 돌아가지 못하고 관직에 얽매여 있는 소재를 가리킨다.

446 서로……하겠는가 : 한유(韓愈)의 〈취증장비서(醉贈張祕書)〉 시에 "장안의 여러 부호의 자식들은 비린 고기와 훈채를 가득 벌여 놓고, 문자를 논하며 마실 줄은 모르고, 오직 미인에 취할 줄만 아는구나. 비록 한참 동안의 즐김은 얻을지라도, 나는 모기떼가 모인 거나 같은 걸세.〔長安衆富兒, 盤饌羅羶葷, 不解文字飮, 惟能醉紅裙. 雖得一餉樂, 有如聚飛蚊.〕"라고 한 데서 온 말이다. 《韓昌黎集 卷2》

영남에 부임하는 송 감사[447] 찬 에게 주어 작별하다

贈別宋監司 贊 赴嶺南

늘그막에 무슨 까닭에 홀로 어짊을 탄식하는고[448]	遲暮因何歎獨賢
성상의 소간[449]으로 바쁘신 당년을 만난 때문일세	九重宵旰劇當年
동남 지방 생산력은 한창 어렵다고 칭하거니와	東南物力稱時屈
영남 쪽의 인륜 풍속은 날로 무너져 가는 이때	嶺海彝風屬日顚
천하를 맑히고자 예전 고삐 잡는 걸 언뜻 보겠고[450]	倏見澄淸收舊轡
큰 뜻 품고 남 먼저 말채찍 잡은 건[451] 일찍 들었지	早聞霄漢着先鞭

447 송 감사(宋監司) : 송찬(宋贊, 1510~1601)으로, 본관은 진천(鎭川), 자는 치숙(治叔), 호는 서교(西郊)이다

448 늘그막에……탄식하는고 : 송찬이 늙은 나이로 멀리 경상도 관찰사로 나가게 된 것을 말한다. 233쪽 주366 참조.

449 소간(宵旰) : 날이 새기 전에 일어나 옷을 입고 해가 진 뒤에야 늦게 저녁을 먹는다는 '소의간식(宵衣旰食)'의 약칭으로, 특히 임금이 정사(政事)에 부지런함을 말한다.

450 천하를……보겠고 : 《후한서(後漢書)》 〈당고열전(黨錮列傳) 범방(范滂)〉에 "당시 기주에 흉년이 들어 도적이 떼 지어 일어나므로, 조정에서 이에 범방을 청조사로 삼아 그곳을 안찰하게 하자, 범방이 수레에 올라 말고삐를 손에 잡고는 개연히 천하를 깨끗이 맑게 하려는 뜻이 있었다.〔時冀州飢荒, 盜賊群起, 乃以滂爲淸詔使, 案察之. 滂登車攬轡, 慨然有澄淸天下之志.〕"라고 한 데서 온 말이다. 여기서는 경상 감사로 나가는 송찬의 기개(氣槪)를 후한의 범방에 빗대서 한 말이다.

451 남……건 : 남보다 먼저 일을 성공시키는 것을 의미한다. 진(晉)나라 때 조적(祖逖)은 그의 친구 유곤(劉琨)과 함께 강개한 지절(志節)로 명성이 높았는데, 유곤이 조적이 요직에 등용되었다는 말을 듣고는, 다른 친구에게 보낸 편지에서 "나는 창을 베고 아침이 오기를 기다리면서 역적의 머리를 효시하려는 생각뿐인지라, 항상 조생이

다만 응당 쾌청한 가을날에 임명받고 가거든	祇應奉檄乘秋去
이천의 은혜를 베푸는 성공을 누릴 거로세[452]	得享成功荷二天

나보다 말채찍을 먼저 잡을까 염려라네.〔吾枕戈待旦, 志梟逆虜, 常恐祖生先吾著鞭.〕" 라고 하였다. 《晉書 劉琨列傳》

452 이천(二天)의……거로세 : 이천은 자신에 대한 은인(恩人)에게 극도로 감격하여 일컫는 말이다. 후한(後漢) 순제(順帝) 때 소장(蘇章)이 기주 자사(冀州刺史)로 나갔을 적에 마침 그의 친구는 청하 태수(淸河太守)가 되었다. 소장이 자기 관할 지역을 순행하면서 친구인 청하 태수에게 주효(酒肴)를 베풀어 달라고 청하여 함께 술을 마시면서 평소 다정했던 우의(友誼)를 서로 나누며 매우 즐기었다. 그러자 청하 태수가 매우 기뻐하여 말하기를 "남들은 모두 한 하늘만을 가졌지만, 나는 유독 두 하늘을 가졌다.〔人皆有一天, 我獨有二天.〕"라고 한 데서 온 말이다. 《後漢書 蘇章列傳》 여기서는 송찬이 감사(監司)로 내려가면 각 지방 수령들에게 이와 같은 은혜를 베풀 것이라는 뜻이다.

취하여 쓰다

醉書

상중에도 쇠잔한 인생은 남아 있으나	草土殘生在
어버이 섬김은 모든 게 어긋나 버렸네[453]	庭闈萬事違
성상의 은혜는 하늘처럼 광대하고	聖恩天廣大
좋은 친구들은 태양처럼 빛나누나	朋好日光輝
임금님을 오직 연련해야 하기에	輦轂惟須戀
고향으로는 돌아갈 수가 없구려	田園不可歸
노인이 끝내 스스로 기뻐하는 것은	老人終自喜
칠십 세는 예전부터 드물다는 거로세[454]	七十古云稀

453 상중(喪中)에도……버렸네 : 이때 소재가 모친상을 당했다.

454 칠십……거로세 : 두보(杜甫)의 〈곡강(曲江)〉 시에 "술빚은 보통 가는 곳마다 있거니와, 인생의 칠십은 예로부터 드물다네.〔酒債尋常行處有, 人生七十古來稀.〕"라고 한 데서 온 말이다. 《杜少陵詩集 卷6》

관서에 부임하는 치원 영공[455]을 받들어 전송하다

奉送致遠令公赴關西

성주께서 서쪽 지방 걱정을 나눠 줌엔　聖主分西顧
명공이 으뜸으로 명 받듦이 합당코말고　明公合首承
관새를 보호함엔 참으로 북문의 쇄약이요[456]　護關眞鎖鑰
고삐를 손에 잡으면 신속히 천하를 맑히리[457]　攬轡倏淸澄
백성들의 재력이 방금 고갈되었다 하니　民力方云渴
하늘의 마음도 의지할 수가 없는 때라　天心不可憑
응당 알겠거니 복잡다단한 사무를 만나서　應知遇盤錯
자유로이 칼날 놀리듯 능란히 처리하겠지[458]　游刃有餘能

455 치원 영공(致遠令公) : 치원은 윤의중(尹毅中)의 자이다. 윤의중이 이때 평안도 관찰사로 부임하였다.

456 관새(關塞)를……쇄약(鎖鑰)이요 : 쇄약은 자물쇠와 열쇠를 말한 것으로 전하여 변방의 방어를 의미한다. 《담원(談苑)》 권4에 "구 내공이 북문을 지킬 적에 요의 사신이 들러서 묻기를 '상공은 명망이 중한데 어찌하여 중서에 계시지 않습니까?' 하자, 구준이 대답하기를 '주상께서 조정이 무사하니 북문의 방어는 구준이 아니면 안 된다고 여겨서 이다.'라고 했다.〔寇萊公守北門, 遼使經由, 問曰: "相公望重, 何以不在中書?" 答曰: "主上以朝廷無事, 北門鎖鑰, 非準不可."〕" 하였다.

457 고삐를……맑히리 : 후한(後漢) 범방(范滂)의 고사에서 온 말이다. 262쪽 주450 참조.

458 자유로이……처리하겠지 : 자유로이 칼날을 놀린다는 것은 《장자(莊子)》 〈양생주(養生主)〉에 나오는 말이다. 포정(庖丁)이 문혜군(文惠君)을 위하여 쇠고기를 발라낼 적에 칼을 쓰는 기술이 뛰어나서, 뼈와 살을 잘 발라내었다. 여기서는 복잡한 사무(事務) 처리에 뛰어난 재능을 발휘하는 것을 의미한다.

중에게 주다

贈僧

어떤 이가 그대는 무얼 하느냐고 물으면	人問渠何爲
모두가 마음 하나 밝히노라고 말하겠지	皆言只箇心
새와 물고기는 대소를 논할 것 없거니와	飛潛無大小
강과 산악은 절로 높고 깊은 거라오	河岳自高深
소리와 빛깔로도 취하지 않는 것인데	不向聲色取
더구나 문자를 가지고 찾는단 말인가	況從文字尋
눈앞에 펼쳐진 게 다 즐거운 경지이니	眼前俱樂地
조용히 앉아서 마음을 보아야 하리	靜坐見靈襟

십 년간에 걸쳐 새로 경영한 자리는	十載新營地
예전에 자리 잡은 선릉의 나머지라네	先陵舊卜餘
마음속으로 받들어 온 지는 오래거니와	心肝奉亦久
슬픔과 공경의 뜻 편 것은 처음일세	哀敬展來初
가까운 절의 종소리는 이미 끊어졌고	近寺鐘聲斷
높다란 창에 비친 달빛은 허명하구려	高窓月色虛
어찌하여 너의 세계 밖에서	如何世界外
시구 찾음이 가장 네게 거리낌이 되는가[459]	覓句最關渠

459 어찌하여……되는가 : 불교에 정진한다는 승려가 시구나 즐겨 탐하는 행위를 가리켜 한 말이다.

고목은 푸른 비단 장막을 두른 듯하고	古木青羅幔
싱그러운 쪽은 백옥 난간에 둘려 있네	新藍白玉欄
백 년 일생에 사람의 귀밑은 희어졌고	百年人鬢改
유월의 더위에도 빗소리는 차갑구려	六月雨聲寒
매양 갈 길이 멂을 두려워하면서	每懼前途遠
오히려 〈행로난〉을 노래하노라	猶歌行路難
어이하여 영남 쪽의 나그네가	云何嶺外客
다시 장안 길을 떠난단 말인가	復作向長安

생원 조원성에 대한 만사

生員趙元誠挽

학문은 병산 노선생[460]에게서 수학했고 學就屛山老
은혜는 황직경[461]만큼이나 깊었었지 恩深黃直卿
명성을 이룬 건 사마시 합격뿐이지만 成名但司馬
사에서 제사받음은 곧 향선생이로다[462] 祭社卽先生
병이 나서는 오로지 약에 의존했지만 有疾全憑藥
바구니 가득 전해 줄 황금은 없었네[463] 無傳可滿籯
한 봉모가 봉혈에서 나온 걸 보았는데[464] 一毛看鳳穴

460 병산(屛山) 노선생 : 병산은 주희(朱熹)가 어려서 스승으로 섬긴 유자휘(劉子翬)로, 주자의 아버지인 주송(朱松)의 친구이기도 하다. 《宋史 道學列傳 朱熹》

461 황직경(黃直卿) : 직경은 송나라 유학자 황간(黃榦)의 자이다. 황간은 어려서부터 주희를 사사(師事)하여 그 학통(學統)을 계승하였다. 나중에 주희의 사위가 되었다. 《宋史 道學列傳 黃榦》

462 사(社)에서……향선생(鄕先生)이로다 : 향선생은 관직을 사퇴하고 고향에 내려와 향학(鄕學)에서 자제들을 가르치는 사람에 대한 존칭이다. 한유(韓愈)의 〈송양소윤서(送楊少尹序)〉에 "옛날에 이른바 '향선생으로 죽으면 그 사(社)에 제사할 만하다.'는 것은 바로 이 분을 두고 한 말이다."라고 한 데서 온 말이다.

463 바구니……없었네 : 한(漢)나라 경학자(經學者) 위현(韋賢)은 네 아들 모두 훌륭하게 키웠다. 그중 막내인 위현성(韋玄成)은 특히 명경(明經)으로 승상(丞相)에 이르렀는데, 당시 추로(鄒魯)의 속담에 "자식에게 바구니 가득 황금을 남겨 주는 것이 하나의 경서를 가르치는 것만 못하다."라고 했던 데서 온 말이다. 《漢書 韋賢傳》

464 한……보았는데 : 봉모(鳳毛)는 175쪽 주205 참조. 여기서는 조원성이 훌륭한 아들 하나를 두었다는 뜻이다.

붕정만리 길을 향하여 가고 있구려[465]	萬里指鵬程
향리의 방아 소리는 집집마다 중지했고[466]	鄕相家家輟
제나라 노래[467]는 곳곳마다 깜짝 놀라네	齊謳處處驚
생 꼴 한 묶음도 가져다 바칠 수 없어[468]	生芻不可致
남쪽을 바라보며 종횡으로 눈물 흘리노라	南望涕縱橫

465 붕정만리(鵬程萬里)……있구려 : 붕정만리는《장자》〈소요유(逍遙遊)〉에 "붕새는 남쪽 바다로 옮겨 갈 적에 물결을 치는 것이 삼천 리요, 회오리바람을 타고 구만 리나 올라가 여섯 달을 가서야 쉬는 것이다."라고 한 데서 온 말로, 여기서는 장래의 앞길이 아주 원대함을 붕정에 빗대서 한 말이다.

466 향리의……중지했고 :《예기》〈곡례 상(曲禮上)〉에 "이웃에 초상이 나면 방아를 찧으면서 서로 메기는 소리를 내지 않는다.〔隣有喪, 舂不相.〕"라고 한 데서 온 말이다.

467 제(齊)나라 노래 : 만가(輓歌)인 〈해로가(薤露歌)〉를 말한다. 제왕(齊王) 전횡(田橫)이 한 고조(漢高祖)의 부름에 불복하고 자결하자, 문인들이 이 노래를 불렀는데 "사람의 목숨은 부추에 맺힌 이슬처럼 덧없이 사라진다."는 내용이다.《樂府 相和曲 薤露》

468 생……없어 : 후한(後漢) 때의 고사(高士) 곽태(郭太)가 모친상을 당하자 서치(徐穉)가 조문 가서 곽태를 현사로 존경하는 뜻에서 생 꼴 한 묶음만 여막(廬幕) 앞에 두고 상주(喪主)는 만나지도 않은 채 돌아가 버렸다. 그러자 곽태가 말하기를 "이 사람은 필시 남주의 고사 서유자일 것이다.《시경》〈소아(小雅) 백구(白駒)〉에서, 떠나는 현사를 보내기가 아쉬워 '흰 망아지에게 생 꼴 한 묶음을 먹이노니, 그 사람이 옥 같도다.'라고 하지 않았던가. 나는 그만한 대접을 받을 만한 덕이 없구려."라고 한 데서 온 말이다.《後漢書 徐穉列傳》여기서는 죽은 조원성의 아들로 상주가 된 사람을 현사에 빗대서 한 말이다.

중에게 주다 2수

贈僧 二首

구봉산에 거주하는 상인을[469]	九峯山上人
한번 보매 용모가 새롭구려	一見眉宇新
스스로 성주 이씨라고 말하는데	自道星州李
백수의 신[470]인 줄을 누가 알겠는가	誰知柏樹神
소순이나 먹는 걸 말할 만은 하나[471]	猶堪語蔬筍
더불어 근진을 말하기는 어렵구려[472]	難與話根塵
다만 나는 성명하신 군주는 만났으나	顧我逢明主
늙은 모친을 봉양 못함을 어찌하랴	其如奉老親
재앙이 생김은 요행한 복에 인연하지만	生災緣倖福
과실을 보면 비로소 인을 알 수도 있지[473]	觀過始知仁

469 구봉산(九峯山)에 거주하는 상인(上人)을 : 구봉산은 상주(尙州) 화령현(化寧縣)에 있던 산이다. 이때 소재를 찾아온 승려가 구봉산 일출암(日出菴)에 거주하였다.

470 백수(柏樹)의 신 : 백수는 잣나무로, 선종(禪宗)의 주요 화두(話頭)인 '뜰 앞의 잣나무〔庭前柏樹子〕'를 가리킨다. 《禪林僧寶傳 卷7》 이 승려도 선종의 심법을 수행하고 있기 때문에 그를 '백수의 신'이라고 말한 듯하나 자세하지 않다.

471 소순(蔬筍)이나……하나 : 소순은 채소와 죽순으로, 이것을 먹는다는 것은 야인(野人)의 소박한 식생활을 의미한다. 《揮麈錄 後錄 卷2》

472 더불어……어렵구려 : 승려의 수행이 아직 깊지 못함을 의미한다.

473 과실을……있지 : 공자(孔子)가 이르기를 "사람의 허물은 각각 그 무리에서 나오는 것이니, 허물을 보면 그 사람의 인(仁)을 알 수 있다."라고 한 데서 온 말이다. 《論語 里仁》 늙은 어버이 봉양을 위하여, 진작 관직에서 물러나야 하는데도 염치없이 계속

생로병은 몸 안에서 일어난 일들이지만　生老病中興
탐진치[474]는 몸 밖에서 침입해 온 것이라네　貪嗔癡外身
봄바람은 사찰에 가득히 불어오고　春風滿蕭寺
꽃나무들은 향린과 서로 연접했는지라　花木接鄕隣
오늘은 아름다운 풍광에 상심이 되어　此日傷心麗
고개 돌려 바라보며 수건 가득 눈물 흘리네　回頭淚滿巾

일출암을 처음으로 열고　日出菴初闢
기거한 이는 바로 훌륭한 스님이었지　來居是彦師
얼굴을 하루도 서로 안 본 적 없었는데　顔無一日阻
이제 한스러운 건 이 년이 더딘 거로세　恨有二年遲
도성에는 마음을 붙이기 어렵거니와　故國心難着
봄날 고향 찾는 건 꿈도 꿀 수가 없네　春鄕夢不宜
나의 태어남은 그대에 훨씬 뒤늦었으니[475]　吾生後汝契
계돈사[476] 함께할 날이 다시 어느 때일꼬　同社更何時

벼슬하고 있다는 겸사이다.

474 탐진치(貪嗔癡) : 욕심, 성냄, 어리석음으로, 이 세 가지가 수행하는 사람에게 가장 해를 끼치기 때문에 불가(佛家)에서 삼독(三毒)이라고 일컫는다.

475 나의……뒤늦었으니 : 그대는 한유를 지칭한다. 한유와 동시대에 태어났더라면 함께 모임을 갖고 즐겁게 지낼 수 있었으리라는 뜻이다. 두보(杜甫)가 "이런 뜻을 도잠이 알았었는데, 내가 태어남이 그대에 뒤늦었구려.〔此意陶潛解, 吾生後汝期.〕"라고 하였다.《杜少陵詩集 卷10 可惜》

476 계돈사(鷄豚社) : 옛날에 온 마을 사람이 돈목(敦睦)을 목적으로 결성했던 단체이다. 한유(韓愈)가 "모임을 함께한 사람들은, 닭 돼지 잡아 봄가을로 잔치를 하세나.〔願爲同社人, 鷄豚燕春秋.〕"라고 한 데서 온 말이다.《韓昌黎集 卷7 南溪始泛》

〈금오랑계회도〉

金吾郞契會圖

뜻을 펴지 못해 신검이 묻힌 듯했는데[477]	志屈埋神劍
재능이 쓰임을 입으니 분포를 면했구려[478]	才收謝粉袍
어가 가까운 곳에서 벽제도 하려니와	淸塗豹尾近
붓에 먹 찍어라 호두는 높기도 하네[479]	泚筆虎頭高
연못에선 연꽃 향내가 가까이 풍겨 오고[480]	荷沼芳馨接
한배[481]는 서로 주고받고 하느라 수고롭네	韓杯獻酢勞
내일 아침에 운우처럼 헤어지고 나서는	明朝散雲雨
그림을 펴면 가을 터럭도 셀 만하리라[482]	開畫數秋毫

477 신검(神劍)이 묻힌 듯했는데 : 신검은 진(晉)나라 때 장화(張華)가 발굴해 낸 용천(龍泉), 태아(太阿) 두 보검으로 뛰어난 재능을 의미한다.《晉書 張華列傳》여기서는 의금부의 낭관들이 모두 일찍이 과제(科第) 출신이 아니었음을 의미한다.

478 분포(粉袍)를 면했구려 : 분포는 당(唐)나라 때 출사(出仕)하기 이전의 사자(士子)들이 입던 백포(白袍)를 말한 것으로, 전하여 입시 사자(入試士子)의 대칭이다. 여기서는 의금부의 낭관들은 과거 급제를 하지 않고서도 관직에 임명되었음을 의미한다.

479 붓에……하네 : 호두(虎頭)는 조선 시대 의금부 정아(正衙)의 남쪽에 있던 호두각(虎頭閣)을 가리키는데, 붓에 먹을 찍는다는 것은 의금부의 낭관들이 호두각에서 경범 죄인들을 심문하고 조서를 작성했던 일을 가리켜 한 말이다.

480 연못에선……오고 : 의금부의 서쪽에 연정(蓮亭)이 있었다.

481 한배(韓杯) : 술잔을 가리킨다. 한유(韓愈)의 〈기최이십육립지(寄崔二十六立之)〉 시에서 술잔의 제작 과정 등에 관한 다양한 상태를 서술했던 데서 온 말이다.

482 그림을……만하리라 : 가을 터럭도 셀 만하다는 것은 아주 밝은 달빛을 형용한 말로,《杜少陵詩集 卷20 八月十五夜月二首》여기서는 단지 〈금오랑계회도〉를 펴 놓고 보면 그 시절의 상황을 환히 알 수 있으리라는 뜻이다.

이영에게 주다

贈李寧

노유는 아무 말 없이 하늘을 향해 앉았고	老儒不語向天坐
거사는 길이 노래하며 골짜기를 나왔는데	居士長歌出谷來
하룻밤 동쪽 사랑의 등잔 불빛 속에서	一夜東廊燈火裏
멍하니 두 사람 그림자가 함께 배회하였네	嗒然雙影共徘徊

순채를 보내 준 친구 조정[483] 위 에게 사례하다

謝友人趙正 瑋 送蓴

친구가 몹시 고향 그리워하는 내 심정을 알고	故人知我苦懷鄉
주발 가득한 향기로운 순채를 멀리 부쳐 왔네	遠寄銀絲滿盌香
말들 말게나 장응만이 가을 홍취를 알아서	莫道張鷹識秋興
강동의 풍미를 그만 홀로 먼저 맛보았다고[484]	江東風味獨先嘗

483 조정(趙正) : 정3품 당하직(堂下職)인 정(正)을 지낸 조위(趙瑋)를 가리킨다. 1558년(명종13) 문과(文科)에 급제한 이후 지방관으로는 목사(牧使) 등을 역임하였다. 조선 시대 정은 종친부, 돈녕부, 훈련원 등에 있던 직명인데, 조위가 과연 어느 관서의 '정'을 지냈는지에 대해서는 자세하지 않다.

484 말들……맛보았다고 : 장응(張鷹)은 진대(晉代)의 문인으로 자가 계응(季鷹)인 장한(張翰)을 가리킨다. 낙양(洛陽)에 들어가 동조연(東曹掾)으로 있다가, 어느 날 갑자기 가을바람이 일어나는 것을 보고는 자기 고향인 강동(江東) 오중(吳中)의 순챗국과 농어회를 생각하면서 "인생은 자기 뜻에 맞게 사는 것이 귀중하거늘, 어찌 수천 리 밖 타관에서 벼슬하여 명작을 구할 수 있겠는가.〔人生貴得適志, 何能羈宦數千里, 以要名爵乎?〕" 하고, 마침내 수레를 명하여 고향으로 돌아가서 끝내 유유자적하게 지냈다는 한다.《晉書 文苑列傳 張翰》 여기서는 소재가 순채를 먹고 있기 때문에 한 말이다.

주 상인[485]에게 주다

贈珠上人

법신[486]이 충만한 이가 바로 종림[487]이었는데　法身充滿是宗林
화초와 생용이 서로 화음을 못 낸 것 같구려[488]　花草笙鏞沒相音
한 구슬 부촉받은 건 어디메에 두어 버리고　分付一珠那底在
반평생 동안 시 요구해 읊을 줄만 안단 말가[489]　半生猶解覓詩吟

485 주 상인(珠上人) : 여주(驪州) 신륵사(神勒寺)에 거주했던 승려이다.

486 법신(法身) : 불교 용어로, 청정한 자성(自性)을 증득(證得)하여 일체공덕(一切功德)을 성취한 몸을 지칭한다. 당(唐)나라 선승(禪僧) 영가 현각(永嘉玄覺)의 〈증도가(證道歌)〉에 "그대는 못 보았나 배움 끊고 하는 일 없는 한가한 도인은, 망상도 안 없애고 진도 구하지 않는다네. 이름 없는 실성이 그게 바로 불성이요, 허깨비 같은 이 몸이 바로 법신이라네.〔君不見絶學無爲閑道人, 不除妄想不求眞. 無名實性卽佛性, 幻化空身卽法身.〕"라고 하였다.

487 종림(宗林) : 고려 말기 자은종(慈恩宗)의 선승 법천 대사(法泉大師)의 이름인데, 일찍이 해안사(海安寺)에서 불법을 강설하였다. 그러나 여기서 말한 종림이 그 선승이 분명한지는 자세하지 않다.

488 화초(花草)와……같구려 : 생용(笙鏞)은 생황과 큰 종으로, 서로 화음을 못 낸다는 것은 화초는 화초대로 좋은 초목이고, 생황과 큰 종은 훌륭한 악기이지만 화초는 소리를 내지 못한다는 뜻인 듯하다. 추측건대 여기서는 화초와 생용이 화음하지 못한 데에 빗대서 승려 주 상인이 선승 종림을 선사(先師)로 받들면서도 그의 불법에 대한 교화를 전혀 입지 못했다는 의미로 한 말이다.

489 한……말가 : 한 구슬은 청정한 불성(佛性)을 맑은 구슬에 빗대서 한 말로, 주 상인에게 선사로부터 전수받은 불성은 닦지 않고 남들에게 시나 지어 달라 하여 읊조리며 좋아하기만 하느냐고 나무라는 뜻이다.

중에게 주어 일출암에 쓰다

贈僧題日出菴

우뚝한 산악 기슭 원천[490]의 산세 속에	卓嶽遠川勢
백 년 동안 삼대의 묘소를 모셨는데	百年三世藏
일출암 밖에는 연기 놀이 자욱하고	煙霞日出表
토귀동[491] 옆에는 청룡 백호가 에워쌌지	龍虎兎歸傍
백족은 묘소를 애써 자비로이 수호해 주고[492]	白足煩慈護
백성은 과분히도 의로써 침범을 막아 주네	蒼生誤義防
누가 알리오 수호를 청하지는 않았지만	誰知不請地
단지 고향을 떠나지 않은 것 때문임을	只是無出鄕

490 원천(遠川) : 소재의 고향인 경북 상주군(尙州郡) 화령현(化寧縣)에 위치한 지명으로, 이곳에 소재의 증조(曾祖), 조(祖), 부(父) 3대의 묘소가 있었다.

491 토귀동(兎歸洞) : 소재의 선영(先塋)이 모셔져 있는 골짜기이다.

492 백족(白足)은……주고 : 백족은 본래 발이 희다는 뜻이다. 후진(後秦) 시대 고승(高僧) 구마라습(鳩摩羅什)의 제자인 담시(曇始)가 발이 얼굴보다 더 흰 데다 아무리 진흙탕 물을 건너도 발이 더럽혀지지 않아서, 당시 사람들이 그를 백족 화상(白足和尙)이라고 칭했던 데서 온 말인데, 고승, 일반 승려를 가리키기도 한다. 여기서는 일출암(日出菴)에 거주하는 승려를 가리킨다.

주 문공의 회선롱[493] 시에 차운하다
次朱文公懷先壟韻

생각하건대 옛날 주 부자께서는 憶昔朱夫子
백수강에 있는 선산을 생각하여[494] 懷先白水岡
승사에 추가를 기탁했다 했으니[495] 僧廬寄楸檟
인간 세상에 비통함이 많기도 해라 人世足悲傷
더구나 또 시골 마을까지 가까우니 況復村墟近
끝내는 복덕이 얇은 때문이로다 終然福德凉
머리 돌려 깊은 골짝을 바라보면서 回頭望窮谷
전편의 시를 눈물로 섞어 쓰노라 和淚寫全章

493 주 문공(朱文公)의 회선롱(懷先壟) : 《주자대전(朱子大全)》 권1의 시편(詩篇)에 〈시월삭단회선롱작(十月朔旦懷先壟作)〉이라는 시가 있으나, 소재의 이 시는 구수(句數)와 운자(韻字)가 모두 주희(朱熹)의 시와는 전혀 맞지 않다.

494 옛날……생각하여 : 주희의 아버지인 주송(朱松)을 처음 오부리(五夫里)에 장사 지냈다가 뒤에 백수(白水) 가의 아자봉(鵝子峯) 아래로 천장(遷葬)하였다.

495 승사(僧舍)에……했으니 : 추가(楸檟)는 가래나무와 개오동나무를 말하는데, 이 나무들은 옛날 묘소 앞에 많이 심었다고 한다. 그리고 이 시구는 〈시월삭단회선롱작〉에 있는 구절로, 묘소를 승려들에게 수호해 주도록 부탁했다는 의미이다. 여기서는 선산(先山)의 수호를 승려에게 의탁한 처지라는 뜻이다.

길에서 읊다
路中吟

새벽에 황산의 궁벽한 곳 경유하여	曉過黃山僻
황혼에 흑석의 그윽한 데 돌아왔네	曛歸黑石幽
오솔길은 헷갈려라 눈이 한 길이요	徑迷雪一丈
바위는 늙고 구름은 천년을 묵었네	巖老雲千秋
세월은 공연히 넓적다리를 말리고[496]	日月空消髀
천지간엔 근심 풀 날이 없네그려	乾坤未解憂
달빛 없는 나그네 창 깜깜한 밤에	僑窓夜無月
푹 숙인 머리 속에 만사가 모여드네	萬事集垂頭

496 세월은……말리고 : 넓적다리를 말린다는 것은 넓적다리에 살이 빠진 것을 말한다. 170쪽 주186 참조. 여기서는 편안히 앉아 있을 겨를이 없이 항상 말을 타고 분주히 돌아다니다 보니 넓적다리에 살이 빠졌다는 뜻이다.

우연히 읊다
偶吟

유령은 입을 벌려 천 잔의 술을 마시었고[497]	劉伶擧口千杯酒
이백은 붓끝을 날려 백 수의 시를 써 내렸지[498]	李白飛毫百首詩
오늘은 또 강해의 나그네[499]를 만났으니	今日又逢江海客
흠뻑 쌓인 설경에 어찌 곤드레 취함을 아끼랴	雪封何惜醉如泥

497 유령(劉伶)은……마시었고 : 유령은 진(晉)나라 때 죽림칠현(竹林七賢)의 한 사람으로, 술을 매우 즐기어 〈주덕송(酒德頌)〉을 지어서 술을 예찬하기도 하였다. 그는 항상 녹거(鹿車)를 타고 술 한 병을 휴대하고 다니면서, 사람을 시켜 가래〔鍤〕를 메고 따라다니게 하면서 말하기를 "내가 죽거든 그 자리에 묻어 달라.〔死便埋我.〕"라고 했다 한다. 《晉書 劉伶列傳》

498 이백(李白)은……내렸지 : 두보(杜甫)의 〈음중팔선가(飮中八仙歌)〉에 "이백은 술 한 말에 시가 백 편인데, 장안의 저잣거리 술집에서 자기도 하고, 천자가 불러도 배에 오르지 않으면서, 신이 바로 술 가운데 신선이라 자칭하였네.〔李白一斗詩百篇, 長安市上酒家眠. 天子呼來不上船, 自稱臣是酒中仙.〕"라고 한 데서 온 말이다. 《杜少陵詩集 卷2》

499 강해(江海)의 나그네 : 세속에 구애됨이 없이 활달한 풍류를 지닌 사람을 가리킨다.

우연히 읊다
偶吟

어젯밤에 석 달의 봄은 다 갔는데　昨夜三春去
오늘 아침에는 이묘가 내방했구나[500]　今朝二妙來
친히 못 맞은 건 지팡이 들기 꺼려서인데　失迎愁按杖
수작을 사양하려니 술 끊은 게 부끄럽네　辭酢媿停杯
대궐 안에는 운천이 광활하거니와[501]　象闕雲天闊
여우의 언덕은 세월이 재촉하누나[502]　狐丘日月催
남은 생애는 온통 통곡이나 할 뿐이니　殘生渾欲哭
온 좌중이 모두 나의 슬픔을 알리라　滿坐摠知哀

500 이묘(二妙) : 뛰어난 재예로써 동시에 명성이 드러난 두 사람을 지칭한 것으로, 소재는 두 사람이 내방했을 때마다 항상 이 말을 많이 써 왔는데, 여기서는 누구누구를 가리켜 한 말인지 알 수가 없다.

501 대궐(大闕)……광활하거니와 : 운천(雲天)은 본디 높은 하늘을 가리키는데, 전하여 흔히 조정(朝廷)의 의미로 쓰인다.

502 여우의……재촉하누나 : 소재가 늙어 갈수록 고향이 더욱 그리워진다는 뜻이다.

정인사[503]를 지나다가 느낌이 있어 짓다
過正因寺有感

효릉의 단오제에 헌관으로 참사한 노수신이	孝陵端午獻官盧
교하의 고단한 외조부 묘소에 들러 배알했네[504]	歷拜交河外墓孤
옛 절엔 거듭 오니 모두 묵은 자취 되었는데	重來古寺都陳迹
벽 가득히 불조의 그림만 아직 남아 있구려	滿壁猶存佛祖圖

503 정인사(正因寺) : 고양군(高陽郡)에 있던 절인데, 덕종(德宗)의 능(陵)인 경릉(敬陵) 동쪽에 있었다. 1457년(세조3) 경릉의 원당(願堂)으로 창건했다.

504 교하(交河)의……배알했네 : 《소재집》 권4 〈납야대구씨(臘夜對舅氏)〉 시제(詩題) 아래 주석에 의하면 "외조부의 묘소가 교하에 있다."라고 하였다.

성화중[505]에게 주다

贈成和仲

살펴보건대 판곡(板谷) 성윤해(成允諧)인데, 대곡(大谷)의 종자(從子)이다.

자는 화중이요 성은 성씨인데	字爲和仲姓爲成
재주는 타고났으나 운수는 형통치 못하였네	才降于天運不亨
어떻게 하면 그대와 함께 두 노인을 이루어	安得與之成二老
아무 하는 일 없이 그윽한 땅 왕래할 수 있을꼬	往來幽地儘無營

505 성화중(成和仲) : 성윤해(成允諧, ?~?)로, 본관은 창녕(昌寧), 자는 화중, 호는 판곡(板谷)이다. 부친 성근(成近)이 을사사화(乙巳士禍) 때 화를 당했기 때문에 그는 평생을 벼슬길에 나가지 않고 상주(尙州)의 원통산(圓通山)에 은거했다.

중 혜은에게 주다 갑신년(1584, 선조17)[506] 정월이다.

贈僧惠訔 甲申正月

연화루를 굳게 지키면서[507]	固守蓮花漏
공연히 패엽경만 생각하네	空懷貝葉經
때로 능히 흙덩이 베개를 위문해 주고	時能問塊枕
밤에는 반드시 거적자리서 잠을 잤네[508]	夜必宿苫廳
후의는 금사의 해에 극진하였고	厚意金蛇盡
남은 인정은 목확의 해에 만나게 되었네[509]	餘情木玃丁
봄바람에 한 석장을 짚고 떠나가니	春風振一錫
정월의 명협이 다섯 번째 떨어진 날일세[510]	五落孟陽蓂

506 갑신년 : 이때 소재의 나이는 70세였다.

507 연화루(蓮花漏)를 굳게 지키면서 : 연화루는 물시계의 일종인데, 진(晉)나라 때 고승(高僧) 혜원(惠遠)이 처음 만들었다고 한다. 굳게 지킨다는 것은 승려가 수행하는 시각을 꼭 지킨다는 뜻인 듯하다.

508 때로……잤네 : 흙덩이 베개와 거적자리서 잔다는 것은 부모의 상중(喪中)에 있는 사람이 행하는 예(禮)로, 《의례(儀禮)》 〈기석례(旣夕禮)〉에 "여막에 거처하면서 거적자리를 깔고 흙덩이를 벤다."라고 한 데서 온 말이다.

509 후의(厚意)는……되었네 : 금사(金蛇)는 신사년(1569, 선조2)의 이칭(異稱)이고, 목확(木玃)은 갑신년(1572)의 이칭인데 이 두 해에 승려 혜은(惠訔)이 소재를 내방하였다.

510 정월의……날일세 : 요(堯) 임금 때에 명협(蓂莢)이란 서초(瑞草)가 뜰에 났는데, 매월 초하루부터 15일까지는 매일 한 잎씩 나오고, 16일부터 그믐날까지는 매일 한 잎씩 떨어졌으므로, 이것을 인하여 달력을 만들었다고 한다. 명협이 다섯 번째 떨어졌다는 것은 정월 20일임을 의미한다.

우연히 읊다

偶吟

내 스스로 전리에 편안히 있거니	我自安田里
어느 누가 돗자리 문을 피하리오[511]	人誰避席門
하늘은 참으로 사람을 잘 알아보나 봐	老天眞具眼
텅 빈 방에서 끝내 말을 잊고 있노라[512]	虛室了忘言

511 어느……피하리오 : 돗자리 문은 집이 가난해서 돗자리로 문을 달았다는 뜻으로, 두보(杜甫)의 〈폐려견흥봉기엄공(敝廬遣興奉寄嚴公)〉 시에 "도리어 장자의 행자를 생각하노니, 돗자리로 문 단 걸 피할까 두렵구려.〔還思長者轍, 恐避席爲門.〕"라고 한 데서 온 말이다. 《杜少陵詩集 卷14》 여기서는 아무리 가난하게 살아도 피해 갈 사람이 없으리라는 뜻이다.

512 텅……있노라 : 텅 빈 방은 《장자(莊子)》 〈인간세(人間世)〉에 "빈 방 안에는 흰 빛이 생기고 거기에는 좋은 징조가 깃든다.〔虛室生白, 吉祥止止.〕"라고 한 데서 온 말로, 마음이 청허(淸虛)하여 욕심이 없으면 도심(道心)이 절로 생겨나는 것을 의미한다. 말을 잊었다는 것은 《장자》 〈외물(外物)〉에 "말이란 뜻을 얻기 위한 것이니, 뜻을 얻었으면 말할 필요가 없는 것이다.〔言者所以在意, 得意而忘言.〕"라고 한 데서 온 말이다. 여기서는 하늘이 자신에게 도심을 기르도록 해 주었다는 뜻이다.

직산 현감으로 부임하는 자식에게 주다

贈子赴稷山

석양은 단풍잎을 환히 비추고	西日明楓葉
동풍은 나락 꽃을 떨어뜨리누나	東風落稻花
호수가 넓어지매 남은 땅은 좁아지고	湖貪得地少
산세가 파리하니 넓은 하늘을 보겠구나	山瘦見天多
귀밑털은 시사를 걱정타가 희어졌고	鬢爲憂時白
얼굴은 술을 즐김으로 인해 붉어졌지	顔因嗜酒酡
해마다 이별의 눈물 하도 흘리건만	年年別離淚
골육지친의 이별은 또 그 어떻겠느냐	骨肉更如何

곡산 군수를 보내다

送谷山倅

탁 트인 서쪽 교외엔 빗방울 떨어지고	雨點西郊敞
북쪽 성곽 밖에는 풍광이 선선한데	風光北郭泠
홍제원에서 큰 술잔 가득히 마시고	浮觴洪濟院
상산성[513]으로 보내며 작별을 하노라니	別手象山城
무심한 흰 구름은 산봉우리서 나오고[514]	出岫無心白
한껏 푸른 버들은 시내에 드리웠네	垂溪盡意青
친척과 형제들을 이별하고 나니	離親與兄弟
쇠하고 병든 몸에 더욱 감정이 깊구려	衰病更深情

513 상산성(象山城) : 상산은 황해도 곡산(谷山)의 고호이다.

514 무심한……나오고 : 도잠(陶潛)의 〈귀거래사(歸去來辭)〉에 "구름은 무심히 산봉우리서 나오고, 새는 날기에 지쳐 돌아갈 줄을 아네.〔雲無心以出岫, 鳥倦飛而知還.〕"라고 한 데서 온 말이다.

탕춘대

蕩春臺

서울 교외 서쪽 산기슭 깊디깊은 골짝에서　　王郊西麓深深洞
온종일 물 따라 내려가며 내 갓끈 씻노라니　　盡日沿流濯我纓
정히 따스한 봄 삼월이 저물어 가는 이때에　　正是陽春三月暮
다시 십 년간 정들었던 음곡이 마음에 걸리네[515]　　更嬰陰谷十年情

515 다시……걸리네 : 음곡(陰谷)은 소재의 고향인 상주(尙州) 화령현(化寧縣)의 골짜기로, 소재가 일찍이 이곳에서 지낸 일이 있었던 듯하다.

연경에 가는 허 서장관[516] 봉 을 보내다

送許書狀 篈 赴京

북쪽 창 앞엔 새 죽순이 나오고	北窓新竹生
남쪽 창 앞엔 마른 대가 울어 대는데	南窓枯竹鳴
병든 나는 자주 베개를 밀치고 보니	病夫亟移枕
한밤중에 별들이 반짝반짝 빛나네	中宵星斗明
이런 때에 어찌하여 허자는	此時何許子
만 리 길 가는 것을 꺼리지 않는가	萬里不憚行
내가 훈유를 분변하고자 하나	吾欲薰蕕辨
그 모진 병에 걸렸음에 어찌하리오	其柰二豎嬰

516 허 서장관(許書狀官) : 허봉(許篈, 1551～1588)으로, 본관은 양천(陽川), 자는 미숙(美叔), 호는 하곡(荷谷)이다.

동호에서 송별하다

東湖送別

삼월이라 성 동쪽 큰 호수가 질펀하게 흘러서	城東三月大湖平
일대의 숲 바람과 서로 더불어 맑기도 해라	一帶林風相與淸
꽃잎은 본래부터 세태를 따르거니와[517]	花片本來隨世態
버들가지는 어떻게 인정을 잡아맨단 말인가[518]	柳條何以繫人情
강 따라 내려가는 백 길 돛대는 희미한 빛이요	沿江百丈依依色
나루에서 사공의 사람 부르는 소리는 역력하네	喚渡長年歷歷聲
토동과 용탄이 마치 눈앞에 보인 듯하여[519]	兎洞龍灘如在眼
두어 줄 쇠한 눈물이 은연중 갓끈을 적시누나	數行衰涕暗沾纓

517 꽃잎은……따르거니와 : 꽃이 계절에 따라 피고 지는 것을 말한다.

518 버들가지는……말인가 : 옛날에 중국 사람들이 손님을 송별할 때는 장안(長安) 동쪽의 패교(覇橋)에 이르러 버들가지를 꺾어 주었던 데서 온 말로, 여기서는 떠나는 손님에게 버들가지만 꺾어 줄 뿐, 그의 마음은 붙잡을 수 없다는 뜻으로, 헤어지기가 매우 아쉬움을 표현한 말이다.

519 토동(兎洞)과……듯하여 : 토동은 소재의 고향인 상주(尙州) 화령현(化寧縣)에 있는 골짜기로, 소재의 선영(先塋)이 있었다. 용탄(龍灘)은 충주에 있는 지명으로, 소재의 스승인 이연경(李延慶)이 생전에 살았던 곳이다. 여기서는 소재가 남쪽으로 내려가는 손님을 전송하면서 고향과 돌아간 스승을 몹시 그리워하는 뜻이다.

차운하다

次韻

윤(尹), 박(朴)의 시에 노릉(魯陵)[520]에 관한 시구가 있음을 들어 보았다.

집착함이 있으면 잡아도 놓치게 되고[521]	有着操爲捨
마음이 없으면 깸도 또한 미혹일 뿐이지	無心悟亦迷
덧없는 인생은 호수를 오르내리었고	浮生湖上下
꿈은 항상 대관령의 동서를 왕래했으리	□夢嶺東西
잡초는 외론 능을 훼손하여 덮었지만	草毁孤陵沒
명성은 만고에 남기어 제시하겠지	名留萬古提
어쨌거나 간에 신자들의 과실로 인하여	儘教臣子過
귀신의 울음소리는 다하지 않으리라	不盡鬼神啼

520 노릉(魯陵) : 단종(端宗)의 장릉(莊陵)을 지칭한 것으로, 전하여 단종을 가리킨다.

521 집착함이……되고 : 어느 한쪽에 집착함이 있으면 마음을 아무리 보존하려 해도 놓치게 된다는 뜻인 듯하다. 공자(孔子)가 "잡아 간직하면 보존되고 놓아 버리면 없어져서 드나듦이 때가 없어 그 정처를 알 수 없는 것은 오직 마음인저.〔操則存, 舍則亡, 出入無時, 莫知其鄕, 惟心之謂與!〕"라고 한 데서 온 말이다. 《孟子 告子上》

형암의 시에 차운하다
次韻亨庵

휘일에는 능읍에서 비통하였지만　諱日悲陵邑
좋은 기약[522] 있어 한강 나루를 바라보네　佳期望漢津
외로운 신하 홀로 세상에 남아 있어　獨孤臣在世
유일한 꿈은 회춘하시기만 빌었었지　□一夢回春
세상만사는 호마가 울어 대는 듯하고[523]　萬事嗁胡馬
남은 육신은 월인을 달아나게 한다오[524]　殘骸走越人
어느 때나 하탑에서 마주해 볼꼬　何時對下榻
머리에 소정건을 쓰고 앉아서[525]　頭戴小程巾

522 좋은 기약 : 손님이 찾아오는 것을 두고 한 말인 듯하나, 자세하지 않다.

523 세상만사는……듯하고 : 〈고시십구수(古詩十九首)〉에 "호지의 말은 북풍에 몸을 의지하고, 월지의 새는 남쪽 가지에 둥지를 짓네.〔胡馬依北風, 越鳥巢南枝.〕"라고 한 데서 온 말로 본다면, 고향을 몹시 그리워하는 심정을 말한 듯하다.《文選 卷29》 또는 '세상만사 새옹지마'라는 고사에서 온 말인 듯도 하나 자세하지 않다.

524 남은……한다오 : 월인(越人)은 편작(扁鵲)의 본명이다. 제 환공(齊桓公)이 병이 나자 월인은 속히 치료해야 한다고 했는데 환공은 그 말을 믿지 않고 치료를 미루다가 더 이상 치료할 수 없게 되자, 월인은 후환을 두려워하여 진(秦)나라로 달아났다.《韓非子 喩老》 소재 자신의 병이 치료할 수 없는 지경에 이르렀다는 뜻인 듯하다.

525 어느……앉아서 : 소정건(小程巾)은 송(宋)나라 정이(程頤)가 쓰던 이른바 정자관(程子冠)을 가리키는데, 옛날 선비들이 집에서 평상시에 쓰던 관으로, 말총으로 짜거나 떠서 만들었다고 한다. 소정(小程)이라고 한 것은 정이의 형인 정호(程顥)에 대하여 아우인 정이를 이렇게 칭한 것이다. 여기서 마주한다는 것은 제목에 나온 형암(亨庵)을 마주한다는 것인지, 아니면 그 누구를 마주한다는 것인지 자세하지 않다.

한강에 나와서 읊다

出漢江吟

알괘라 오늘이 그 어느 날인고	今日知何日
반여가 한강 가로 나왔네그려[526]	潘輿出漢濱
증원은 모친 봉양하는 것을 갖추었고[527]	曾元備養體
자범은 어버이 사랑함을 조언해 주네[528]	子犯助仁親
기쁨과 두려움 속에 채색옷은 낡아졌고[529]	喜懼斑衣獘

526 반여(潘輿)가……나왔네그려 : 반여는 진대(晉代)의 문장가인 반악(潘岳)의 판여(板輿)를 말한다. 137쪽 주73 참조. 여기서는 현달한 뒤에 모친을 판여에 모시고 여행하게 되었다는 뜻이다.

527 증원(曾元)은……갖추었고 : 증원은 증자(曾子)의 아들로 아버지를 잘 봉양했던 효자이다. 여기서는 소재의 아우 노극신(盧克愼)이 이 행차에 동행하였기 때문에 그를 증원에 빗대서 한 말이다.

528 자범(子犯)은……주네 : 자범은 춘추 시대 진 문공(晉文公)의 외삼촌인 호언(狐偃)의 자이다. 어버이 사랑함은 진 문공이 공자(公子) 신분으로 망명 중일 때, 외삼촌 호언이 생질인 그에게 이르기를 "망명한 사람은 보배로 삼을 것이 없고, 어버이를 사랑하는 것을 보배로 삼는다.〔亡人無以爲寶, 仁親以爲寶.〕"라고 한 데서 온 말이다. 《大學章句 傳10章》 여기서는 소재의 서외삼촌(庶外三寸)인 이수부(李秀夫)가 이 행차에 동행하였기 때문에 그를 진 문공의 외삼촌에 빗대서 한 말이다.

529 기쁨과……낡아졌고 : 기쁨과 두려움은 공자(孔子)가 "부모의 나이는 기억하지 않아서는 안 되니, 오래 사시면 한편으로 기쁘고, 노쇠해지면 한편으로 두려운 것이다.〔父母之年, 不可不知也, 一則以喜, 一則以懼.〕"라고 한 데서 온 말이다. 《論語 里仁》 채색옷이 낡았다는 것은 소재가 부모 앞에서 채색옷을 입고 어리광을 부려 부모를 기쁘게 해 드렸던 옷이 오랜 세월 속에 낡아 버렸다는 뜻이다.

슬픔과 즐거움은 체악이 새롭구려[530] 悲歡棣蕚新

시를 읊어 거듭 경사를 기록하노라니 吟詩重志慶

때는 무인년[531] 봄이 절반 이상 지났네 强半丙寅春

살펴보건대 병(丙)은 무(戊)로 보아야 할 듯하다.

530 슬픔과……새롭구려 : 체악(棣蕚)은 아가위꽃을 받치고 있는 꽃받침을 말하는데, 꽃과 꽃받침은 한 가지에서 나왔다 해서 형제간의 우애를 뜻한다. 《시경》〈소아(小雅) 상체(常棣)〉에 "아가위의 꽃이여, 꽃받침이 화사하지 않는가. 무릇 지금 사람들은, 형제만 한 이가 없느니라.〔常棣之華, 鄂不韡韡? 凡今之人, 莫如兄弟.〕"라고 한 데서 온 말이다. 여기서는 소재 형제가 슬플 때나 즐거울 때나 항상 서로 우애 있게 지내고 있다는 뜻다.

531 무인년 : 1578년(선조11)으로, 이때 소재의 나이는 64세였다.

하서의 시[532]에 차운하다

次河西韻

한 언덕 높은 대숲에 나직한 서까래 그늘질 제	一丘高竹蔭低椽
조용히 앉아 자연에 순응해 거리낌 받지 않네	靜坐隨緣不受牽
천지 이치는 맘에 들어와 극에 돌아옴이 있으되[533]	天地入心歸有極
고금 역사는 눈에 들어와 갈수록 끝이 없네	古今輸眼轉無邊
하서의 뛰어난 문장을 누가 이을 수 있으랴	河西絶筆誰堪繼
해외의 친구들로는 앞을 겨룰 자가 없고말고	海外知音莫戒先
하늘 밖에 높이 나는 고니는 따르기 어렵지만	汗漫難成追鵠擧
청유한 풍경은 끝내 용면[534]의 솜씨를 빌려야겠네	淸幽終要借龍眠

532 하서(河西)의 시 : 하서는 김인후(金麟厚)의 호이고, 그의 운은 〈제죽원(題竹院)〉이란 제목의 시를 가리킨다. 〈제죽원〉이란 시제의 죽원은 죽림서원(竹林書院)의 약칭으로, 전남 영암(靈巖)에 있었던 장령(掌令) 신희남(愼喜男)의 재헌(齋軒)이었다고 한다.

533 천지(天地)……있으되 : 극(極)은 지극, 표준의 명칭으로, 여기서는 가장 중정(中正)한 것을 의미한다. 《서경》 〈홍범(洪範)〉에 "편벽됨이 없고 편당 짓는 것이 없으면 왕의 도가 탕탕하며, 편당 짓는 것이 없고 편벽됨이 없으면 왕의 도가 평평하며, 상도에 위배됨이 없고 기울이 없으면 왕의 도가 정직할 것이니, 그 중정한 극에 모여 그 극으로 돌아올 것이다.〔無偏無黨, 王道蕩蕩; 無黨無偏, 王道平平; 無反無側, 王道正直. 會其有極, 歸其有極.〕"라고 하였다.

534 용면(龍眠) : 송대(宋代)의 명화가(名畫家)로 호가 용면산인(龍眠山人)인 이공린(李公麟)을 가리킨다.

〈기영회도〉
耆英會圖

누가 고우한 나를 불러 육현에 끼게 했는고[535]	誰喚孤愚班六賢
나이를 세 보니 모두 합해 오백이십 년이로다	籌盈五百二十年
나이 존숭함 힘입어 진주가 절반인 곳에 끼었지만	已叨尙齒蠙居半
자질을 논하자면 쭉정이가 앞에 있음을 어찌하랴[536]	最忝論資粃在前
백발 나이에 일편단심으로 수역을 열었고[537]	白首丹心開壽城
청준 마시고 옥주 휘두르며 태평성대 누리네[538]	淸罇玉麈向堯天
응당 후일엔 아마 건강하게 만나긴 어려울 테니	只應後會知難健
왜 굳이 새로운 시 함부로 전해짐을 경계하랴[539]	何必新詩戒浪傳

535 누가……했는고 : 고우(孤愚)는 고루하고 우매하다는 뜻이다. 육현(六賢)에 끼었다는 말로 기영회(耆英會) 회원이 소재까지 합해서 총 7인이었음을 짐작할 수 있다.

536 자질(資質)을……어찌하랴 : 곡식의 겨와 쭉정이는 흔히 가치 없는 사물에 비유한다. 진대(晉代)의 문인 손작(孫綽)이 "곡식을 일어서 모래를 가리자면 자갈이 뒤에 쳐지게 된다."라고 조롱하자 뒤에 가던 습착치(習鑿齒)가 응수하기를 "곡식을 키질하여 까부르면 겨와 쭉정이가 앞으로 나가게 된다."라고 했던 데서 온 말이다. 《晉書 孫楚列傳 綽》

537 수역(壽域)을 열었고 : 수역은 인수지역(仁壽之域)의 약칭으로, 인덕(仁德)이 있어 장수한다는 뜻이다. 공자(孔子)가 "인한 자는 장수한다."라고 한 데서 온 말이다. 《論語 雍也》

538 청준(淸罇)……누리네 : 청준은 청주(淸酒)이다. 옥주(玉麈)는 옥 자루에 고라니의 꼬리털을 매단 먼지떨이로 옛날 청담(淸談)하는 사람들이 많이 가지고 있었다.

539 왜……경계하랴 : 두보(杜甫)가 "시는 함부로 전파하지 말게나.〔將詩莫浪傳.〕"라고 하였다. 《杜少陵詩集 卷12 泛舟送魏十八倉曹還京……》

〈관반계회도〉 계유년(1573, 선조6) 봄이다.

館伴契會圖 癸酉春

회합한 원접관반도감 낭청(遠接館伴都監郎廳)이 모두 27원(員)이었다.[540]

만력황제 즉위하사 조선에 조서 내리시니[541]　龍飛萬曆鳳綸降
영로하는 의식 많아 소방이 삼가 거행하였네　迎勞多儀謹小邦
열수가 분주하는 데는 하나가 모자랄 뿐이요[542]　列宿駿奔唯欠一
문성의 찬란함은 어찌 무쌍의 재주가 아니랴[543]　文星輝暎豈無雙
지난 동짓달 관소 배정해 칙사가 와서 머물렀고　陽生授館旋華旆
봄이 이르자 주연 베풀어 푸른 강을 굽어보았네　春到開筵俯碧江
덧없는 세상에 모를레라 운우처럼 서로 헤어진 뒤엔　浮世不知雲雨散
평생 그림 봄이 발자국 소리 들음보다 나을지는[544]　百年看畫勝聞跫

540 원접관반도감……27원(員)이었다 : 1572년(선조5) 명(明)나라에서 등극조사(登極詔使)가 나왔을 때 소재는 이조 판서로 관반사(館伴使)가 되고, 정유길(鄭惟吉)은 예조 판서로 원접사(遠接使)가 되었었는데, 이들에게 딸린 낭청이 모두 27인이었다.

541 만력황제(萬曆皇帝)……내리시니 : 명 신종(明神宗)이 1572년 즉위하고 이해에 조선에 등극조(登極詔)를 내렸다. 그리고 1573년 연호를 만력으로 바꾸었다.

542 열수(列宿)가……뿐이요 : 열수는 이십팔수(二十八宿)이다. 하나가 모자라다고 한 것은 이때 낭청의 숫자가 28원에서 1원이 모자란 27원이었기 때문이다.

543 문성(文星)의……아니랴 : 문성은 문재(文才)를 주관하는 별이다. 원접관반도감 낭청 27원이 모두 문재가 뛰어난 사람들이라는 뜻이다.

544 덧없는……나을지는 : 발자국 소리를 듣는다는 것은 동료 간에 서로 왕래하는 것을 의미한다. 이때 동원된 낭청 27인이 언젠가 〈관반계회도〉를 열람하면, 서로 만나는 것만은 못할지라도 조금은 위로가 되지 않겠느냐는 뜻이다.

〈신강릉개보도감제명도〉[545]

新康陵改補都監題名圖

원릉의 새로 돋운 봉분이 다시 무너져 버려서	園陵新起復隤然
감수하란 명 받으니 쭉정이 앞에 선 게 부끄럽네[546]	受命監修愧粃前
다만 사정이 급하니 공사를 서둘러 할 뿐이요	直爲境嚴臨事厲
벼슬은 낮아도 일 감동 전력함엔 무방하리	未妨官少董功專
흙은 한 삼태기로 인해 수도를 완성하려니와[547]	積因一簣完來隧
세 모퉁이[548]엔 달군 돌로 하늘을 때워야 하네[549]	鍊得三隅補了天
회상컨대 능침의 푸른 송백 길은 헷갈리는데	回首儘迷松柏路
그림을 보니 그해가 을해년임은 겨우 알겠네[550]	撫圖剛認木豬年

545 신강릉개보도감제명도(新康陵改補都監題名圖) : 강릉(康陵)은 명종(明宗)의 능호(陵號)이다. 명종의 비(妃) 인순왕후(仁順王后)가 죽자 명종의 능 옆에 쌍릉(雙陵)으로 나란히 쓰고 신강릉(新康陵)이라고 불렀는데, 이 능을 보수하였던 것이다.

546 감수(監修)하란……부끄럽네 : 쭉정이가 앞에 섰다는 것은 295쪽 주536 참조. 이때 소재가 신강릉을 감수하는 일에 최고 책임자로 명을 받았다.

547 흙은……완성하려니와 : 수도(隧道)는 묘도(墓道)이다. 흙 한 삼태기는 《서경》〈여오(旅獒)〉에 "작은 행실을 신중히 하지 않으면 마침내 큰 덕에 누를 끼쳐, 아홉 길의 산을 만들다가 공이 흙 한 삼태기 모자란 데서 무너지는 격이 되리라."라고 한 데서 온 말이다. 즉 조금도 부족함이 없이 묘도를 잘 보수해야 한다는 뜻이다.

548 세 모퉁이 : 봉분의 둘레석 가운데 세 곳의 허물어진 곳을 가리킨 듯하다.

549 달군……하네 : 태고(太古) 시대에 하늘의 서북쪽이 이지러진 것을 보고, 여와씨(女媧氏)가 오색(五色)의 돌을 달구어 하늘을 때웠다는 고사에서 온 말이다.

550 그림을……알겠네 : 을해년은 바로 1575년(선조8)인데, 이해에 명종의 비 인순왕후가 죽어 신강릉을 쓰게 되었던 것이다.

〈을해동갑계회도〉

乙亥同甲契會圖

왕국에 나란히 태어나 서로 친하기도 했는데　竝生王國復相親
걸출한 이 스물두 사람이 눈 안에 들오누나　眼裏輪囷廿二人
계는 전몽연헌[551]의 동갑계로 만들었고　契屬旃蒙淵獻甲
그림은 만력[552] 건원의 봄에 작성하였네　圖成萬曆建元春
청명한 때는 성대한 모임 자리 자주 열었고　淸時勝會頻聯席
백발엔 함께 돌아와 길이 한 이웃에 살았지　白首同歸永卜隣
되레 우스워라 기영회라 자호할 줄은 알면서　却笑耆英知自號
만나기 어려운 똑같은 을해년임은 몰랐음이[553]　不知難遇是年均

551 전몽연헌(旃蒙淵獻) : 을해(乙亥)의 고간지(古干支)이다.

552 만력(萬曆) : 명 신종(明神宗)의 연호(年號)인데, 1572년(선조5) 신종이 즉위하였고, 1573년 연호를 만력으로 바꾸었다.

553 되레……몰랐음이 : 자신의 생년이 을해년(1515, 중종10)인데, 자신을 포함한 70세가 훨씬 넘은 7인의 기영회(耆英會)는 알고 있으면서 〈을해동갑계회도〉를 보고서야 자신도 을해생으로서 같은 계원(契員)이라는 것을 망각했다는 사실을 알았다는 뜻인 듯하다.

홍 삼재[554] 담 에 대한 만사

挽洪三宰 曇 詞

한 선비가 왕국에서 태어나	有士生王國
효성의 가문에서 충성으로 옮기었네[555]	移忠自孝門
맑은 얼음이 만 골짝을 비추는 듯[556]	淸氷照萬壑
푸른 대가 외론 정원에 우뚝 솟은 듯[557]	翠竹挺孤園
노력하고 근신하여 관직 수행 잘했고	勤謹收官效
정성을 다해 성주의 은혜에 보답했네	精誠報主恩
눈앞에는 두 아들을 남겨 두었고	眼中存二胤
자기 몸엔 세 가지 달존을 갖추었네[558]	身上備三尊

554 홍 삼재(洪三宰) : 삼재(三宰)는 조선 시대 참찬(參贊), 찬성(贊成)을 지칭하던 말로, 여기서는 벼슬이 좌참찬(左參贊)에 이른 홍담(洪曇)을 가리킨다. 본관은 남양(南陽), 자는 태허(太虛)이다.

555 효성의……옮기었네 : 180쪽 주217 참조.

556 맑은……듯 : 두보(杜甫)의 〈입주행증서산검찰사두어(入奏行贈西山檢察使竇御)〉에 "두 시어는 천리마나 봉황의 새끼 같아서, 나이 삼십도 되기 전에 충의를 다 갖추어, 강직하기가 세상에 다시없으니, 마치 만 골짝에서 나온 번쩍이는 한 조각 맑은 얼음을 영풍관 한로관의 옥병에 넣어 둔 것 같구려.〔竇侍御, 驥之子, 鳳之雛, 年未三十忠義俱, 骨鯁絶代無. 炯如一段淸冰出萬壑, 置在迎風寒露之玉壺.〕"라고 한 데서 온 말로, 맑은 얼음은 인품의 고결함을 얼음에 비유한 것이다. 《杜少陵詩集 卷10》

557 푸른……듯 : 인품의 고결함을 대나무에 빗대서 한 말이다.

558 자기……갖추었네 : 달존(達尊)은 모든 사람이 다 높이는 것을 이르는 말로, 맹자(孟子)가 "천하에 모든 사람이 높여야 할 것이 세 가지가 있으니, 벼슬이 하나이고, 연치가 하나이고, 덕이 하나이다.〔天下有達尊三: 爵一, 齒一, 德一.〕"라고 한 데서 온

재상 지위엔 방금 발걸음이 닿았고 黃閣方聯步
옛날 이조에선 함께 직무를 수행했지[559] 天曹昔共騫
천지간의 이 노인은 슬픈 노래 부르며 哀歌俛仰老
북망산 언덕을 서글피 바라보노라 悵望帝鄉原

말이다. 《孟子 公孫丑下》 여기서는 홍담이 생전에 이 세 가지를 다 갖추었다는 뜻이다.

559 옛날……수행했지 : 1545년(인종1) 소재와 홍담이 차례로 이조 좌랑(吏曹佐郎)을 역임했던 것을 말한다.

유 미암[560]을 곡하다

哭柳眉巖

젊은 날 좋은 사람끼리의 회합을 만나	少日丁嘉會
더러운 진흙이 푸른 못에 섞이었었지[561]	汚泥近碧潭
글을 논할 땐 참으로 유익한 벗이었고	論文眞益友
의지를 살펴보면 역시 기발한 남아였네	觀志亦奇男
을사년[562]에는 꿈에서나마 많이 만났더니	在巳饒魂夢
사경[563]에는 남북으로 멀리 떨어져 있었네[564]	斜庚杳北南

560 유 미암(柳眉巖) : 유희춘(柳希春)이다. 179쪽 주212 참조.

561 더러운……섞이었었지 : 더러운 진흙은 자신에 대한 겸사이고, 푸른 못은 유희춘 등 당시 젊은 선비들을 지칭한다.

562 을사년 : 1545년(명종 즉위년)으로, 이때 소재의 나이는 31세였다.

563 사경(斜庚) : '경자일 석양'이라는 뜻으로 유배지를 의미한다. 한 문제(漢文帝) 때 태중대부(太中大夫) 가의(賈誼)가 참소를 입어 장사왕 태부(長沙王太傅)로 폄척되어 나간 지 3년 만에 어느 날 올빼미가 그의 집에 날아들어 자리 한 구석에 앉았다. 장사 지방은 본래 땅이 낮고 습기가 많아서 스스로 오래 살지 못하리라 상심했는데, 집에 올빼미가 날아들자, 상서롭지 못한 새라서 불길한 생각에 〈복조부(鵩鳥賦)〉를 지어 스스로 위로하였다. 〈복조부〉의 대략에 "태세로는 묘년이요, 사월이라 초여름날, 경자일 석양에, 복조가 내 집에 날아들어, 자리 한 구석에 앉으니, 그 모습이 매우 한가롭구나. 괴이한 물건이 날아들었기에, 속으로 그 까닭을 괴이하게 여기어, 점서를 펴 놓고 점을 쳐 보니, 내 운명을 예언했는데, 그 점사에 '들새가 방에 들어가면 주인이 곧 떠나게 된다.'라고 한다.〔單閼之歲, 四月孟夏, 庚子日斜, 服集余舍, 止于坐隅, 貌甚閑暇. 異物來崒, 私怪其故, 發書占之, 讖言其度曰: "野鳥入室, 主人將去."〕"라고 한 데서 온 말이다. 《漢書 賈誼傳》

사자를 보내어 남은 목숨 살려 주셨고[565] 節持殘息假
환을 주시니 과분한 은혜 깊기도 했지[566] 環賜誤恩覃
옥이 곁에 있어 마음속으로 부끄럽고[567] 側玉心存赤
쭉정이가 앞에 있어 얼굴은 발개졌었네[568] 前糠面發赧
공의 몸은 용감히 스스로 물러났는데 公身勇退屛
성상의 뜻은 이끌어 참판에 승진시키니 聖意引陞參
참으로 온 조정이 모두 기뻐했는데 正起同朝喜
도리어 두 아이의 괴롭힘[569]을 당하였네 還爲二豎戱

564 남북으로……있었네 : 을사사화 당시 소재는 진도(珍島)에 안치(安置)되었고, 유희춘은 처음 제주(濟州)에 안치되었다가 뒤에 종성(鍾城), 은진(恩津) 등지로 이배(移配)되었던 일을 가리킨다.

565 사자(使者)를……주셨고 : 1565년(명종20) 특명으로 소재를 양이(量移)하여 진도에서 괴산(槐山)으로 이배한 것을 말한다. 이때 유희춘 등 여러 사람도 모두 가까운 곳으로 이배되었다.

566 환(環)을……했지 : 《순자(荀子)》 〈대략(大略)〉에 "사람을 끊을 때는 결로써 하고, 끊었던 사람을 도로 부를 때는 환으로써 한다.〔絶人以玦, 反絶以環.〕"라고 한 데서 온 말로, 임금이 방축(放逐)했던 신하를 사면하여 다시 부르는 것을 의미하는데, 환은 끝이 이어진 고리 모양의 패옥(佩玉)이고, 결(玦)은 한쪽이 트인 고리 모양의 패옥이기 때문이다. 여기서는 1567년 선조(宣祖)가 즉위하고 나서 소재와 유희춘 등 사류들을 일시에 사면하여 서용(敍用)했던 일을 가리킨다.

567 옥(玉)이……부끄럽고 : 옥이 곁에 있다는 것은 진(晉)나라 때 재상 왕제(王濟)가 자기 생질인 위개(衛玠)를 볼 때마다 말하기를 "주옥이 곁에 있으니, 나의 형체가 더러움을 깨닫겠다.〔珠玉在側, 覺我形穢.〕"라고 했던 데서 온 말이다. 《晉書 衛瓘列傳 玠》 부끄러웠다는 것은 자신의 곁에 옥 같은 유희춘이 있어 늘 자신의 못난 모습이 부끄러웠다는 겸사이다.

568 쭉정이가……발개졌었네 : 자신의 벼슬 지위가 유희춘보다 높았음을 나타내는 겸사이다. 쭉정이에 대해서는 295쪽 주536 참조.

관에서 부의를 하니 보리로 도울 필요 없고[570]	官賻休助麥
친구들이 수의 보내니 참마도 사양했네[571]	交襚賸辭驂
나라가 병듦은 시인이 한탄했거니와[572]	殄瘁詩人恨
편전[573]은 학사들이 서로 담론한다네	編箋學士談
하늘이 한 원로도 남겨 두지 않았는데[574]	天將不遺一

569 두 아이의 괴롭힘 : 고질병을 가리킨다.

570 관(官)에서……없고 : 송대(宋代)의 승려 혜홍(惠洪)의 《냉재야화(冷齋夜話)》 권10 〈맥주조상(麥舟助喪)〉에 범중엄(范仲淹)이 수양(睢陽)에 있을 적에 아들 범순인(范純仁)을 시켜 고소(姑蘇)에 가서 보리 500곡(斛)을 취해 오게 하였다. 범순인은 보리 500곡을 취하여 돌아오는 길에 배를 단양(丹陽)에 정박해 놓고 친구인 석만경(石曼卿)을 만나서, 이곳에 와서 있은 지가 얼마나 되었느냐고 묻자, 석만경이 말하기를 "이곳에 온 지 두 달이 되었는데, 세 분의 상을 당하여 우선 천토에 매장해 두고 장차 서북쪽으로 귀장을 하려고 하나 이 일을 더불어 상의할 사람이 없다.〔兩月矣, 三喪在淺土, 欲喪之西北歸, 無可與謀者.〕"라고 하므로, 범순인이 보리 실은 배를 몽땅 그에게 부조하고 돌아갔다고 한다. 전하여 보리로 도와준다는 것은 상가(喪家)에 대한 부의(賻儀)를 의미한다.

571 친구들이……사양했네 : 공자(孔子)가 위(衛)나라에 가서 옛 주인의 상(喪)을 만나서 들어가 곡하고 나와서 자공(子貢)을 시켜 참마(驂馬)로 부의를 하라고 하므로, 자공이 옛 주인에게 참마로 부의하는 것은 너무 과중하지 않겠느냐고 말하자, 공자가 이르기를 "내가 지난번 들어가 곡할 적에 한번 슬퍼하매 눈물이 나왔으니, 나는 따르는 것이 없이 눈물만 흘리는 것을 싫어하노라.〔予鄕者入而哭之, 遇於一哀而出涕, 予惡夫涕之無從也.〕"라고 한 데서 온 말이다. 《禮記 檀弓上》

572 나라가……한탄했거니와 : 《시경》 〈대아(大雅) 첨앙(瞻卬)〉에 "선인이 죽고 없으니, 나라가 병들리로다.〔人之云亡, 邦國殄瘁.〕"라고 한 데서 온 말로, 여기서는 유희춘을 선인(善人)으로 추앙하여 이른 말이다.

573 편전(編箋) : 유희춘의 수많은 저서 중에 편서(編書)에 해당하는 《국조유선록(國朝儒先錄)》 등과 전석(箋釋)에 해당하는 《주자어류전해(朱子語類箋解)》, 《시서석의(詩書釋義)》 등을 꼽을 수 있다.

수명은 대략 세 살을 더하였구려[575]	壽卽較加三
객지의 상여 깃발은 장안의 비에 젖고	旅旐沾秦雨
고향은 남쪽 지방의 안개에 가리었네	家山隱楚嵐
다만 응당 황천길은 하 넓을 터이니	只應泉路闊
어찌 눈물을 길이 머금을 것 있겠는가	何必淚長含

574 하늘이……않았는데 : 《시경》 〈소아(小雅) 시월지교(十月之交)〉에 "억지로라도 한 원로를 남겨 두어, 우리 임금을 지키게 하지 않는다.〔不憖遺一老, 俾守我王.〕"라고 한 데서 온 말인데, 공자가 작고하자 노 애공(魯哀公)이 공자를 애도하는 뇌사(誄辭)에서 《시경》의 말을 인용하여 "하늘이 착하지 않아서, 억지로나마 한 노인을 남겨 두지 않았다.〔旻天不弔, 不憖遺一老.〕"라고 하였다. 《史記 孔子世家》 후세에는 흔히 대신(大臣)의 죽음을 애도하는 말로 쓰인다.

575 수명은……더하였구려 : 유희춘의 생몰년이 1513년~1577년으로 65세를 살았으니, 환갑(還甲) 외에 4살을 더 살았다. 여기서 3살을 더했다는 것은 대략 3년 정도를 더 살았다는 의미인 듯하다.

지은이 **노수신(盧守愼)**

1515년(중종10)~1590년(선조23). 조선 중기의 문신으로, 본관은 광주(光州), 자는 과회(寡悔), 호는 소재(穌齋)·이재(伊齋)·암실(暗室)·여지노인(茹芝老人)이다. 장인인 이연경(李延慶)을 사사하였다. 1543년 문과에 장원급제하였다. 이후 홍문관 수찬, 시강원 사서, 병조 좌랑 등을 역임하였고 사가독서(賜暇讀書)를 하였다. 1545년(명종 즉위년)에 을사사화가 일어나자 파직되어 순천(順天)에 유배되고, 다시 양재역 벽서 사건(良才驛壁書事件)에 연루되어 진도(珍島), 괴산(槐山) 등지에서 유배생활을 하였다. 1567년에 선조가 즉위하자 홍문관 교리로 서용되었다. 이후 홍문관 부제학, 충청도 관찰사, 대사헌, 이조 판서, 문형 등을 역임하고, 1573년(선조6) 우의정, 1578년 좌의정을 거쳐 1585년 영의정이 되었다. 1589년 기축옥사가 일어나자 이에 연루되어 파직되었다. 시, 문, 서예에 뛰어났으며 양명학(陽明學)에 조예가 있었다. 승려 휴정(休靜), 선수(善修) 등과도 교유하였다. 저술로는 《소재집》 등이 있다. 시호는 문의(文懿)였으나 뒤에 문간(文簡)으로 고쳤다.

옮긴이 **임정기(任正基)**

1951~2019년. 전남 보성에서 태어났다. 가학을 전수받았으며, 민족문화추진회 부설 국역연수원 연수부를 졸업하였다. 한국고전번역원 자문위원 및 번역위원으로 한국문집 번역에 참여하였다. 번역서로 《목은집》, 《점필재집》, 《사가집》, 《백사집》, 《상촌집》, 《한수재집》, 《다산시문집》, 《완당전집》, 《허백당집》, 《매천집》 등이 있다.

소재집 6
노수신 지음 | 임정기 옮김

2020년 10월 30일 초판 1쇄 발행

발행인 신승운 | 발행처 한국고전번역원
등록 2008. 3. 12. 제25100-2018-000049호
주소 (03310) 서울시 은평구 진관1로 85
전화 02-350-4800 | 팩스 02-350-4994 | 홈페이지 www.itkc.or.kr

연구총괄 양기정 | 연구기획 정미경

책임편집 하현주 | 편집진행 박정열
편집교정 김상순 서세영 | 조판 김지현 | 제작 김형석
디자인 씨디자인 | 인쇄 ㈜가나씨앤피

값 20,000원
ISBN 978-89-284-0735-4 94810
978-89-284-0229-8 (세트)